믿음의 사람들

성경 인물편

배 굉 호 지음

도서출판 영문

Those who have true Faith

By
Dr. Paul G.H. Bae

2005
Young Moon Publishing Co.,
Seoul, Korea

머리말

할렐루야!

하나님의 백성인 우리 모든 성도들은 훌륭한 믿음의 삶을 동경하며 사모합니다. 더 좋은 믿음의 역사와, 믿음의 수고와, 믿음의 열매를 얻기를 원하고, 늘 우리의 믿음을 위해 기도합니다.

히브리서 11장은 우리보다 앞서 살아간 믿음의 사람들, 믿음의 영웅들에 대하여 말씀해 주고 있습니다. 많은 설교자들도 이 믿음의 사람들에 대하여 설교하며, 이 성경을 읽는 많은 성도들도 이 믿음의 영웅들을 본받으려고 노력합니다.

오늘 이 시대에는 정말 믿음의 사람들이 필요하기에, 우리에게 모델적인 삶을 보여준 히브리서 11장 믿음장에 나오는 영웅들의 행적이 더욱더 빛나고 있습니다.

신학이 흔들리고 믿음이 변질되어 가는 이 혼탁한 시대에, 우리는 생명을 걸고 모든 희생을 각오하면서 끝까지 믿음을 지킨 사람들의 신앙을 본 받고 싶습니다.

부족한 종은 믿음의 사람들에 대한 설교 시리즈를 준비하고 전파하면서, 자신의 믿음을 돌아보며 도전을 받고 다짐하는 기회가 되었으며, 성도들에게도 큰 도움이 되길 기도했습니다.

　금번에 출간되는 「믿음의 사람들」이 성도들의 신앙생활에 새로운 촉진제가 되길 기대하며, 믿음의 역사를 체험하며, 믿음의 영웅들의 신앙을 닮아가기를 바랍니다.

　이 책이 나오기까지 수고하신 조규일 목사님과 공혜숙 전도사님, 그리고 출판위원회의 신실한 종들에게 진심으로 감사드립니다.

　이 책의 모든 수익금은 남천교회 확장을 위해 바쳐지고 있습니다.

2005년 4월 13일
남천교회에서
배굉호 드림

Contents

머리말 • 3

1. **믿음은** ●히브리서 11:1~3 | 7 |
2. **믿음으로 아벨은** ●히브리서 11:4 | 31 |
3. **믿음으로 에녹은** ●히브리서 11:5~6 | 53 |
4. **믿음으로 노아는** ●히브리서 11:7 | 75 |
5. **믿음으로 아브라함은 1** ●히브리서 11:8~12 | 97 |
6. **믿음으로 아브라함은 2** ●히브리서 11:13~19 | 117 |
7. **믿음으로 이삭은** ●히브리서 11:20 | 135 |
8. **믿음으로 야곱은** ●히브리서 11:21 | 155 |
9. **믿음으로 요셉은** ●히브리서 11:22 | 177 |
10. **믿음으로 모세는** ●히브리서 11:23~26 | 199 |
11. **믿음으로 홍해를 육지같이** ●히브리서 11:29, 출애굽기 14:13~13 | 225 |
12. **믿음으로 여리고성이 무너졌으며** ●히브리서 11:30 | 245 |
13. **믿음으로 기생 라합은** ●히브리서 11:31 | 267 |
14. **믿음으로 세상을 이긴 사람들** ●히브리서 11:32~40 | 287 |

1

믿음은
(히브리서 11:1~3)

¹믿음은 바라는 것들의 실상이요 보지 못하는 것들의 증거니 ²선진들이 이로써 증거를 얻었느니라 ³믿음으로 모든 세계가 하나님의 말씀으로 지어진 줄을 우리가 아나니 보이는 것은 나타난 것으로 말미암아 된 것이 아니니라

1

믿음은

■ 히브리서 11:1~3

   은행에서 대출을 할 때에 제일 중요한 것은 신용입니다. 미국에서 가장 큰 은행인「뱅크 오브 아메리카」에서는 고객들의 신용을 평가하는 기준을 네 가지로 제시했습니다. 첫째는, 그 사람이 무엇을 하는 사람인가?-직업이 무엇인가?(What do you do?) 둘째는, 그 사람이 가진 것이 무엇인가?-소유한 것이 무엇인가?(What do you have?) 셋째는, 그 사람의 평판이 어떤가?(What are the think of?)-다른 사람들이 그 사람을 어떻게 평가하는가? 넷째는, 그 사람이 우리 은행과 어떤 거래를 했는가?(What do you deal with?)" 한마디로 믿을 수 있는 사람에게 돈을 빌려준다는 말입니다. 이것이 세상의 신용평가 기준입니다.

   그러면 하나님께서 사람을 평가하는 기준은 무엇입니까? 우리 하나님께서도 우리의 신용을 평가하실 때 보시는 기준이 있습니다. 영생을 선물로 주시고 천국의 문을 열어 주실 때에 하나님이 요구하시는 것이 있습니다. 그것은 "네가 무엇을 믿느냐?" 즉 믿음을 보십니다. 하나님 아버지께서 우리에게 요구하시는 것은 바로 믿음입니다. 이 믿음만 있으면 우리는 하나님 나라에 들어갈 수 있고, 이 믿음만 있으면 하나님의 역사를 체험하며 살아 갈 수 있습니다. 믿음만 있으면 하나님께서 우리를 사용하십니다.

성경에 나오는 믿음의 영웅들, 믿음의 위인들은 모두 믿음으로 살았습니다. 그들은 믿음으로 구원받았고, 믿음으로 하나님의 역사를 체험했습니다. 믿음으로 천국에 들어가고, 믿음으로 이 험난한 세상을 살아가는 동안 하나님의 쓰임을 받으며, 하나님의 역사를 체험하는 여러분이 되시기를 바랍니다.

그렇다면 믿음이 무엇입니까?

1. 믿음은 바랄 수 없는 것을 바라게 합니다

"믿음은 바라는 것들의 실상이요"
(히브리서 11:1)

'실상이요'의 헬라어 'υποστασις'(휘포스타시스)는 '…아래에'라는 뜻인 'υπο(휘포)'와 '서게 하다', 또는 '확립하다'

라는 의미를 지닌 동사 'ιστημι(히스테미)'의 합성어입니다. 이것은 문자적으로 '…아래에 확립하다', 혹은 '…아래에 서다'를 뜻하며 '기초', '실체', '확증', '객관적 실체' 등의 의미로 사용되었습니다.

믿음은 그리스도인들로 하여금 진리의 말씀을 견고히 붙잡게 하며, 하나님의 축복의 약속을 확신하게 합니다. '믿음은 바라는 것들의 실상'이라고 정의함으로써 '믿음'과 '바람(hope)'을 거의 동일시했습니다. 이는 믿음이 미래 지향적임을 보여줍니다. '믿음은 바라는 것들의 실상'이란 뜻은 하나님의 말씀과 약속, 그리고 그 성취를 확신하면서 미래에 있을 일을 영적으로 이미 소유한 현재의 일로 믿게 하는 버팀 기둥이며 근거가 된다는 말입니다. 그러므로 믿음은 하나님의 약속이 실현될 때를 기다리는 동안 확고한 발판을 제공해 줍니다.

이 '실상'이란 헬라어로 'υποστασις(휘포스타시스)'라는 말에 대해 이런 얘기가 전해지고 있습니다. 헬라의 한 여인이 아버지의 유업을 이어 받았는데 토지 문제가 잘못되어 법정에서 재판을 받게 되었습니다. 첫 재판에서 실패한 이 여인이 알렉산드리아의 고등법원에 상소하기 위해 모든 법적 증거 서류를 돌 항아리에 넣어 노예를 통해 고등법원으로 보냈습니다. 그런데 이 노예가 가던 길에 숙박하던 여인숙에서 화재로 인해 모두 죽어 버렸습니다. 2천 년이 지난 뒤, 고고학자들에 의해 이 돌 항아리가 발견되었습니다. 그런데 그 돌 항아리에서 그때의 모든 문서와 함께 재판장 앞으로 보내는 한 장의 긴 편지가 있었습니다. 그 편지의 마지막 부분에 "재판장님으로 하여금 내 상소가 참된 것임을 알게 하고자, 여기에 내 'ὑπόστασις(휘포스타시스)'를 보내 드립니다."라고 씌어 있었다고 합니다. 여기서 말하는 이 'ὑπόστασις(휘포스타시스)'란 바로 증거물에 대한 확실한 신념입니다.

우리의 믿음이 바로 이것입니다. 이 믿음은 하나님이 주신 증거를 토대로 그의 약속을 믿고 나가는 것입니다. 성경은 언제나 약속이 있으면 반드시 실현과 영원한 미래가 있는가 하면 현재적 성취도 강조하고 있습니다. 이것이 성경이 말하는 신앙입니다. 믿음은 하나님을 신뢰하며 그의 신실함을 믿는 것입니다. 믿음은 우리 마음에 아무리 폭풍이 불고, 약속의 성취가 멀어져도 흔들리지 않게 합니다. 그 이유는 하나님께서는 결코 약속을 어기지 않는 분이심을 믿기 때문입니다. 믿음은 확고한 신념이며, 하나님께서 그리스도 안에서 우리에게 약속하신 모든 것을 성취할 것임을 신뢰하는 것입니다. 이 확신은 너무 강하기 때문에 실체를 보는 것으로 생각하며, 말할 수 없는 기쁨과 영광으로 가득 차게하여 바랄 수 없는 것을 바라게 합니다.

아브라함이 갈대아 우르에 살고 있을 때, 하나님으로부터 미지의 땅으로 떠나라는 명령을 받았습니다. 그때 그는 그 미래의 땅에 관해 전혀 아는 바가 없었지만 주께서 가라고 하시므로 떠났습니다. 성경은 아브라함이 갈 바를 알지 못하고 나갔다고 말씀합니다. 그는 아직 한 평의 땅도 보지 못했으며, 그 땅이 어디에 있는지도 모릅니다. 알지 못하고 보지 못한 그 땅이지만, 그는 하나님의 약속을 믿고 나간 결과 그 땅을 소유하여 지금까지 그의 자손들이 살고 있습니다. 이것이 믿음입니다. 믿음은 바라는 것들의 실상입니다.

요셉은 죽을 때에 자손들에게 '애굽을 떠나라' 고 유언했습니다. 애굽은 지금까지 요셉과 그의 자손들의 생활 터전이었으며, 요셉이 성공한 곳입니다. 그 나라의 총리까지 지낸 요셉이 마지막 죽음 직전에 자손들에게 떠나라고 했습니다. 이는 주저할 만한 사건이요, 아무것도 바랄 수 없는 사건이었습니다. 그럼에도 애굽을 떠나라고 합니다. 요셉은 보지 못했지만 하나님이 약속하신 가나안 땅을 미리 내다볼 수 있는 믿음이 있었습니다. 그래서 반드시 떠나라는 유언을 했고, 자손들은 믿고 순종함으로 가나안 땅을 얻게 되었습니다. 이것이 바로 '믿음은 바라는 것들의 실상' 입니다.

미국의 선교사였던 스탠리 존스(Stanley Jones)의 이야기입니다. 이 분은 인도의 복음사역에 일평생을 바쳤습니다. 그래서 인도에서는 그를 성자로 추앙했습니다. 그런데 어느 날, 뇌일혈로 쓰러졌습니다. 그때 그의 나이가 89세였습니다. 중풍은 30~40대의 젊은 나이에 쓰러져도 다시 일어나기가 쉽지 않습니다. 그런데 그가 90에 가까운 나이에 쓰러졌으니 무슨 희망이 있었겠습니까? 미국 보스턴으로 후송된 그는 자기를 치료하는 의사들에게 이런 부탁을 했습니다. "의사 선생님, 한 가지 부탁이 있습니다. 저를 보실 때마다 이렇게 외쳐주시기 바랍니다." "어떻게 말입니까?" "'스탠리 존스, 나사렛 예수 그리스도의 이름으로 내가 너에게 명하노니 일어나 걸어라.'고 말입니다." 의사들은 그 말을 듣고 피식 웃었습니다. "아니, 선교사님. 저는 베드로도 아니고, 요한도 아니고, 또 부흥사도 아닙니다. 그런데 제가 어떻게 그런 말을 외칠 수 있습니까? 저는 못합니다." 그러나 그가 계속해서 억지로 강권하자, 의사들은 어쩔 수 없이 그를 볼 때마다 이렇게 외쳤습니다. "스탠리 존스, 나사렛 예수 그리스도의 이름으로 내가 너에게 명하노니 일어나 걸어라." 그러면 그는 침상에 누워 있다가 큰 목소리로 "아멘, 아멘."으로 화답했습니다. 스탠리 존스는 의사들뿐만 아니라 심지어 간호사들에게까지도 똑같은 부탁을 했습니다. 그래서 누구든지 그를 보면 똑같은 소리로 외쳤습니다. "스탠리 존스, 나사렛 예수 그리스도의 이름으로 내가 너에게 명하노니 일어나 걸어라." 그러면 그는 누워서 "아멘, 아멘."이라고 화답했습니다. 옆구리를 찔러서 절을 받는 셈입니다. 그런데 놀라운 것은 그가 6개월만에 완쾌되었다는 사실입니다. 그가 병원에 들어올 때에는 들것에 실려서 왔지만 나갈 때에는 스스로 두 발로 당당하게 걸어서 건강한 몸으로 퇴원했습니다. 그는 선교지로 다시 들어갔습니다. 그리고 하나님이 부르실 때까지 건강한 몸으로 하나님이 주신 사명에 충성을 다했습니다.

90세에 가까운 노환자가 어떻게 그 병에서 완쾌될 수 있었습니까? 그것은 믿음의 힘이 있었기 때문입니다. 믿음은 우리를 강건하게 합니다. 믿음에는 놀라운 힘이 있습니다.

모나미 볼펜을 사용해 보지 않은 분은 없을 것입니다. 이 볼펜의 하얀 케이스에 '모나미 볼펜' 이라고 쓰여있고, 그 오른편에 숫자가 기록되어 있습니다. 그 숫자는 '153' 입니다. 여러분, '153' 을 보면 무엇이 연상됩니까? 물고기 '153마리' 입니다. 요한복음 21장에 나오는 내용입니다. 제자들은 밤새도록 그물을 던졌으나 물고기를 한 마리도 잡지 못했습니다. 그때 부활하신 예수님께서 디베랴 바닷가에 찾아오시어 제자들에게 말씀하셨습니다. "그물을 배 오른편에 던지라 그리하면 얻으리라" 제자들이 예수님의 말씀에 의지하여 그물을 배 오른편에 던졌더니 그물에 가득한 물고기의 수가 '153마리' 였습니다. 그럼에도 불구하고 그물이 찢어지지 않았습니다. 모나미 볼펜의 창업자이신 송삼석 회장은 믿음이 독실한 장로님이었습니다. 그는 물고기 '153마리' 의 축복을 받고 싶었습니다. 그래서 믿음으로 제품명을 「모나미 볼펜 153」으로 정하여 사업을 시작했습니다. 하나님이 그의 꿈을 현실로 만들어 주셨습니다. 그는 「모나미 볼펜 153」, 이 한가지 제품으로 엄청난 축복을 받았습니다.

믿음은 바라는 것들의 실상입니다. 믿음은 위대합니다. 우리 모두 바랄 수 없는 것을 믿음으로 바라고 붙들어 승리하는 성도가 됩시다.

2. 믿음은 볼 수 없는 것을 보게 합니다

"믿음은 보지 못하는 것들의 증거니"
(히브리서 11:1)

'보지 못하는 것들'의 헬라어 'πραγμάτων'(프라그마톤)은 '되어진 것', '사실', '행위', '사건', '업무' 등을 의미하는 말로서 '인간사(human events)'를 의미합니다. 믿음을 인간사의 영역에 관련시켜 말하고 있습니다. 믿음은 미래 지향적입니다. 이와 같이 미래를 내다보게 하는 믿음의 능력은 그리스도인들로 하여금 오직 하나님의 말씀만을 의지하여 보이지 않는 미래를 향해 담대하고 진지하게 나아가게 합니다. 한편 '증거'의 헬라어 'ἔλεγχος'(엘렝코스)는 법률 용어로 사용되기도 하는데 '객관적인 증거' 혹은 '증명'을 의미합니다. 이것은 믿음이 그리스도인들에게 보이지 않는 것에 대한 확실한 증거임을 시사합니다. 여기서 '증거'란 말은 히브리서 11장 1,2,4,5,39절에 나타나고 있으며 '확신', '증명'이란 뜻입니다.

믿음은 보지 못하는 것들의 내적인 확신이며 증명입니다. 믿음은 육체의 감각으로는 볼 수 없는 것을 실상으로 보게 합니다. 믿음은 하나님의 약속을 영혼의 눈으로 보게 하여, 그것이 실재함을 믿게 하는 내적 확신을 줍니다. 믿음은 육체의 눈으로 볼 수 없는 것을 마음의 눈으로 보게 합니다.

하나님께서 노아에게 홍수 심판으로 진노가 임박할 것이라고 말씀하셨습니다. 그러나 그때 노아는 아무런 징조도 볼 수 없었으나 믿음으로 방주를 짓기 시작했습니다. 그는 믿음의 눈을 통해 비가 쏟아져 온 땅이 잠기는 것을 보았기 때문입니다.

27절에서 모세가 바로와 대결할 때 두려워하지 않은 이유가 무엇입니까? 보이지 않는 자를 보이는 것같이 했다고 했습니다. 모세는 바로의 군대를 본 것이 아니라, 볼 수 없는 하나님을 보는 것 같이 하여 믿음의 눈으로 여호와를 바라보았습니다. 또 여호수아는 어떠했습니까? 그도 역시 믿음의 눈을 통해 여리고성이 무너지는 것을 보면서 행진을 계속했습니다. 기생 라합은 이스라엘 정탐꾼을 영접해 들였습니다. 간첩을 숨겨준 것은 민족적인 반역 행위입니다. 만일 이 사실이 발각되면 그와 온 가족은 목숨을 잃게 됩니다. 그러나 그런 상황에서도 라합이 정탐꾼들을 숨겨줄 수 있었던 이유는, 이미 그는 여리고성이 전능하신 하나님의 통치 안에 들어간 것을 믿음으로 보았기 때문입니다.

믿음은 볼 수 없는 것을 볼 수 있게 합니다. 그러나 세상 사람들은 '보는 것이 믿는 것'이라고 말합니다. 그래서 늘 보여 달라고 합니다. 그러나 신앙의 공식은 이와 다릅니다. '성경은 보는 것이 믿는 것'이라고 하지 않고 '믿는 것이 보는 것'이라고 말씀합니다. 예수님은 나사로의 무덤 앞에서 "네가 믿으면 하나님의 영광을 보리라"고 말씀하셨습니다. 육신의 눈으로 보려하지 말고 믿음의 눈을 통해서 보아야 합니다. 보이는 것들은 우리를 실망시키고 좌절시킵니다. 그러나 믿음의 눈을 떠서 하나님의 계획을 볼 때 우리는 볼 수 없는 것을 비로소 볼 수 있게 됩니다. 믿음은 볼 수 없는 것을 보게 합니다. 우리는 믿음으로 매일 하나님의 나라를 체험하면서 살아야겠습니다.

한국의 무디(D. L. Moody)라고 불리는 부흥사 이성봉 목사님의 유명한 일화가 있습니다. 6·25동란이 발발한 그 해 8월 2일, 목사님이 목포 근처에 있는 어느 교회에서 수요일 밤 예배를 인도했습니다. 그런데 예배를 마친 뒤, 목사님은 보안서원들에게 체포당했습니다. 그 이유는 목포에 있는 쌀 창고가 미군의 폭격기에 의해 폭격을 당했는데 어처구니없이 그 사건의 주동자가 바로 이성봉 목사님이라는 것입니다. 그래서 목사님은 보안서원들에 의해 붙잡혔습니다. 보안서원들은 목사님을 묶고 몽둥이로 매질하기 시작했습니다. 그러자 목사님은 "이제는 죽었구나!" 하는 생각이 들었습니다. 그런데 그의 머리 속에 스데반 집사의 돌무더기가 생각나서 유언으로 생각하고 이렇게 말했습니다. "나는 지금 죽어도 천당에 갑니다. 그러니 당신들도 부디 회개하고 예수를 믿으시오." 그리고 그들을 위해서 스데반 집사의 기도를 해주었습니다. "아버지여, 저들의 죄를 용서하여 주십시오. 저들이 알지 못하고 이와 같이 행하나이다." 그랬더니 보안서원 가운데 한 사람이 이렇게 말했습니다. "저놈이 살이 쪄서 맞아도 아픈 것을 모르는구먼!" 하면서 몽둥이로 목사님의 이마를 내리쳤습니다. 그러자 목사님의 정신이 가물가물하면서 기절하려는 찰나 보안서장이 말했습니다. "동무들, 저 놈을 지금 죽이지 말고 유치장에 집어넣으시오. 좀 더 고생시키다가 죽입시다." 그리고 나서 목사님의 얼굴에 찬물을 끼얹어 정신이 들게 한 뒤 감옥에 가두었습니다. 그 후 한 사흘이 지났을 때, 빨치산 수십 명이 총을 들고 보안서에 들이닥쳤습니다. 그들은 이미 곳곳에서 반동분자로 낙인찍힌 사람들을 다 살해하고, 보안서 유치장에 갇힌 사람들 중에서도 살해할 사람이 없는지 찾으러 온 것입니다. 보안서장은 그들을 향해 말했습니다. "목포 쌀 창고의 폭격 주범이 잡혔는데 그 놈이 바로 이 목사요. 얼마나 지독한 놈인지 그렇게 매질을 했는데도 입을 열지 않는다오." 이 목사님은 곧 빨치산들 앞에 붙들려 나왔습니다. 빨치산 대장이 취조를 합니다. "목사 노릇은 얼마나 해먹었어?" "예, 한 25년 했습니다." "아이고 무던히도 착취해 먹었네! 그러니 저렇게 살이 쪄서 돼지처럼 뚱뚱하지." 목사님이 대답합니다. "아닙니다. 제가 착취해 먹어서 그런 것이 아닙니다. 저는 어릴 때 별명이 깔다귀였습니다. 빼빼 말라 병치레도 많이 했습니다. 그런데 제가 예수를 믿고 하나님의 은혜를 받은 후부터 이렇게 건강해져서, 지난 25년 간 한번도 병원에 가거나 약도 먹지 않았습니다." 그랬더니 또 빨치산 대장이 물었습니다. "도대체 예수는 왜 믿는 거야?" "예, 예수님을 믿는 것은 자아를 혁명하기 위해서입니다. 당신들은 사회혁명을 한다고 수고하지만, 예수님을 믿는 사람들은 먼저 자아를 혁명하는 것이 사회를 혁명하는 것보다도 앞선 일이라고 생각합니다. 이 민족이 바로 살기 위해서는 사람들의 양심부터 바로 잡아야 된다고 생각합니다." 빨치산 대장이 다시 물었습니다. "그럼 지금까지 사람들의 양심을 얼마나 바로잡았어?" "다른 사람의 마음은 몰라도 내 마음만큼은 바로 잡힌 것이 분명합니다." 빨치산 대장이 다시 물었습니다. "예수쟁이들은 그저 '천당, 천당.' 외치면서 천당을 가겠다고 현실을 부정하는데 당신은 천당을 보았어?" "보았지요." "어디서 보았어?" 그때 목사님은 이렇게 대답했습니다. "예, 제가 천당 본점은 못 보았지만 천당 지점은 분명히 보았습니다. 본점 없는 지점이 어디 있겠습니까? 경찰서도 본서 없는 지서가 있고, 은행도 본점 없는 지점이 있겠습니까? 내가 부족해서 사도 바울처럼 천당 본점은 보지 못했지만, 내 마음속에 천국이 있는 것은 분명하오. 그래서 나는 지금 이렇게 육신의 고초를 당하고 있지만 내 마음만큼은 지극히 화평하오." 그러면서 자기의 가슴을 펼쳐 보여주었습니다. 그러자 주변에 있는 사람들은 웃으면서 이렇게 말했습니다. "야! 천당 지점, 기막힌 말일세. 예수쟁이들 말 잘한다고 하더니 저 목사도 엄청 말 잘하네!" 그러면서 분위기가 달라졌습니다. 결국 빨치산 대장은 이렇게 결론을 내렸습니다. "동무들, 우리가 아무래도 오해한 것 같소. 저 목사는 정말로 예수만 믿는 진짜 목사인 것 같소. 저 목사가 목포의 쌀 창고를 폭격하는데 주동자라고 볼 수 없소. 우리가 무언가 오해를 한 것 같으니 풀어줍시다." 이 목사님은 그렇게 해서 풀려났다고 합니다. 그 뒤 이 목사님은 하나님의 부르심을 받기까지 곳곳에서 복음을 전하다가 1965년에 하나님의 부르심을 받았습니다.

우리도 이런 믿음을 소유하고 살아야겠습니다. 우리의 마음도 천국의 지점이 되기를 바랍니다. 누군가가 우리에게 묻습니다. "천국이 어디 있어? 하나님이 살아 계신 증거를 보여 봐."

우리도 살아 계신 하나님을 보여주는 믿음의 삶을 살아야 되지 않겠습니까? "나를 보십시오. 제가 바로 천국의 증거입니다. 제가 바로 하나님이 살아 계신 증거입니다."라고 담대하게 우리 자신을 통해 천국을 보여주는 믿음의 삶을 살아갑시다.

3. 믿음은 할 수 없는 것을 하게 합니다

"선진들이 이로써 증거를 얻었느니라"
(히브리서 11:2)

'선진들'은 '조상들'과 거의 동일한 의미로(히브리서 11:1) 구약 성경에 나오는 신앙의 위인들을 지칭합니다. 여기서 '증거'란 '법적인 증거'를 뜻합니다. 심중이 아니라 물증입니다. 선진들이 믿음으로 증거를 얻었다는 것은, 믿음을 통해서 확실하고 분명한 결과를 보았다는 말입니다. 이 믿음은 움직일 수 없는 결과를 가져 왔으며, 분명하고 확실한 증거를 가져왔다는 말입니다. 좋은 결과를 가져 왔다는 것입니다. 믿음은 할 수 없는 것을 하게 하여 좋은 결과를 가져옵니다.

구약 시대 신앙의 위인들은 자신들의 확고한 믿음의 결과로 하나님으로부터 확신과 증거를 얻었습니다. 성경을 자세히 살펴보면 선진들의 믿음 때문이 아니라 '선진들의 믿음으로'입니다. 선진들의 믿음 안에 어떤 공적이 있는 것이 아니라 그 믿음은 필수적 수단이었습니다. 믿음에는 확실한 증거가 따르기 마련입니다. 막연한 심증이 아니라 분명한 증거가 있습니다. 우리의 믿음에는 분명한 증거가 따릅니다.

히브리서 기자는 4절 이하에서 믿음의 선진들이 받았던 그 믿음의 증거를 여러 가지로 설명하고 있습니다. 믿음으로 아벨은 가인보다 더 나은 제사를 하나님께 드렸습니다. 하나님은 그의 제사를 기쁨으로 열납하셨습니다. 그래서 '아벨은 의로운 자'라는 증거를 얻게 되었습니다. 믿음으로 에녹은 하나님과 동행하는 삶을 살았습니다. 그는 죽음을 맛보지 않고 하늘나라로 옮겨졌습니다. 그래서 그는 '하나님을 기쁘시게 하는 자' 라는 증거를 받았습니다. 믿음으로 노아는 방주를 예비하여 하나님이 홍수로 이 세상을 심판하실 때 그와 그의 가족들은 구원을 받았습니다. 이것이 바로 노아가 받았던 믿음의 증거입니다. 믿음으로 아브라함은 갈 바를 알지 못했지만, 하나님의 말씀에 의지하여 약속의 땅을 향해 나아갔습니다. 그리고 믿음으로 가나안 땅을 유업으로 받았습니다. 이것이 바로 그가 받은 믿음의 증거입니다. 아브라함의 나이가 100세, 그 아내 사라의 나이가 90세였을 때에는 도무지 후손을 얻을 수 없는 나이입니다. 그러나 믿음으로 아브라함은 바랄 수 없는 중에 바랐으며, 그 결과 하나님은 그에게 이삭을 선물로 주셨습니다. 바로 이것이 아브라함이 받았던 믿음의 증거입니다. 믿음으로 모세는 하나님의 백성들과 함께 고난 당하는 것을 즐겨했습니다. 그 결과 출애굽의 역사가 그의 손을 통해서 일어났습니다. 그것이 바로 모세가 받은 믿음의 증거입니다. 여호수아는 하나님의 말씀에 의지하여 견고한 여리고성을 돌고 또 돌았던 결과 그의 눈앞에서 견고한 여리고성이 무너졌습니다. 이것이 바로 여호수아가 받은 믿음의 증거입니다.

성경은 말씀합니다. "내가 무슨 말을 더 하리요 기드온 바락 삼손 입다와 다윗과 사무엘과 및 선지자들의 일을 말하려면 내게 시간이 부족하리로다" (히브리서 11:32) 우리의 선진들이 받았던 믿음의 증거에 대해서는 시간 부족으로 다 말씀드릴 수 없다는 말입니다. 따라서 우리가 믿음으로 살면, 우리도 선진들처럼 믿음의 증거를 분명히 받게 됩니다.

예수님께서 호수 건너편에 계실 때에 제자들은 호수 한가운데 있는 배에 있었습니다. 제자들이 예수님께로 가고자 애를 썼으나 바람 때문에 아무리 노를 저어도 접근할 수 없었습니다. 그러자 예수님께서 뚜벅뚜벅 바다를 걸어오시자 이 광경을 본 제자들이 놀랐습니다. 베드로가 말했습니다. '주님, 저더러 걸어서 주님께로 오라고 명령하십시오.' 베드로는 자신의 믿음으로는 불완전하므로 예수님의 말씀에 근거해서 물 위를 걷는 위대한 믿음을 시험해 보고 싶었던 것입니다. 예수님께서 '오너라' 말씀하시자, 마침내 베드로가 믿음으로 물 위를 걸어 예수님께로 걸어갔습니다. 순간 거센 바람이 불어오자 베드로의 마음은 흔들렸고, 발은 물 속으로 빠졌습니다. '주님, 살려 주십시오.' 소리치자, 예수님은 베드로의 손을 잡으시며 "믿음이 적은 사람아, 왜 의심하였느냐?"고 말씀하셨습니다. 베드로가 예수님만 바라보고 발걸음을 옮겼을 때에는 자기도 모르게 물 위를 걸어갔습니다. 그러나 베드로가 자기의 조건을 보고 의심이 드는 순간 그만 바닷물에 빠질 수밖에 없었습니다. 오직 믿음으로 주님만 바라보고 걸어갈 때에는 베드로 역시 물 위를 걷는 기적이 나타났습니다.

하박국 선지자는 "의인은 오직 믿음으로 살리라"고 말합니다. 의인은 하나님 앞에서 훌륭한 행위를 한 사람이 아닙니다. 믿음으로 사는 사람, 즉 자신의 조건에 얽매이지 않고 믿음으로 하나님의 미래에 참여한 사람입니다. 하나님으로 말미암은 믿음으로써 선진들이 증거를 얻었습니다. 이 모든 사람들이 받은 증거는 분명합니다. 믿음으로 할 수 없는 일을 하여 좋은 결과를 얻었습니다. 믿음은 할 수 없는 것을 할 수 있게 합니다. 믿음은 놀라운 증거를 가져옵니다. 믿음은 위대한 업적을 성취합니다.

4. 믿음은 모든 세계가 하나님의 말씀으로 지어진 줄을 알게 합니다

> "믿음으로 모든 세계가 하나님의 말씀으로 지어진 줄을 우리가 아나니 보이는 것은 나타난 것으로 말미암아 된 것이 아니니라"
> (히브리서 11:3)

'믿음으로' 란 옛 선진들이 믿음으로 살고 행동한 것을 강조하는 표현입니다. 본 절은 창세기 1장 1절에 나타나는 세상 창조에 대한 인식과 연결되어, 하나님께서 모든 세계를 말씀으로 창조하신 것은 오직 믿음으로만 인식할 수 있음을 시사합니다. '보이는 것' 은 헬라적 유대주의(hellenistic judaism)의 전통에서 기인한 것으로 가시적인 우주를 가리킵니다(외경 지혜서 13:7). '보이는 것' (물질 세계)은 '나타난 것' (창조 이전에 존재했었던 어떤 물질)으로 만들어지는 것이 아니라, 하나님의 말씀으로 무(無)에서 창조된 것입니다. 성경은 '무(無)로부터의 창조(creatio ex nihilo)'의 교리를 강조하고 있습니다.

고대 헬라의 철학자들은 만물의 근원을 여러 가지로 설명했습니다. 탈레스는 '만물의 근원은 물'이라 하고, 또 어떤 이들은 '불, 공기, 흙'이라고 주장했습니다. 그들은 눈에 보이는 만물이 이와 같이 나타나는 여러 가지 요소들로 지어진 것이라고 설명했습니다.

그러나 우리는 확실히 압니다. 보이는 것은 나타난 것으로 말미암아 된 것이 아니라, 모든 세계가 하나님의 말씀으로 지어진 것을 압니다. 우리는 이것을 믿음으로 알 수 있습니다. 하나님은 무에서 유를 창조하셨습니다. 말씀으로 이 세상의 모든 것을 창조하셨습니다. 이 세상의 모든 것은 하나님의 것입니다. 믿음은 모든 세계가 하나님의 말씀으로 창조된 것을 알게 해 줍니다. 알고 나면 믿어지는 것이 아니라, 믿고 나면 알게 됩니다. 천지를 창조하실 때에 "하나님께서 가라사대", "그대로 되니라"는 말씀은 하나님의 창조의 말씀의 결과가 깨달아 집니다. 그러므로 모든 만물의 주인이 하나님이심을 알게 됩니다. 그 모든 세계를 통치하시며, 보존하시며, 섭리하시는 하나님을 알게 됩니다. 그래서 바울의 이런 고백이 나올 수 있습니다. "만물이 주에게서 나오고 주로 말미암고 주에게로 돌아감이라 영광이 그에게 세세에 있으리로다"(로마서 11:36) 곧 하나님의 하나님 되심을 만물을 통하여 알게 됩니다. 그 때문에 히브리서 11장에 등장하는 믿음의 영웅들은 세상이 감당할 수 없는 삶을 살아 하나님을 기쁘시게 했습니다.

로마 황제 하드리안이 이스라엘을 방문한 적이 있었습니다. 그는 예루살렘 성전을 무너뜨리는데 한 몫을 한 사람입니다. 그 후 그는 로마로 돌아와서 자랑스럽게 말했습니다. "여러분도 알다시피 나는 유대인이 믿고 따르는 하나님과 싸우고 돌아왔습니다. 나는 하나님의 집을 점령하여 불태우고 하나님의 백성들의 포로를 노예로 삼았습니다. 그러므로 나는 그들의 하나님이 되었습니다. 이제 그들은 나를 하나님처럼 섬기며 내게 복종해야 합니다." 이 말을 듣고 있던 사람들 중에는 아주 현명하다고 소문난 장관 세 명이 있었습니다. 그 중에 한 장관이 정중하게 존경을 표하며 말했습니다. "폐하, 폐하는 하나님의 궁궐에 살면서 어떻게 감히 하나님과 싸워 이겼다고 말씀하십니까? 하나님의 궁궐을 떠나 사십시오. 그러면 우리가 폐하를 하나님으로 모시겠습니다. 하늘과 땅은 다 하나님의 궁궐입니다. 만일 당신이 하늘과 땅을 벗어난다면 우리가 당신을 하나님으로 섬기겠습니다." 이 말을 가만히 듣고 있던 두 번째 장관이 말했습니다. "저는 아주 작은 질문을 하나 드리겠습니다. 이 질문에 잘 대답해 주시면 우리가 폐하를 하나님으로 정중하게 섬기겠습니다. 바다 위에 조그만 배 한 척이 떠 있습니다. 그 배에는 저의 모든 재산과 돈과 온 가족이 있습니다. 그런데 갑자기 강풍이 불어 닥쳤습니다. 저는 이제 모든 것을 잃게 되었습니다. 저는 불행한 운명이 다가오고 있음을 느끼고 있습니다. 폐하, 저의 배를 해변에 닿게 해 주시면 확실히 폐하를 하나님으로 섬기겠습니다." 하드리안이 간단하게 힘들이지 않고 말했습니다. "그건 문제없다. 내 군함들을 동원하여 밧줄로 묶어 끌어오도록 하면 된다." 장관이 말했습니다. "그렇게 복잡한 과정을 거칠 필요가 없습니다. 단지 해변 쪽으로 배가 오도록 바람을 불게 해 주십시오." 하드리안이 화를 내며 말했습니다. "나는 바람에게 명령을 할 수 없다." "그렇다면 당신을 하나님으로 섬기라 하지 마십시오. 하나님은 바람을 창조하시고 바람에게 명령도 하실 수 있는 분이십니다. 그것도 할 수 없으시면서 어떻게 당신을 하나님으로 섬기라고 하십니까?" 이때 세 번째 장관이 말했습니다. "만일 폐하께서 바닷물을 물러가게 하시고 마른 땅을 만들라고 명령하신다면 우리는 폐하를 하나님으로 섬기겠습니다." 왕이 또 말했습니다. "나는 그런 것을 할 수 없다." 장관이 말했습니다. "하나님께서는 천지를 창조하실 때에 물을 물러가게 하시고 땅도 드러나게 하셨습니다. 폐하는 그런 것도 못하시면서 어떻게 하나님이라고 하십니까?" 하드리안은 화가 머리끝까지 치밀어 올라 집으로 돌아왔습니다. 그리고 장관 세 명이 자신의 말을 듣지 않는다고 아내에게 말했습니다. 아내가 그 이유를 묻자, 지금까지 있었던 이야기를 하면서 "저들이 나를 하나님으로 대우하지 않아." 하고 말했습니다. 매우 지혜로운 그의 아내가 말했습니다. "당신의 영혼을 하나님께 드리십시오." 왕은 놀라서 물었습니다. "당신, 제 정신이요? 영혼을 하나님께 드리라는 말은 나더러 죽으라는 의미가 아니요?" 아내는 소리지르는 왕을 향해 말했습니다. "그렇게도 못하면서 당신은 어떻게 스스로 하나님이라고 하는 것입니까? 당신의 생명 하나 어떻게 할 줄 모르는 이가 어떻게 하나님이 될 수 있어요? 당신은 지금 하늘과 땅을 지배하고 있지 않잖아요? 하나님은 온 우주 만물을 지배하시는 분입니다. 여보, 당신은 하나님이 되는 것보다 하나님을 섬기는 편이 훨씬 낫습니다. 사람을 창조하시고 섭리하시는 하나님께 복종하는 것이 사람의 도리입니다." 하나님은 6일간 천지를 창조하셨습니다. 하나님의 창조역사를 믿으면 알 수 있습니다.

 믿음의 사람은 어떤 어려운 환경에서도 하나님을 믿는 믿음으로 승리합니다. 결코 낙심하거나 좌절하지 않습니다. 믿음의 사람은 하나님의 모든 것을 믿음으로 가져다 사용하는 사람입니다. 문제는 환경이 아니라 우리의 믿음이 문제입니다. 믿음은 바랄 수 없는 것을 바라게 하고, 볼 수 없는 것을 보게 하고, 할 수 없는 것을 하게 합니다. 모든 세계가 하나님의 말씀으로 지어진 줄을 알게 합니다. 우리가 믿는 하나님 아버지의 능력은 무한합니다. 그러나 그 무한한 하나님의 능력은 우리에게 믿음이 있을 때에 우리의 믿음을 통해서 나타납니다. 믿음은 바라는 것들의 실상이요 보지 못하는 것들의 증거입니다. 믿음은 우리의 꿈을 현실로 만들어 주는 놀라운 힘이 있습니다. 믿음은 보지 못하는 것을 보게 하고, 듣지 못하는 것을 듣게 하여줍니다. 우리 모두 믿음으로 구원받고, 믿음으로 우리의 남은 세월동안 하나님의 놀라운 역사를 체험하며 증거 하는 믿음의 사람이 됩시다. 아멘.

2

믿음으로 아벨은
(히브리서 11:4)

⁴믿음으로 아벨은 가인보다 더 나은 제사를 하나님께 드림으로 의로운 자라 하시는 증거를 얻었으니 하나님이 그 예물에 대하여 증거하심이라 저가 죽었으나 그 믿음으로써 오히려 말하느니라

2

믿음으로 아벨은

■ 히브리서 11:4

최근 미국의 기독교 언론보도에 의하면, 미국이 정기적으로 종교의식에 참여하는 성인의 비율이 선진국 중에서 가장 높은 것으로 알려졌습니다. 미시간대학이 최근 발표한 설문조사 결과에 따르면, 미국인 전체 성인이 매주 드리는 예배나 종교집회에 정기적으로 참여하는 비율은 44%인 것으로 발표되었습니다. 이는 전 인구의 38%인 캐나다, 27%인 영국, 그리고 21%인 프랑스를 훨씬 능가하며, 이밖에 독일 14%, 일본 3%, 러시아 25%인 것으로 각각 조사되었습니다. 이 조사를 실시한 로널드 잉글하트 연구원은 미국이 이처럼 다른 선진국들보다 비율이 높은 것은 노령인구의 증가와 관련이 있는 것으로 분석했습니다. 그는 나이가 들수록 자신이 어디에서 왔으며, 어디로 가는지에 대해 관심을 갖기 때문이라고 설명했습니다. 그리고 잉글하트는 일반적으로 선진국에서는 종교의 중요성이 약화되고 있는 반면, 가난한 나라, 특히 경제적인 불안정이 만연한 곳일수록 종교의식에 참여하는 비율이 높다고 발표했습니다.

진정으로 하나님께 예배를 드리는 사람은 자신의 부족을 잘 아는 사람입니다. 우리가 가진 것이나 이루어 놓은 것이 하나님 앞에서는 아무것도 아님을 깨닫고, 자신의 부족을 절실히 느끼는 사람만이 진정한 예배를 드릴 수 있습니다.

우리가 세상에서 살아갈 때에 본 받을만한 모델들이 있습니다. 소위 존경하는 사람들입니다. 우리 신앙인들도 평생을 본받으며 살아가고 싶은 믿음의 모델들이 있습니다.

우리가 믿음이 좋다, 또는 믿음생활을 잘한다는 표준이 무엇입니까? 예배생활을 통해 그의 믿음의 상태를 알 수 있습니다. 히브리서 11장에는 믿음의 위인들, 즉 신앙의 모델들에 대해 기록하고 있습니다. 먼저 나오는 인물이 아벨입니다. 아벨은 아담과 하와의 둘째 아들이자 가인의 동생이요, 양치는 목자입니다. '아벨'이라는 이름에는 '생기', 또는 '숨'이란 뜻이 있습니다. 그런데 아벨 하면 먼저 '믿음의 사람'이란 사실이 떠오릅니다. 그는 하나님께서 기뻐 받으시는 제사를 드린 사람, 즉 예배의 모범을 보여준 사람입니다. 그는 형 가인에 의해 죽임을 당한 인류 최초의 순교자입니다. 믿음의 사람이었습니다. 성경은 아벨을 믿음의 위인으로, 또한 의인으로 기록하고 있습니다. 그러면 우리가 본 받아야 할 믿음의 사람 아벨은 어떤 사람이었으며, 그의 믿음은 어떠했습니까?

1. 믿음으로 아벨은 더 나은 제사를 드렸습니다

"믿음으로 아벨은 가인보다 더 나은 제사를 하나님께 드림으로
의로운 자라 하시는 증거를 얻었으니"
(히브리서 11:4)

성경을 보면, 아벨의 믿음은 제사를 드림으로 나타난 믿음입니다. 하나님께 제사를 드림으로 믿음의 특색이 나타났습니다. 평소에는 아벨과 형 가인의 믿음의 차이를 몰랐지만, 각각 하나님께 드린 제사를 통해 믿음의 특색들이 나타났습니다. 가인과 아벨이 하나님께 제사를 드렸는데 놀랍게도 가인의 제사는 거부되었습니다. 창세기 4장 3~5절에 보면, 하나님께서는 아벨의 제물은 열납(悅納)하셨으나 가인의 제물은 거절하셨습니다. 그러나 그 이유에 대한 언급은 전혀 없습니다.

왜 하나님께서 가인의 제사는 거부하시고 아벨의 제사만 받으셨습니까?

①70인역에 따르면, 가인의 제물이 거절당한 이유가 제사 절차상의 결함 때문이라고 합니다. 즉 가인은 제물을 드릴 때에 제물을 나누는 법대로 하지 않았고, 아벨은 제사 법대로 제물

을 잘라드렸기 때문이라고 합니다.

②필로에 의하면, 아벨의 제물은 생명체였던 반면에 가인의 제물은 생명이 없는 것이었기 때문이라고 합니다.

③요세푸스는 가인의 행동에 도덕적인 결함이 있었기 때문이라고 주장합니다.

④어떤 이들은 아벨의 제사는 피 있는 제사이고, 가인의 제사는 피 없는 제사였기에 하나님께서 아벨의 제사만 받으셨다고 주장합니다. 그러나 레위기에 보면, 곡식으로 드리는 소제도 하나님께서 흠향(歆饗)하신다고 했으므로 그것은 이유가 될 수 없습니다.

⑤혹자는 가인이 제물을 인색하게 바쳤기 때문이라고 말합니다. 그러나 창세기 4장에서 그러한 내용을 찾아볼 수 없습니다. 인구도 많지 않았고, 모두 자급자족하던 때였으므로 하나님께 드리는 것을 인색하게 할 필요가 없었을 것입니다.

⑥그렇다면 왜, 하나님께서 아벨의 제사만 받으셨습니까? 그것은 본문을 통해 답을 얻을 수 있습니다. "믿음으로 아벨은 가인보다 더 나은 제사를 하나님께 드림으로"(히브리서 11:4) 본문에서 하나님은 아벨의 제사만 받으셨습니다. 여기서 중요한 것은 제사가 바로 예배라는 것입니다. 가인과 아벨이 같이 예배를 드렸는데 하나님은 아벨의 예배만 받으시고 가인의 예배는 거절하셨습니다.

그렇다면 우리가 함께 예배를 드리지만 하나님께서 받으시는 예배가 있고, 받지 않으시는 예배도 있다는 말입니다. 그렇다면 우리는 당연히 아벨의 제사처럼 하나님께서 받으시는 제사, 예배를 드려야 합니다. 그러면 하나님이 받으시는 예배는 어떤 예배입니까? 그것은 바로 믿음으로 드리는 예배입니다. 아벨과 가인이 드린 제사의 차이는 무엇입니까? 아벨의 제사는 짐승을 잡아 고기를 드린 제사였으므로 받으셨고, 가인의 제사는 곡식을 드린 제사였으므로 받지 않으신 것이 아닙니다. 핵심은 '믿음으로' 라는 한마디입니다. 믿음으로 드린 제사와 믿음 없이 드린 형식적인 제사의 차이입니다.

우리는 믿음의 예배를 드려야 합니다. 그러면 믿음의 예배는 어떤 예배입니까? 하나님은 우리의 중심을 보십니다. 우리의 중심, 즉 우리의 전 인격과 정성이 담긴 예배가 바로 믿음으로 드리는 제사요 예배입니다. 하나님은 이 믿음의 예배를 받으십니다. 예배는 예배자의 중심과 자세가 중요합니다.

어떤 분은 주일을 마치 하나님의 출석부에 점을 찍으러 나오는 날처럼 생각합니다. 세상에서 마음대로 살다가 주일 하루 교회에 나와서 예배드리고, 헌금을 하면 그 동안의 불의와 죄악이 다 무마되는 것처럼 생각합니다. 일주일 동안 성경을 한 절도 읽지 않고, 기도 역시 식사기도조차 잘 하지 않다가 "오늘 교회에 가서 예배 드렸으니 이제 됐다. 하나님이 다 봐 주실 꺼야."라고 생각합니다. 이런 자세는 잘못되었습니다. 마치 예배와 헌금이라는 뇌물로 하나님의 마음을 사려고 하는 것과 같습니다. 하루 교회에 출석하는 것으로 하나님의 마음을 사려고 하고, 은혜에 감사함으로 드려야 할 헌금을 복을 받기 위한 수단으로 사용한다면 이것은 분명히 잘못된 예배자의 자세입니다.

예배드리는 도습을 재미있게 표현한 달이 있습니다. ①설교시간에 멀거니 강단을 응시하는 멀대파(눈은 목사님, 생각은 멀리 출장 중), ②주보에 밑줄을 그으며 고정까지 보는 꼼꼼파, ③졸면서 끄덕끄덕 콤마를 찍는 아멘파, ④수시로 시계를 들여다보는 안절부절파, ⑤옆 사람과 글로 대화하는 청각장애파, ⑥예배 후에 있을 회의만을 생각하는 회의 염려파, ⑦설교시간에 성경 읽기로 시간을 보내는 나홀로파, ⑧찬송 부를 때 입만 뻥긋대는 붕어파, ⑨기도시간의 틈을 노려 묵상(?)에 잠기는 기회주의파(어휴, 어제 못 잔 잠 보충해야지), ⑩누가 왔는지, 두리번거리며 인원체크를 하는 경티파(주로 각 기관의 회장들에게서 나타나는 증세). 이런 예배의 자세는 다 잘못되었습니다.

우리는 어떤 유형에 속해 있습니까? 우리는 모두 하나님께 신령과 진정으로 예배드려야 합니다. 예배에서 가장 중요한 것은 신령과 진정으로 드리는 예배입니다. "하나님은 영이시니 예배하는 자가 신령과 진정으로 예배할지니라"(요한복음 4:24) 먼저 '신령'이란 무엇입니까? 신령이란 바로 우리의 영(spirit)을 말합니다. 우리가 드리는 모든 예배는 성령님의 감화와 감동으로 이루어져야 합니다. 초대교회 성도들은 모이면 성령의 강한 힘에 사로잡혀 신령한 예배생활을 했습니다. 우리의 예배가 참된 예배가 되기 위해서는 영으로 예배드려야 합니다. 같은 그리스도인이라도 육신적인 열심만으로 주를 섬기는 이들도 있고, 영적으로 깨어 주님을 위해 기쁨으로 헌신하는 이들도 있습니다. 다시 말하면 우리가 드리는 찬양과 기도와 헌신도 육신적인 열심으로 드리는 것이 있는가 하면, 깨어 있는 영으로 드리는 것이 있다는 말씀입니다. 가령 목소리가 아주 아름다운 성도가 예배시간마다 누구도 따를 수 없는 훌륭한 목소리로 찬양을 합니다. 그러나 그는 전혀 자신의 마음과 영혼을 기울이지 않고, 단순히 목소리의 아름다움에 취해 찬양을 드린다고 합시다. 그렇다면 그의 찬양은 신령한 찬양이 되지 못하고, 그의 예배는 신령한 예배가 될 수 없습니다. 그는 영이신 하나님 앞에서 단순히 육신의 소리를 내는 것에 불과합니다. 그러므로 하나님이 기뻐 받으시는 예배는 우리의 영혼으로 드리는 예배입니다. 하나님께 상달되는 예배는 우리의 심령으로 드리는 예배입니다. 왜냐하면 하나님은 영이시기 때문입니다. 하나님은 영이시므로 하나님의 말씀을 듣는 우리는 영의 귀를 열어 들어야 합니다. 하나님은 영이시므로 이제 우리는 영으로 기도하고, 영으로 찬양하고, 영으로 예배를 드려야 합니다. 우리는 영이신 하나님과 영적으로 통할 수 있는 신령한 예배자들이 되어야 합니다. 그럴 때 우리의 예배는 주님이 기뻐 받으실 만한 참 예배가 될 것입니다.

또한 진정으로 드리는 예배가 되어야 합니다. 진정으로 드리는 예배란 어떤 예배입니까? '진정'은 진리를 뜻합니다. 그러므로 우리의 예배는 예수님 중심이어야 합니다. 우리의 모든 예배는 진리이신 예수 그리스도 안에서 주님을 의지하여 예수님을 중심으로 드려져야 합니다. 예수님은 길이요 진리요 생명이십니다. 예수님을 통하지 않고는 어느 누구도 하나님께 나아갈 수 없기 때문입니다. 또한 진정으로 드리는 예배는 우리의 예배가 참마음으로 드리는 거짓 없는 예배이어야 함을 의미합니다(요한복음 4:24). 하나님은 영이시므로 우리가 드리는 예배에 위선이 없어야 합니다. 하나님을 속이는 일이 조금도 없어야 합니다. 내 모습 이대로, 나의 추하고 더러운 모습 이대로 주님 앞에 나아가 진정으로 나를 드리는 예배자가 되어야 합니다. 예배드리는 자가 마음속에 온갖 더러움을 숨기고 있다면 이는 아직도 신령과 진정으로 드리는 예배자가 아닙니다.

성경에서 예배를 신령과 진정으로 드리지 못한 사람들이 있습니다. 바로 초대 예루살렘 교회의 아나니아와 삽비라 부부입니다. 당시 은혜 받은 성도들이 자기의 소유를 다 팔아 교회에 바침으로 성도들의 칭찬과 존경을 받았습니다. 그래서 아나니아 부부도 칭찬과 명예를 얻고자 자기들의 소유를 팔았습니다. 그러나 사람들 앞에서 낯은 내고 싶었지만 정작 소유를 다 드리려 하자 아까운 생각이 들었습니다. 애를 태우던 아나니아는 땅을 판 값에서 일부를 감추었습니다. 그리고는 사도들 앞에 시치미를 떼고 전부인양 내놓았습니다. 그때 성령이 충만한 사도 베드로가 그 마음을 들여다보고 아나니아를 꾸짖었습니다. "어찌하여 네가 성령을 속이고 땅값 얼마를 감추었느냐 사람에게 거짓말 한 것이 아니요 하나님께로다"(사도행전 5:3~4) 이 말을 들은 아나니아는 엎드러져 혼이 떠나 죽었습니다. 잠시 후 그의 아내 삽비라도 똑같은 거짓말로 인해 죽었습니다. 그것은 아나니아와 삽비라의 헌신은 진정한 헌신이 아니라 거짓된 헌신이었기 때문입니다. 그들의 예배는 진리의 영이신 하나님을 속인 거짓 예배였습니다. 그들의 예배는 감히 속일 수 없는 하나님, 영이신 하나님을 속이려한 예배였습니다.

믿음으로 아벨은 가인보다 더 나은 예배를 드렸습니다. 아벨의 예배는 믿음으로 드린 예배였습니다. 하나님 앞에 드리는 믿음의 예배는 신령과 진정으로 드리는 예배요, 참마음으로 하나님께 나아가는 예배입니다. 신령과 진정으로 드리는 예배는 신실함으로 주를 뵙는 예배입니다. 우리 모두 신령과 진정으로, 믿음으로 드리는 예배자들이 됩시다.

2. 믿음으로 아벨은 의로운 자라 하시는 증거를 얻었습니다

"믿음으로 아벨은 가인보다 더 나은 제사를 하나님께 드림으로
의로운 자라 하시는 증거를 얻었으니"
(히브리서 11:4)

여기서 중요한 것은, 아벨이 믿음으로 살아갈 때 하나님으로부터 '의로운 자'라는 증거를 얻었다는 것입니다. 예수님도 마태복음 23장 35절에서 '의인 아벨'이라고 칭하셨고, 히브리 기자도 본문에서 '의로운 자'라고 칭했습니다. 왜 아벨이 의인입니까? 아벨이 자기의 형에게 처죽임을 당했기 때문에 의인입니까? 그것은 결코 자랑할만한 것이 못됩니다. 아벨은 그의 형에 의해서 죽임을 당한 사건과는 상관없이 하나님 앞에서 의로운 사람이었습니다. 그것은 아벨이 믿음의 사람이었기 때문입니다. 반면 그의 형 가인은 어떤 사람입니까? 사도 요한은 요한일서 3장 12절에 "가인같이 하지 말라 저는 악한 자에게 속하여 그 아우를 죽였으니"라고 했습니다. 그는 이미 악한 자에 속한 삶을 살고 있었습니다. 능히 사람을 죽일 수 있는 사람이었기 때문에 죽였습니다. 가인은 하나님 앞에 부도덕한 불신앙의 삶을 살았으나 아벨처럼 하나님께 나와서 종교적인 제사를 드렸습니다.

예배에 참석하여 찬송하고 기도하며 헌금도 드립니다. 그러나 살인자의 마음을 품고 있는 가인의 삶은 잘못된 것입니다.

삶의 회개가 없이 아무리 아름다운 종교적 모습으로 찬송하며 기도한다 할지라도 하나님은 그런 사람의 기도와 찬송은 받지 않으십니다. 왜 하나님이 가인의 제사를 거절하셨습니까? 가인에게는 하나님이 기뻐하시는 삶이 없었기 때문입니다. 예배는 삶의 결정체입니다. 엿새 동안 하나님을 신뢰하며 살아온 삶으로 "주님, 이 삶을 하나님께 드립니다."라는 마음 자세, 이것이 참 예배입니다. 가인에게는 이런 삶이 없었습니다. 그는 하나님이 없는 것처럼 불신앙의 삶을 살았습니다. 그리고 하나님께 최선의 것이 아닌 형식을 드렸습니다. 그러나 아벨은 하나님을 신뢰하며 하나님과 동행하는 믿음의 삶을 살았습니다. 그리고 최선의 것을 하나님께 드렸습니다. 바울은 로마서 12장 1절에서 "너희 몸을 하나님이 기뻐하시는 거룩한 산 제사로 드리라 이는 너희를 드릴 영적 예배니라"고 했습니다. 참된 예배는 드림의 정신이요, 믿음의 마음이요, 회개의 심령이요, 감사하는 마음입니다. 아벨은 믿음으로 제사를 드렸습니다. 아벨이 드린 제사는 자신의 믿음을 표현하는 행위였습니다. 따라서 아벨이 하나님으로부터 '의로운 자라 하시는 증거'를 얻은 것은 자신이 드린 제사를 통해 나타난 믿음 때문이었습니다. 성경은 이렇게 증거 합니다. 하나님이 그 예물에 대하여 증거하셨다는 말씀은 하나님께서 아벨의 제물을 열납하신 사실을 가리킵니다(창세기 4:4). 하나님께서는 아벨의 믿음과 의로움을 그가 드린 제물을 열납하심으로 증거하셨습니다. 하나님께서 의롭다고 인정하시는 그 믿음이 우리를 천국으로 인도합니다. 아벨은 믿음으로 의롭다함을 받았고 그는 천국의 백성이 되었습니다.

천국은 의롭다 함을 받은 자들이 들어가는 곳입니다. 죄인으로서는 천국에 들어갈 수 없습니다. 의롭다 함을 받은 자만이 천국에 들어갑니다. 아벨은 믿음으로 의롭다함을 받았습니다. 아벨의 피는 우리를 위해 갈보리산 십자가에서 피 흘려 구원해 주신 예수 그리스도의 대속을 나타냅니다. 그러므로 주 예수 그리스도를 믿음으로 의롭다 함을 받은 성도가 천국에 들어 갈 수 있습니다. 그러므로 우리는 믿음으로 의롭다 함을 받아야 합니다. 그런데 이 의롭다함을 받는 것은 우리의 힘이나 노력이나 공로로 되는 것이 아니라 믿음으로 됩니다. 다른 말로 하면, 하나님께서 우리를 의롭다고 인정해 주셔야만 된다는 말입니다. 아벨은 믿음으로 의롭다함을 받았습니다. 즉 하나님께서 의롭다고 인정해 주셨습니다. 우리는 잘 생각해 보아야 합니다. 의롭다함을 받은 아벨은 믿음으로 제사를 드렸으나 그의 형 가인은 믿음으로 드리지 않았기 때문에 거부를 당했습니다. 그러자 그 형은 동생을 쳐서 죽였습니다. 아벨은 믿음으로 살다가 피를 흘렸습니다. 세상적으로 볼 때에 믿음으로 살다가 손해도 보고 피해도 본 것입니다. 아벨은 하나님 중심으로, 믿음으로 살면서 진정과 신령으로 예배드렸지만 그는 피를 흘렸습니다. 그런데 하나님께서 믿음으로 살았던 아벨에게 '그는 의로운 사람'이라고 증거하셨습니다. 그는 하나님께서 인정하시는 사람이었습니다. '아벨은 의로운 자'라는 것이 하나님의 평가입니다. 여기서 중요한 것은, 하나님께서 인정하시는 믿음의 사람이 되어야 한다는 것입니다. 하나님께서 우리를 어떻게 보시느냐가 중요합니다.

오늘날 많은 사람들은 눈에 보이는 사람들로부터 어떤 인정을 받느냐를 중요하게 여깁니다. 많은 사람들이 인기와 명예, 사람들의 칭찬과 좋은 평가를 최고의 목표로 살아가고 있습니다. 그러나 믿음으로 사는 성도는 다릅니다. 하나님께서 우리를 어떻게 보시고 어떻게 평가하시는지를 중요하게 생각합니다. 하나님께서 우리를 향하여 '너는 의로운 자'라고 인정해 주시는 것이 더 중요합니다. 우리는 분명히 알아야 합니다. 이 세상에서 아무리 인기가 많고 칭찬을 받으며 뉴스의 초점이 되어도, 하나님이 보시기에 의로운 자가 아니라 악인이라는 평가를 받는 사람들이 많다는 사실입니다. 그러나 세상 사람들의 관심밖에 있고, 인기도 없고, 별로 알아주지 않더라도, 하나님이 보시기에 의인이라고 인정받는 사람이 있음을 우리는 알아야 합니다.

노아의 시대에 많은 사람들이 먹고 마시고 시집가고 장가가고 즐기면서 살아갈 때에, 노아의 여덟 식구는 하나님의 명령대로 방주를 지었습니다. 그것도 120년 동안 모든 힘을 다해 지었습니다. 사람들은 비웃었으며, 욕하고, 무시하며, 어리석은 사람들이라고 조롱했습니다. 그러나 하나님은 노아의 가족을 의로운 자로 인정하셨습니다. 그 결과 노아의 여덟 식구를 제외한 모든 사람들은 대홍수로 다 멸망당하고 말았습니다.

소돔과 고모라는 어떠했습니까? 먹고 마시고, 음란과 사치가 그 도시를 뒤덮어 모두 향락 속에 빠져 살아갈 때에도 롯은 하나님을 의지했습니다. 모든 사람들이 그를 놀리고 비웃었지만 하나님은 롯을 의롭다고 인정하셨습니다. 그래서 소돔과 고모라가 유황불에 멸망당할 때에도 하나님은 모든 사람들을 심판하셨으나 롯의 가족들을 구원해 주셨습니다.

일제 시대에 호화호식과 권세를 누리며 편안하게 살던 친일파들이 있었습니다. 그런가하면 독립운동을 하며 온갖 고생을 다한 애국자들을 비롯한 그의 가족들도 있었습니다. 그들은 신앙의 절개를 지키며 감옥에 들어가서 갖은 고생을 다했습니다. 그뿐 아니라 순교의 제물이 된 종들과 그의 가족들이 있었습니다. 누가 더 의로운 사람입니까? 세상 사람들의 평가와 하나님의 평가는 분명 다릅니다. 세상적으로 사는 사람들은 고생도 하지 않고 즐기며 사는 것 같은데 오히려 믿음으로 사는 사람들은 고난 받고, 손해 보고, 놀림 받고, 세상으로부터 인정도 받지 못합니다. 그런데 하나님은 믿음으로 사는 그들을 의롭다고 하십니다.

마포 삼열(Samuel Moffet) 선교사는 미국에서 대통령 후보로까지 인정받은 큰 인물이었습니다. 그러나 그는 모든 세상적인 명예를 다 버리고, 조국인 미국을 떠나 우리나라에 와서 복음을 전하며 평양신학교를 설립하는 등 하나님 나라를 위해 평생을 바쳤습니다. 그도 역시 하나님이 의로운 자로 인정하시는 믿음의 사람입니다.

배도선(Patterson) 선교사는 영국의 석유 재벌의 아들로 아버지의 후계자가 되어 부귀 영화를 누릴 수 있는 위치에 있었습니다. 그러나 그도 아버지의 간곡한 부탁을 물리치고 우리나라에 와서 복음 전파를 위해 평생을 헌신했습니다. 그도 역시 하나님이 인정하시는 믿음의 사람입니다.

주기철 목사님은 일제 하에서 신사참배를 거부했습니다. 결과 1938년 이후 4차 검속(檢束)에 전후 7년 간의 옥고를 겪다가 1944년 4월 21일 평양 감옥에서 순교했습니다. 일본 경찰이 그를 회유하려 잠시 가출옥시켰을 때, 그는 자신이 시무하던 산정현교회에서 최후의 설교를 했습니다. 그 설교의 일부분입니다.

"사랑하는 나의 어머님, 80이 넘으신 내 어머님을 자비하신 주님께 부탁드립니다. 나의 병든 아내와 어린 자식들과 나의 사랑하는 교우님들을 주님께 부탁드립니다. 그리고 나는 이 산정현교회의 강단을 떠나지 않을 수 없습니다. 저는 주님을 따라 주님의 발자취를 따라가려 합니다(말씀이 여기에 이르렀을 때에 주목사님의 음성도 비장했고, 만당의 교우들은 모두 눈물로 성경책을 적시며 흐느껴 울었습니다. 독사의 눈 같은 일본 형사들의 눈에도 눈물이 어리었습니다). 사람은 자신이

겪는 육신의 고통은 견딜 수 있으나 부모와 처자를 생각하여 철석같은 마음이 변절되는 경우가 많습니다. 어린 자식의 울음소리 때문에 순교의 길에서 돌아선 신자도 허다합니다. 그러나 인간의 얽히고 설킨 인정 때문에 주님을 따르는 길이 방해를 받는다면 성경 말씀에 어긋나는 것입니다. 부모나 처자를 사랑하고 아끼되 예수님보다 더 사랑하는 자는 예수님의 말씀에서 어긋납니다."

주기철 목사님은 순교의 제물이 되었습니다. 가족들도 많은 고생을 했습니다. 세상 사람들은 알아주지 않았으나 목사님은 하나님으로부터 인정을 받았습니다. 누가 더 의로운 자입니까? 누가 진정한 성공자입니까? 하나님께서 인정해 주시는 자가 진정한 성공자입니다. 진정 의로운 자는 사람으로부터 인정받는 것이 아니라 하나님으로부터 인정받는 사람입니다. 비록 세상 사람들로부터 인정을 받지 못해도 이름 없이 빛도 없이 묵묵히 자신에게 주어진 그 일터에서 충성하는 성도, 고난을 받고 손해를 보고 억울함을 당해도 하나님과 복음과 교회를 위해 끝까지 자기 자리를 지키며 충성하는 성도, 그가 하나님 앞에서 의롭다 함을 받지 않겠습니까?

우리는 사람이 아니라 하나님이 보시기에 의로운 자로 살아야 합니다. 이것이 믿음으로 사는 것입니다. 아벨은 하나님이 보시기에 의로운 자였습니다. 아벨은 믿음으로 더 나은 제사를 드렸고, 그 결과 형 가인에 의해서 죽임을 당했습니다. 그는 하나님으로부터 의로운 자라 인정을 받았습니다. 우리는 세상 사람들보다 하나님으로부터 의로운 사람이라는 인정을 받아야 합니다.

3. 믿음으로 아벨은 죽어서도 기억되는 믿음의 삶을 살았습니다

> "믿음으로 아벨은 가인보다 더 나은 제사를 하나님께 드림으로 의로운 자라 하시는 증거를 얻었으니 하나님이 그 예물에 대하여 증거하심이라 저가 죽었으나 그 믿음으로써 오히려 말하느니라"
> (히브리서 11:4)

본문은 "네 아우의 핏소리가 땅에서부터 내게 호소하느니라"(창세기 4:10)는 말씀을 암시합니다. 믿음으로 살았던 아벨은 죽었으나 그의 믿음은 언제까지나 살아있는 소리가 되어 우리 그리스도인들에게 교훈을 주고 있습니다. 죽임을 당한 아벨이 의인으로 기억되어 영원한 믿음의 모범으로 남아 있습니다. 의인은 죽어도 하나님과 인간에게, 그리고 이생과 천국에서 영원히 기억됩니다. 아벨의 믿음은 죽어서도 영원히 기억되는 믿음입니다. 믿음으로 살았던 사람들은 이 세상을 떠나도 그 믿음은 영원히 후손들에게 기억됩니다.

믿음의 인물들, 아벨, 에녹, 노아, 아브라함, 야곱, 요셉, 모세, 바울 등, 그들의 이름은 그들이 이 세상을 떠나도 우리에게 영원히 기억되고 있습니다. 순교자들의 믿음은 영원히 우리에게 기억됩니다. 믿음의 위인들은 그들의 삶 전체가 바로 예배였습니다. 그들은 오직 하나님만을 바라보며 말씀에 순종하여 헌신했습니다. 그들은 바로 예배의 생애였습니다. 믿음의 기본은 예배입니다. 주일을 거룩하게 지키는 성수주일의 믿음은 예배의 가장 기본입니다.

믿음의 왕 다윗은 예배 중심의 삶을 살았습니다. 그는 하나님의 언약궤가 예루살렘으로 들어올 때에 너무도 기뻐 여호와 하나님 앞에서 있는 힘을 다해 춤을 추었습니다. 뿐만 아니라, 그는 하나님의 성전을 짓기 위해 그의 모든 재물과 보화를 모아 아들 솔로몬에게 물려주며 성전 건축을 부탁했습니다. 그가 얼마나 주님을 사랑하며 예배를 사모했는지를 보여주는 그의 믿음은 영원히 기억되는 믿음입니다. 다윗은 고백합니다. "내가 여호와께 청하였던 한 가지 일 곧 그것을 구하리니 곧 나로 내 생전에 여호와의 집에 거하여 여호와의 아름다움을 앙망하며 그 전에서 사모하게 하실 것이라"(시편 27:4)

구약 성경에는 예배를 잘 드리는지 잘 드리지 않는지, 즉 하나님에게 예배하는 것인지 자기를 위해 우상에게 제사하는지에 따라 선악을 판가름했습니다. "믿음으로 아벨은 가인보다 더 나은 제사를 하나님께 드림으로 의로운 자라 하시는 증거를 얻었으니"(허브리서 11:4) 아벨의 믿음은 그가 죽었어도 영원히 기억되는 믿음입니다.

　보험회사의 보고에 의하면, 교회에 다니는 사람은 그렇지 않은 사람들보다 평균 7년을 더 장수한다고 합니다. 우리가 계속 교회에 나간다면 심장마비의 위험은 60%, 교통사고의 위험은 55%가 줄어든다고 합니다. 얼마 전, 신문에 「예배드리는 사람들은 장수한다」는 2000년도 통계를 보았습니다. 간단히 말해서 믿음이란 예배를 잘 드리겠다는 마음입니다. 예배의 성공자가 인생의 성공자입니다. 마지막 날에 주님께서 우리의 삶을 결산하실 것입니다. 그때 우리가 평생을 통해 예배를 드렸는데도 하나님께서 한번도 우리의 예배를 받으신 일이 없다고 하신다면 어떻게 하시겠습니까? 가인처럼 예배에 실패하여 인생에 실패하고 하나님께 버림받는 인생이 되겠습니까?

　우리는 예배를 회복해야 합니다. 예배를 회복하기 위해서는, ①철저히 준비해야 합니다. a.몸을 준비해야 합니다. 주일 예배는 토요일 저녁부터 시작됩니다. 충분한 휴식에도 불구하고 졸린다면 영적으로 문제가 있으므로 기도해야 합니다. 그리고 가능하면 새 옷으로 깨끗하게 차려입고 교회당에 일찍 나오십시오. b.마음을 준비해야 합니다. 예배에 기대하는 마음을 가지고 나오십시오. 하나님을 만나러 가는데 어찌 기대가 없어서야 되겠습니까? 또한 예물을 준비해야 합니다. c.예배를 성립시키는 예물을 준비해야 합니다. 즉흥 헌금, 준비되지 않은 용돈씩 헌금은 하나님 앞에 드려지지 못합니다. 하나님은 그런 헌금은 거절하십니다. 성공적인 예배, 하나님이 받으시는 예배는 철저한 준비에서 비롯됩니다.

②예배에 적극적으로 참여해야 합니다. 예배를 보러오지 마십시오. 즉 구경하지 말라는 것입니다. 예배를 통해 어떻게든 살아 계신 하나님, 나를 구원해 주신 하나님을 만나야 합니다. 그 어떤 것보다 하나님을 만나는 축복은 큽니다. 하나님과의 인격적인 만남이 없다면 예배가 아닙니다. 추상적인 고백과 막연한 망상은 의미가 없습니다. 설교자를 주목하고 민감하게 반응하십시오. 표정도 움직이고, 선포되는 말씀에 '아멘' 으로 화답하십시오.

③말씀대로 실천해야 합니다. 예배의 최종 목적은 생활 예배자로 나아가는 데 있습니다. 즉 성전에 머물지 말고 삶의 자리에서 실천하는 사람이 되는 것입니다. 다시 말하면 몸으로 산 제사를 드리는 자로 살아야 합니다(로마서 12:1). 예배에서 감동 받은 것만큼 행해야 합니다. 예배시간에 받은 힘으로 생활의 현장에서 승리해야 합니다. 가인과 아벨의 예배에서 하나님이 아벨의 예배는 받으셨지만, 가인의 예배가 거절된 것은 재물 때문이 아닙니다. 그것은 가인이 하나님께 삶의 예배자로서 거절되었기 때문입니다.

전설에 의하면, 삭개오는 가끔 말없이 집을 나갔다가 얼굴이 퉁퉁 부어서 돌아왔다고 합니다. 그래서 이상히 여긴 그의 아내가 삭개오의 뒤를 조용히 미행했다고 합니다. 그랬더니 삭개오가 예수님을 만난 뽕나무에 물을 준 다음, 그 나무를 어루만지면서 눈물을 글썽이며 기도하는 장면을 목격했다고 합니다. 삭개오가 처음으로 예수님을 만났을 때, 모두들 그를 조롱하며 죄인인 자신을 상대하지도 않고 사람 취급도 해주지 않았습니다. 그러나 예수님을 사모하며, 뽕나무 위에서 주님을 바라본 그에게 예수님이 찾아오셨습니다. 예수님은 삭개오를 보시자 "삭개오야 내려오너라. 오늘 내가 너의 집에 유하여야겠다." 하시며, 자신을 구원해 주신 주님과의 처음 만남의 은혜를 삭개오는 평생 잊지 못했습니다. 그래서 주님을 만나게 해 주었던 그 뽕나무를 찾아가 물을 주고 가꾸면서 감격하여 울었다는 이야기입니다.

우리도 '삭개오의 뽕나무'처럼 은혜 받은 자리에 대한 기억이 있을 것입니다. 그리고 지금까지 우리에게 은혜를 베푸신 주님의 사랑을 기억하고 다시 회복해야겠습니다. 그때 그 자리를 기억하고, 그때 하나님을 예배하던 그 열심과 사랑을 회복해야 합니다. 아벨은 믿음으로 더 나은 제사를 드렸습니다. 우리는 믿음의 예배를 회복해야 합니다. 죽어서도 우리의 믿음, 우리의 예배를 기억하는 삶을 살아야 합니다. 우리는 영원히 기억되는 믿음을 가져야 합니다. 우리도 믿음으로 더 나은 제사를 드립시다. 하나님은 우리의 예배를 받으시기를 원하십니다. 하나님은 지금도 신령과 진정으로 예배하는 자를 찾으시고 축복하십니다. 아멘.

3

믿음으로 에녹은
(히브리서 11:5~6)

⁵믿음으로 에녹은 죽음을 보지 않고 옮기웠으니 하나님이 저를 옮기심으로 다시 보이지 아니하니라 저는 옮기우기 전에 하나님을 기쁘시게 하는 자라 하는 증거를 받았느니라 ⁶믿음이 없이는 기쁘시게 못하나니 하나님께 나아가는 자는 반드시 그가 계신 것과 또한 그가 자기를 찾는 자들에게 상주시는 이심을 믿어야 할지니라

3

믿음으로 에녹은

■ 히브리서 11:5~6

    정신병원의 한 여자 환자에게 전도를 하자, 그녀는 이렇게 말했습니다. "나는 한때 하나님을 믿었습니다. 그러나 더 이상 하나님을 믿지 않습니다. 하나님은 없습니다. 그는 나를 버렸습니다. 나는 지금 지옥에 있습니다." 장시간 그녀와 대화를 나누었지만, 그녀에게 아무런 도움을 줄 수가 없었습니다.
    그런데 그로부터 몇 달 후, 그녀는 완전히 변해 있었습니다. 어느 젊은 의사가 그녀에게 이름이 무엇이냐고 물었습니다. 그녀는 곧장 대답을 하지 않았습니다. 그러자 의사가 말했습니다. "나는 해븐 박사입니다." 그녀는 쑥 들어간 눈으로 의사를 한참 물끄러미 쳐다보더니, 의사가 나가려 하자 그의 소매를 잡으며 이름을 반복해 보라고 했습니다. "나는 해븐 박사입니다." "해븐 박사…, 해븐이 여기에 있다면 이곳은 지옥이 아니다. 천국이 여기에 있다면 하나님도 여기에 계신다." 해븐(Heven)과 천국(heaven)은 발음이 같으므로, 그녀는 해븐 박사를 천국으로 해석한 것입니다.

 이튿날 아침, 그녀는 복도를 걸으며 어릴 때 배운 성구를 되풀이해서 외워 보았습니다. 며칠 동안 이렇게 하더니 그녀는 하나님의 말씀의 능력으로 건강을 회복하기 시작했습니다. 그녀는 해븐 박사를 만나 악몽에서 깨어나게 된 것입니다. 그 후 건강이 완전히 회복되어 학교에서 아이들을 가르치는 교사가 되었습니다.

 하나님이 없다고 믿는 것과 하나님이 계심을 믿는다는 차이가 이렇게 큽니다. 하나님은 우리 마음속에 소망을 주시어 우리의 삶을 변화시켜 주시는 무소부재하신, 살아 계신 분이십니다. 우리는 믿음으로 살아야 합니다.

 오늘 본문은 믿음의 사람 에녹에 대한 말씀입니다. 에녹은 아담의 7대 손이며, 야렛의 아들(창세기 5:18)이며, 최장수자 무드셀라의 아버지(창세기 5:21,27)입니다. 그리고 '에녹' 이란 말은 '신임자', 또는 '가르친다' 는 의미가 있습니다. 성경은 에녹을 하나님과 동행했으며, 육신이 죽지 않고 승천한 사람으로 기록합니다. 우리는 믿음의 사람 에녹의 신앙을 본받아야 합니다.

1. 믿음으로 에녹은 죽음을 보지 않고 천국으로 갔습니다

> "믿음으로 에녹은 죽음을 보지 않고 옮기웠으니
> 하나님이 저를 옮기심으로 다시 보이지 아니하니라
> 저는 옮기우기 전에 하나님을 기쁘시게 하는 자라 하는 증거를 받았느니라"
> (히브리서 11:5)

이 말씀은 에녹이 죽음을 보지 않고 몸이 변화되어 하늘로 옮겨졌음을 암시합니다. 누가 천국에 들어갈 수 있습니까? 천국은 믿음을 가진 사람이 갑니다. 믿음이 없는 사람은 천국에 들어갈 수 없습니다.

오늘 성경 본문에서도 에녹이 죽음을 보지 않고 하늘로 옮겨질 수 있었던 근본적인 원인은 오직 '믿음으로' 라고 기록하고 있습니다. 믿음으로 사는 자는 영원한 생명을 얻습니다. 성경에서 산 채로 하늘나라로 올라간 최초의 사람은 에녹입니다. 그 후에 엘리야가 회리바람을 타고 하늘로 올라갔으며, 우리 주 예수 그리스도께서 부활하신 후에 승천하셨습니다. 장차 우리 주 예수님이 재림하실 때에는 믿음으로 살아가는 성도들도 생전에 죽음을 보지 않고 하늘로 올라갈 것입니다. 믿음으로 에녹은 죽음을 보지 않고 천국에 올라갔습니다. 이것은 천국이 믿음으로 사는 자들이 올라가는 곳임을 보여줍니다. 천국은 예수 그리스도를 구주로 믿는 사람들이 들어가는 곳입니다. 에녹은 하나님을 온전히 믿었으므로 천국으로 올라갔습니다. 과거에도 주 예수님을 믿으며 살았던 사람들은 다 천국에 갔으며, 지금도 주 예수님을 믿는 사람들은 천국을 향해 가고 있으며, 앞으로도 주 예수님을 믿는 사람들은 모두 천국으로 올라갈 것입니다.

우리 주 예수님은 말씀하셨습니다. "하나님이 세상을 이처럼 사랑하사 독생자를 주셨으니 이는 저를 믿는 자마다 멸망치 않고 영생을 얻게 하려 하심이니라"(요한복음 3:16) 주 예수 그리스도를 믿는 사람들은 누구든지 천국에 들어갈 수 있습니다.

감리교의 창설자인 존 웨슬레(John Wesley)가 주님과 교통하며 기도하다가 깊이 잠이 들어 천국 문앞에 가게 되었습니다. 그가 천국에 들어가기 전에 천국 문을 지키던 천사에게 물었습니다. "나와 함께 영광스런 복음 운동인 메소디스트(Methodist) 운동(감리교 운동)을 하던 친구들이 얼마나 천국에 와 있습니까?" 그 천사는 잠깐 기다리라 한 후 명부를 한참 뒤져보더니 말했습니다. "미안하지만 감리교인은 한 사람도 없습니다." 깜짝 놀란 웨슬레가 다시 물었습니다. "나의 신앙은 잘못된 모양이군요. 그렇다면 영광스런 칼빈의 5대 교리를 강조하던 장로교인들이 다 온 모양이지요? 그들은 몇 명이나 왔습니까?" 천사는 다시 한참을 뒤져보더니 대답했습니다. "미안하지만 장로교인은 한 사람도 오지 않았습니다." "아무래도 우리의 종교개혁은 대단한 실수였나 보군요. 그러면 천주교인들이 다 온 모양인데 그들은 얼마나 들어와 있습니까?' 이번에도 천사의 대답은 똑같았습니다. 웨슬레는 천사의 대답에 큰소리로 되물었습니다. "그렇다면 누가 천국에 들어왔단 말이오?' 천사는 방긋 미소를 지으면서 대답했습니다. "이 천국에는 예수 그리스도를 참으로 개인의 구주와 주님으로 영접한 사람인 성령으로 거듭난 그리스도인들만이 들어와 있습니다." 교회는 그리스도의 것이므로 교회의 머리이신 그리스도를 통해서만 진정한 교회를 이룰 수 있습니다. 성경은 말씀합니다. "다른 이로서는 구원을 얻을 수 없나니 천하 인간에 구원을 얻을 만한 다른 이름을 우리에게 주신 일이 없음이니라"(사도행전 4:12)

그러면 천국에 들어갈 수 있는 조건이 무엇입니까?

세계 제2차 대전 당시, 스웨덴의 외교관 워랜버그(R. Wallenberg)는 유태인에게는 구세주로 알려진 사람입니다. 그는 독일의 나치가 유태인들을 대량 학살할 때, 유태인들에게 스웨덴 입국 비자를 발급해 주었던 사람입니다. 그가 유태인들을 만나기 위해 직접 전 유럽을 다닐 때에 많은 유태인들이 그에게 물었습니다. "비자를 발급 받을 수 있는 조건이 무엇입니까? 비자를 발급 받으려면 무엇을 준비해야 합니까?' 그는 단호히 말했습니다. "아무 조건도 없습니다. 비자에 서명만 하면 됩니다." 하나님께서도 아무런 조건 없이 우리를 구원해 주시려고 독생자 예수 그리스도를 이 세상에 보내셨습니다. 누구든지 예수 그리스도를 믿기만 하면 하나님 나라의 입국 비자를 얻을 수 있습니다.

믿음으로 에녹은 천국으로 올라갔습니다. 우리도 믿음으로 천국에 올라갈 것입니다. 주 예수 그리스도를 믿지 않고는 아무도 천국에 갈 수가 없습니다. 그러므로 우리는 천국의 복음을 전하여 아직도 예수 그리스도를 모르는 사람들에게 천국에 갈 수 있는 길을 가르쳐 주어야 합니다. 우리에게 믿음으로 천국에 갈 수 있는 은혜 주심을 감사합시다. 그리고 오직 주 예수님만 의지하고 사랑하면서 믿음으로 살아가는 성도가 됩시다.

2. 믿음으로 에녹은 하나님을 기쁘시게 하는 증거를 얻었습니다

"저는 옮기우기 전에 하나님을 기쁘시게 하는 자라 하는 증거를 받았느니라"
(히브리서 11:5)

에녹은 죽음을 보지 않고 옮기우기 전에 하나님을 기쁘시게 하는 자라는 증거를 얻었습니다. 에녹이 하나님을 기쁘시게 한 것은 무엇입니까? 바로 믿음이었습니다. 이 사실에 대해 창세기에서는 이렇게 증거합니다. "에녹은 육십 오세에 므두셀라를 낳았고 므두셀라를 낳은 후 삼 백년을 하나님과 동행하며 자녀를 낳았으며…에녹이 하나님과 동행하더니 하나님이 그를 데려가시므로 세상에 있지 아니하였더라"(창세기

5:22,24) 맛소라 본문(MT)은 '에녹이 하나님과 동행하였다.'고 기록하고 있으나, 70인역에서는 '에녹이 하나님을 기쁘시게 하였다.'로 번역하고 있습니다. 이것은 본 절뿐만 아니라 에녹에 관한 유대 전승마다 나타나는 어구로서 에녹이 하나님을 기쁘시게 한 자임을 나타냅니다(시락의 교회서 44:16; 지혜서 4:10,14).

성경은 에녹이 믿음으로 하나님과 동행하면서 하나님을 기쁘시게 했다고 합니다. 에녹은 믿음으로 하나님과 동행하면서 자녀를 낳았습니다. 에녹은 300년 동안 무슨 일을 하든지 믿음으로 하나님과 동행했습니다. 하나님보다 앞서가는 선행(先行)도 아니었으며, 하나님이 오라시는데도 뒤만 따라가는 후행(後行)도 아니었으며, 하나님이 오라시는 곳과 반대로 가는 역행(逆行)도 아니었으며, 하나님 따로 나 따로 가는 별행(別行)도 아니었습니다. 하나님과 함께 가는 동행(同行)이 가장 하나님을 기쁘시게 합니다.

'동행하다' 라는 말은 영적인 일들에 있어서 자발적인 행동과 꾸준한 진보와 전진을 의미합니다. '하나님과 동행' 하는 것은, 하나님에게 굴복하여 하나님에게 지배되고, 하나님을 위하여 사는 생활을 의미합니다. 에녹은 하나님의 주권에 절대 굴복했습니다. 하나님의 절대 주권을 믿는 에녹은 세상 속에서 살았지만 세상에 속한 사람이 아니었습니다. 에녹은 세속적인 대중들에게 말려들지도 않았고 그의 증거를 굽히지도 않왔습니다. 많은 사람들은 분명히 에녹을 비웃었을 것입니다. 그러나 에녹은 그런 비웃음에도 불구하고 경건한 생활을 계속했습니다.

믿음으로 산다는 것은 한마디로 하나님과 동행하는 삶입니다. 말라기 2장 6절은 신자가 하나님과 동행하는 것이 무엇을 의미하는지를 완벽하게 묘사하고 있습니다. "그 입에는 진리의 법이 있었고 그 입술에는 불의함이 없었으며 그가 화평과 정직한 중에서 나와 동행하며 많은 사람을 돌이켜 죄악에서 떠나게 하였느니라"

에녹은 믿음으로 하나님과 동행했으며, 그것이 하나님을 기쁘시게 했습니다. 하나님과 동행하는 삶이 하나님을 기쁘시게 합니다. 믿음의 목적은 하나님을 기쁘시게 하는 것입니다.

성경에 보면 신령과 진정으로 예배를 드려 하나님을 기쁘시게 한 사건들이 많이 있습니다. 믿음의 조상 아브라함은 하나님이 100세에 낳은 아들 이삭을 죽여 번제로 바치라고 명령하셨을 때에 도덕적·윤리적으로 부당하다고 따지지 않았습니다. 아브라함은 순종했습니다. 왜냐하면 자기 생각이나 전통적 윤리가 기준이 아니라 하나님의 말씀이 행동의 기준이었기 때문입니다. 하나님을 기쁘게 하는 일이라면 무엇이든지 할 수 있는 사람이 바로 믿음의 사람입니다. 믿음은 하나님을 기쁘시게 합니다.

창세기 28장 10~22절에 보면, 야곱이 브엘세바에서 하란으로 가던 중에 벧엘에서 꿈에 하나님이 나타나셨습니다. 그러자 다음날 그곳에 기름을 붓고 서원하며 제사를 드렸습니다. 하나님은 야곱의 제사를 기쁘게 받으셨습니다. 열왕기상 3장 4~5절에서는, 솔로몬이 기브온에서 하나님 앞에 일천 번제를 드릴 때 하나님께서 이 제사를 기쁘게 받으셨습니다. 열왕기하 18장 20~46절에서는, 엘리야가 갈멜산에서 여호와 하나님께 드린 제사를 기쁘게 받으시고, 3년 6개월 간 비가 내리지 않던 땅에 비를 내리셨습니다.

우리 하나님이 기뻐하시는 것은 예배입니다. 예배는 하나님과 우리의 만남이요, 신령한 교제요, 경배입니다. 우리는 예배를 통해 은혜와 축복을 받고 구원을 얻게 됩니다. 동시에 하나님은 말과 행동과 신앙과 생활이 일치되는 것을 기뻐하십니다. 그래서 잠언 21장 3절에서는 "의와 공평을 행하는 것은 제사 드리는 것보다 여호와께서 기쁘게 여기시느니라"고 말씀했습니다.

우리도 믿음으로 에녹이 하나님을 기쁘시게 했던 삶을 본받아야 합니다. 우리는 평생 살아갈 동안, 항상 우리의 생활 가운데서 하나님을 기쁘시게 하는 삶을 살아야 합니다.

미국의 12대 대통령에 당선된 테일러는 1849년 3월 4일(주일) 낮에 대통령으로 취임하게 되어 있었습니다. 그러나 테일러는 기어코 그날에는 취임을 하지 않겠다고 했습니다. 언론을 비롯한 주위의 많은 이들이 설득했지만, "주일에는 하나님께 예배드려야 할 날인데, 나 좋으라고 대통령 취임식을 하느냐?'며 반대했습니다. 그래서 상원에서 연구한 결과, 3월 4일 낮 12시부터 5일 낮 12시까지 임시 대통령을 세웠습니다. 왜냐하면 헌법상 그날로 대통령 임기가 끝나야 했기 때문입니다. 취임을 해야 할 날에 하지 않게 되자 공백 기간인 이 하루를 위해 에치슨이라는 대통령을 세워야만 했습니다. 그래서 미국 역사에는 하루 대통령이 있습니다. 이 얼마나 놀라운 일이며 대단한 대통령입니까? 이러한 대통령이기에 나라가 복을 받고 국민들이 믿고 따를 수 있는 것입니다.

예루살렘 초대교회의 베드로와 요한이 예수 그리스도의 복음을 담대히 전파했습니다. 그러자 많은 사람들이 예수님을 믿고 변화되는 것을 본 권세자들이 위협을 했습니다. 그때 베드로와 요한은 이렇게 대답했습니다. "하나님 앞에서 너희 말 듣는 것이 하나님 말씀 듣는 것보다 옳은가 판단하라"(사도행전 4:19)

믿음의 사람은 항상 하나님을 기쁘시게 하는 일을 최우선으로 알고 살아갑니다. 이것이 하나님과 동행하는 것입니다. 우리는 항상 '사람을 기쁘게 하랴 하나님을 기쁘시게 하랴' 할 때에 어떻게 하는 것이 하나님을 조금이라도 더 기쁘시게 하는 일인지를 생각해 보아야 합니다. 사람의 말이나 권세자들의 말을 듣는 것보다 하나님의 말씀을 듣는 것이 더욱더 하나님을 기쁘시게 하는 일이며, 이것이 또한 믿음입니다. 믿음이 없이는 하나님을 기쁘시게 못합니다. 믿음만이 하나님을 기쁘시게 합니다.

3. 하나님을 기쁘시게 하는 믿음은 구체적으로 어떤 것이 있습니까?

"믿음이 없이는 기쁘시게 못하나니 하나님께 나아가는 자는 반드시 그가 계신 것과 또한 그가 자기를 찾는 자들에게 상주시는 이심을 믿어야 할지니라"(히브리서 11:6)

1) 그가 계신 것을 믿어야 합니다

"하나님께 나아가는 자는 반드시 그가 계신 것과…을 믿어야 할지니라"(히브리서 11:6)

우리는 하나님이 살아계신 것을 믿어야 합니다. '그가 계신 것'은 단순히 하나님의 존재만을 의미하지 않습니다. 왜냐하면 이런 믿음은 사단도 소유하고 있기 때문입니다(야고보서 2:19). 사단도 하나님이 계신다는 것을 알고 있습니다. 바로 지식적인 믿음입니다. 우리는 하나님의 실존적(實存的) 존재를 믿어야 합니다. 에녹의 믿음은 추상적인 것이 아니라 하나님의 실존에 대한 믿음입니다. 하나님이 살아 계신다는 사실 앞에 의심의 여지가 없었습니다. 하나님이 실제로 나의 삶 속에 역사하심을 믿고 사는 사람은 하나님을 의식하면서 살게 됩니다. 그래서 에녹은 '하나님 앞에서(CORAM DEO)'의 삶을 살았습니다. 기독교 신앙은 하나님의 존재에 대한 믿음으로부터 출발합니다. 창세기 1장 1절에서 "태초에 하나님이 천지를 창조하시니라"고 하신 말씀은, 모든 천지 만물이 없을 때에도 하나님은 계셨다는 말씀이요, 그 모든 만물의 시작은 하나님으로 말미암았다는 뜻입니다. 그래서 우리는 "태초에 말씀이 계시니라"는 요한복음 1장 1절의 말씀도 의심 없이 믿습니다. 하나님의 실존을 믿는 사람은 하나님 앞에서 살게 됩니다. 우리는 생활 속에 함께 역사하시는 하나님을 믿어야 합니다.

여자 운동선수 윌마 루돌프(Wilma Rudolph)에 대한 이야기가 있습니다. 미국의 테네시 주 네쉬빌의 신실한 기독교 가정에서 태어난 윌마는 태어날 때부터 한쪽 다리를 저는 장애자였습니다. 그녀는 어릴 때부터 목발을 의지해야만 했습니다. 신앙심이 돈독한 그녀의 부모는 아이의 희망을 위해 "얘야, 하나님을 믿으렴. 하나님을 믿으면 하나님께서 고쳐주실 거야."라고 말해주었습니다. 윌마는 부모의 말을 가슴에 새겼고, 하나님께서 자기가 목발을 짚지 않고도 걸을 수 있게 하실 것을 믿었습니다. 윌마는 목발 없이 걷는 연습을 했습니다. 그녀의 열두 번째 생일에는 누구의 도움도 없이 걸었습니다. 부모와

의사도 모두 믿을 수가 없었습니다. 윌마는 학교의 농구선수 선발 시험에 응했으며, 불가능하다고 만류하는 농구코치에게 사정하여 어렵게 농구팀에 합류할 수 있었습니다. 윌마는 다른 사람들보다 더 많은 연습과 노력으로 팀의 최우수 선수가 되었습니다. 그리고 농구선수권 대회에서 그녀를 유심히 살피던 어느 심판의 권유로 육상을 시작하게 되었습니다. 그리고 얼마 후 육상대회 테네시 주 선수권 보유자가 되었습니다. 열여섯 살 때에는 미국의 유망 선수가 되었고, 오스트레일리아 올림픽에서는 400m 릴레이 경기의 마지막 주자로 달려 동상을 받았습니다. 그리고 1960년 로마 올림픽에 참가하여 100m, 200m, 그리고 400m 릴레이 등 전 경기에서 세계신기록을 세웠습니다. 그 해 미국에서 가장 뛰어난 아마추어 운동선수에게 수여하는 '설리반 상(Sullivan Award)'을 받았습니다. 그리고 그 해에 미국의 인물로 선정되었습니다. 이 모든 일은 윌마의 믿음으로 가능하게 된 것입니다.

우리 하나님은 지금도 살아 계십니다. 실존하시는 하나님을 믿는 믿음이 하나님을 기쁘시게 합니다. 믿음은 하나님께 나아가기 위해 반드시 있어야 합니다. 믿음의 사람은 창조주이신 여호와 하나님을 믿음의 대상으로 모시기 때문에 세상의 현상이 아무리 위험하고 어둡고 어려워도 절망하거나 좌절하지 않고 능히 이겨낼 수 있습니다.

믿음으로 에녹은 하나님과 동행했습니다. 에녹이 산 속에서 혼자 생활했거나, 수도원에서 수도하면서 하나님과 동행한 것이 아닙니다. 우리와 똑같이 웃고 울고, 가고 오고, 자고 깨고, 먹고 마시며 살아가는 가운데 하나님과 동행했습니다. 'CORAM DEO', 즉 '하나님 앞에서'의 삶을 사는 사람은 먹든지 마시든지 무엇을 하든지 다 하나님의 영광을 위하여 합니다(고린도전서 10:31). 살아도 주를 위하여 살고 죽어도 주를 위하여 죽는, 사나 죽으나 주의 소유된 자로서 살아갑니다(로마서 14:8). 또한 그런 사람은 거하든지 떠나든지 주를 기쁘시게 하는 자 되기를 힘씁니다(고린도후서 5:9).

우리는 사도 바울처럼 하나님께서 우리와 함께 하심을 믿는 확실한 신앙고백이 있어야 합니다. "내가 확신하노니 사망이나 생명이나 천사들이나 권세자들이나 현재 일이나 장래 일이나 능력이나 높음이나 깊음이나 다른 아무 피조물이라도, 우리를 우리 주 그리스도 예수 안에 있는 하나님의 사랑에서 끊을 수 없으리라"(로마서 8:38~39).

하나님은 여전히 우리의 삶 속에서 역사하시며 영원히 동행하신다는 것을 믿기 때문에 하나님을 기쁘시게 하는 믿음의 삶을 살아야 합니다.

2) 상주시는 이심을 믿어야 합니다

"믿음이 없이는 기쁘시게 못하나니 하나님께 나아가는 자는 반드시 그가 계신 것과 또한 그가 자기를 찾는 자들에게 상주시는 이심을 믿어야 할지니라"(히브리서 11:6)

'상주시는' 이란 말은 '보상하다' 라는 의미입니다. '상' 은 '하나님을 아는 즐거움' 을 가리킵니다. 상은 하나님이 주십니다. 그러므로 그리스도인들에게 있어서 최상의 기쁨의 근원은 하나님 자신입니다(히브리서 11:6). 누가 상을 주느냐에 따라서 그 가치가 다릅니다. 믿음으로 살아가는 성도들에게는 하나님께서 상을 주십니다. 하나님을 기쁘시게 하는 자들에게는 하나님께서 친히 상을 주십니다. 왜 하나님께서 상급을 마련하셨습니까? 잠시 있을 것들이 아니라 영원한 가치가 있는 것들에 우리의 삶을 투자하도록 동기를 주시기 위해서입니다.

그러면 어떤 상이 준비되어 있습니까?

①자랑의 면류관이 있습니다. "우리의 소망이나 기쁨이나 자랑의 면류관이 무엇이냐 그의 강림하실 때에 우리 주 예수 앞에 너희가 아니냐"(데살로니가전서 2:19), '그러므로 나의 사랑하고 사모하는 형제들, 나의 기쁨이요 면류관인 사랑하는 자들아 이와 같이 주 안에 서라"(빌립보서 4:1)

바울 사도는 자신이 그리스도께로 인도한 데살로니가교회와 빌립보교회의 성도들은 그리스도께서 다시 세상에 오시는 날에는 그의 자랑의 면류관이 된다고 말하고 있습니다. 이 자랑의 면류관은 곧 전도하는 성도들에게 약속된 면류관입니다. 모든 성도는 이 자랑의 면류관을 얻도록 초대되었을 뿐만 아니라, 이것은 성도의 마땅한 본분으로서 피할 수 없는 의무이자 하나님의 지상명령입니다.

②생명의 면류관이 있습니다. "시험을 참는 자는 복이 있도다 이것에 옳다 인정하심을 받은 후에 주께서 자기를 사랑하는 자들에게 약속하신 생명의 면류관을 얻을 것임이라"(야고보서 1:12), "네가 장차 받을 고난을 두려워 말라 볼지어다 마귀가 장차 너희 가운데서 몇 사람을 옥에 던져 시험을 받게 하리니 너희가 십일 동안 환난을 받으리라 네가 죽도록 충성하라 그리하면 내가 생명의 면류관을 네게 주리라"(요한계시록 2:10) 예수님을 믿는다는 이유로 환난과 고난과 고통을 당하는 성도들에게 주시는 상급입니다.

③썩지 아니할 면류관이 있습니다. "운동장에서 달음질하는 자들이 다 달아날지라도 오직 상 얻는 자는 하나인 줄을 너희가 알지 못하느냐 너희도 얻도록 이와 같이 달음질하라 이기기를 다투는 자마다 모든 일에 절제하나니 저희는 썩을 면류관을 얻고자 하되 우리는 썩지 아니할 것을 얻고자 하노라 그러므로 내가 달음질하기를 향방 없는 것같이 아니하고 싸우기를 허공을 치는 것같이 아니하여 내가 내 몸을 쳐 복종하게 함은 내가 남에게 전파한 후에 자기가 도리어 버림이 될까 두려워 함이로라"(고린도전서 9:24~27)

모든 것이 그리스도 안에서 가하지만, 나의 행동이 다른 사람들에게 상처가 되어 믿음의 길에서 떨어져 나갈 수 있다면

믿음으로 에녹은 69

기꺼이 그 일을 포기할 수 있는 성도에게는 썩지 아니할 면류관을 주십니다. 나 한 사람의 희생으로 하나님의 영광이 나타날 수만 있다면, 기꺼이 나의 자유와 권리를 버릴 수 있는 성도들을 기념하여 주십니다. 절제의 능력을 구하여 자신의 몸을 쳐서 복종시키는 자기부인(自己否認)을 하는 자들에게 주시는 상입니다.

④영광의 면류관입니다. "너희 중에 하나님의 있는 양무리를 치되, 부득이함으로 하지말고 오직 하나님의 뜻을 좇아 자원함으로 하며 더러운 이(利)를 위하여 하지말고 오직 즐거운 뜻으로 하며 맡기운 자들에게 주장하는 자세를 하지말고 오직 양 무리의 본이 되라 그리하면 목자장이 나타나실 때에 시들지 아니하는 영광의 면류관을 얻으리라"(베드로전서 5:2~4)

이는 양무리를 담당하는 목자들에게 주어지는 상급입니다. 잘 교육시켜서 제자 삼는 자에게 주시는 상급입니다. 한 영혼을 한 번 예배당으로 인도했다고 영광의 면류관을 얻는 것은 아닙니다. 전도는 메우기 식으로 넘어가서는 안됩니다. 영광의 면류관은 한 걸음 더 나아가서 전도한 그를 제자로 만들어 세워가기까지를 포함합니다.

제자로 삼는다는 것이 얼마나 힘들고 어려운지를 우리 주님은 잘 아십니다. 주님이 직접 삼 년 이상 훈련시킨 제자가 당신을 파는가 하면, 주님이 잡히시자 신변에 위험을 느낀 제자들이 모두 달아나 예전의 직업으로 돌아간 것을 경험하셨기 때문입니다. 그러나 목자장 되시는 주님은 마지막까지 포기하지 않으시고, 다시 그들을 찾아가셔서 기어이 믿음의 주인공들로 세우셨습니다. 끝까지 제자 삼는 자에게 주시는 영광의 면류관입니다.

⑤의의 면류관이 있습니다. "이제 후로는 나를 위하여 의의 면류관이 예비되었으므로 주 곧 의로우신 재판장이 그날에 내게 주실 것이니, 내게만 아니라 주의 나타나심을 사모하는 모든 자에게니라"(디모데후서 4:8)

이 면류관은 그리스도의 재림을 사모하는 가운데 살았던 모든 성도들에게 주어집니다. 주님은 우리가 그의 재림을 기다리며 깨어있는 삶을 살기를 원하십니다. 주님은 우리가 주의 재림을 믿고 기다리는 성도답게, 우리의 모든 삶을 투자하여 하나님의 나라를 세워가기 바라십니다.

우리 예수님도 의를 위해 핍박을 받는 자들에게 상을 주신다고 하셨습니다. 그래서 믿음의 성도들은 다 상급을 바라보았습니다. 믿음의 사람 모세도 상을 바라보고 살았습니다. "믿음으로 모세는 장성하여 바로의 공주의 아들이라 칭함을 거절하고 도리어 하나님의 백성과 함께 고난받기를 잠시 죄악의 낙을 누리는 것보다 더 좋아하고 그리스도를 위하여 받는 능욕을 애굽의 모든 보화보다 더 큰 재물로 여겼으니 이는 상 주심을 바라봄이라"(히브리서 11:24~26) 그리고 사도 바울도 상을 사모했습니다. "이제 후로는 나를 위하여 의의 면류관이 예비되었으므로 주 곧 의로우신 재판장이 그날에 내게 주실 것이니 내게만 아니라 주의 나타나심을 사모하는 모든 자에게니라"(디모데후서 4:8)

우리 하나님은 믿는 자들에게 보답하시는 공의로우신 속성을 소유하신 분입니다. 우리는 하나님의 영원한 상급을 사모해야 합니다. 반드시 결산할 날이 있습니다. 주 예수님이 세상에 다시 오실 그날에 모든 인류는 하나님의 심판대 앞에 서게 될 것입니다. 그때 두 종류의 심판이 있습니다. 하나는, 주 예수 그리스도를 믿지 않고 살았던 불신자들에게 내리는 무서운 영벌의 심판입니다. 다른 하나는, 주 예수 그리스도를 믿고 순종하며 살았던 성도들에게 주시는 영생의 심판, 즉 상을 받을 심판이 거행됩니다. 가장 영광스런 순간은 우리가 주님의 심판대 앞에서 상급을 받는 시간입니다. 그 자리는 우리 인생의 삶이 성공이냐 실패이냐를 가장 정확하게, 극적으로 판단하는 시간이 될 것입니다. 그러므로 우리는 상급을 바라보고 사모하면서 상급을 받을만한 성도로서의 삶을 살아야 합니다. 매일 매일의 삶이 하나님을 기쁘시게 하는 삶, 하나님과 동행하는 삶, 심판장이신 하나님을 감동시키는 삶을 살아야 합니다.

한 젊은 피아니스트가 처음으로 대중 앞에서 연주를 하고 있었습니다. 잘 훈련된 그의 손가락을 통해 아름다운 음악이 흘러나올 때, 청중은 완전히 매료되었습니다. 마지막 음이 사라지자 모든 청중이 일어나 우레와 같은 박수를 터뜨렸습니다.

그러나 맨 앞줄에 앉은 한 노인만은 그대로 앉아 있었습니다. 그 피아니스트는 고개를 떨군 채 무대에서 걸어 나갔습니다. 무대 감독은 그의 연주를 칭찬했습니다. 그러나 그 젊은 피아니스트는 대답했습니다. "전 잘하지 못했습니다. 실패한 거예요." 무대감독이 말했습니다. "저 청중을 보세요. 한 늙은이를 제외하고는 모두 일어서 있지 않습니까?" 그 젊은이는 침통하게 대답했습니다. "바로 저 노인이 나의 선생님이십니다." 이 피아니스트가 갈망했던 것은 스승으로부터의 '잘했다'는 칭찬 한마디였습니다. 그러나 이 제자는 청중의 환호성 속에서도 그의 노 스승의 부동의 침묵에서 자신의 연주가 시원치 않았음을 깨달았습니다. 그래서 그 피아니스트는 풀이 죽었습니다. 그러나 이 젊은이에게는 희망이 보입니다. 이 피아니스트는 자신이 누구의 기대를 만족시켜야 할지를 바로 알고 있었기 때문입니다. 그는 겉으로는 번지르르 하지만 실상은 질 낮은 기교밖에 낼 줄 모르는 연주자와, 인기에 편승하지 않더라도 진정으로 심오한 음을 낼 줄 아는 연주자를 판별할 줄 아는 스승의 갈채를 원했습니다. 우리 그리스도인들에게도 이러한 자세가 요구됩니다.

이 피아니스트가 스승의 칭찬을 갈망했던 것처럼, 우리도 하나님께 인정받기를 열망하고 있습니까? 하나님을 감동시키는 삶을 살기를 진정 원하십니까? 우리에게 중요한 것은 주님의 마음을 기쁘게 하는 것입니다. 바로 믿음으로 사는 삶입니다. 믿음으로 에녹은 하나님을 기쁘시게 하는 증거를 얻었습니다. 믿음으로 에녹은 죽음을 보지 않고 천국으로 갔습니다. 하나님을 기쁘시게 하는 믿음의 사람에게 하나님은 상을 주십니다. 우리에게 진정 중요한 것은 주님의 마음을 기쁘시게 하는 것입니다. 아멘.

4

믿음으로 노아는
(히브리서 11:7)

⁷믿음으로 노아는 아직 보지 못하는 일에 경고하심을 받아 경외함으로 방주를 예비하여 그 집을 구원하였으니 이로 말미암아 세상을 정죄하고 믿음을 좇는 의의 후사가 되었느니라

4

믿음으로 노아는

■ 히브리서 11:7

　믿음의 사람은 미래를 바라보고 꿈을 가지고 살아갑니다. 우리가 믿음을 가졌다는 것은 미래에 대한 꿈과 비전을 가지고 있다는 말입니다. 믿음의 위인들은 모두 미래를 내다보는 꿈과 비전을 가지고 살았습니다.

　오늘 성경 본문에 나오는 믿음의 사람 노아는 120년을 내다보고 살았습니다. 120년 후에 있을 대홍수를 내다보면서 믿음으로 살았습니다. 우리는 얼마나 먼 장래를 내다보고 있습니까? 우리는 믿음으로 살았던 노아를 본받아야 합니다.

　「패더럴 익스프레스(Federal Express Corporation)」는 전 세계적으로 알아주는 항공화물 운송서비스 회사입니다. 그런데 이 회사의 설립 동기와 관련해 재미있는 일화가 있습니다. 회장인 프레드릭 스미스는 대학 3학년 때 항공수송 서비스를 연구하면서 논문을 제출했습니다. 담당 교수는 스미스가 연구한 수송 방법은 실현 가능성이 없다는 이유로 낙제를 겨우 면한 학점을 주었습니다. 그러나 스미스는 자신의 아이디어를 포기하지 않았습니다. 대학을 졸업하고 해병대 장교로 베트남 전쟁에 참전하고 돌아온 후에도, 그는 계속해서 많은 사람들에게 자신의 아이디어를 주장하며 도움을 청했지만 번번이 실패했습니다. 그는 좌절하지 않고 몇몇 사람의 도움으로 「패더럴 익스프레스」를 창립했습니다. 그는 사업에 뛰어든 이래 크고 작은 어려움과 위기에 부딪히면서도 포기하지 않고 도전하는 용기를 보여주었습니다. 그것은 자신의 논문에 대한 확신과 반드시 사업에 성공하겠다는 큰 꿈이 있었기 때문입니다. 그 꿈을 버리지 않은 결과, 그는 현재 전 세계 185개국 13만 도시에서 하루 평균 1백 7십만 건 이상을 처리하는 세계 최대의 항공화물 특송회사의 회장이 되었습니다. 만일 낙제를 면한 점수에 낙심하여 자신의 아이디어를 포기했다면 지금의 「패더럴 익스프레스」 회사와 회장인 그는 존재하지 않을 것입니다. 그는 자신의 성적과 관계없이 꿈을 버리지 않고 도전함으로써 자신의 미래를 개척한 것입니다.

 오늘 성경본문에 나오는 노아 역시 꿈을 가지고 미래를 바라보고 살았던 믿음의 위인입니다.

1. 믿음으로 노아는 방주를 예비했습니다

> "믿음으로 노아는 아직 보지 못하는 일에 경고하심을 받아
> 경외함으로 방주를 예비하여 그 집을 구원하였으니"
> (히브리서 11:7)

1) 하나님께서 왜 노아에게 방주를 지으라고 말씀하셨습니까?

그것은 노아의 시대가 악한 시대였기 때문입니다. 창세기 6장을 보면 그 시대를 알 수 있습니다. "사람이 땅 위에 번성하기 시작할 때에 그들에게서 딸들이 나니 하나님의 아들들이 사람의 딸들의 아름다움을 보고 자기들의 좋아하는 모든 자로 아내를 삼는지라"(창세기 6:1~2), "여호와께서 사람의 죄악이 세상에 관영함과 그 마음의 생각의 모든 계획이 항상 악할 뿐임을 보시고"(창세기 6:5) 노아 당시에도 신앙생활 하기가 결코 쉽지 않았음을 알 수 있습니다. 왜냐하면 하나님의 아들들이 사람의 딸들과 결혼하는 시대였기 때문입니다. 이 말은 셋의 후손들이 가인의 후손들과 결합하여 살았다는 말입니다. 뿐만 아니라 네피림이 있던 시대였습니다. '네피림'이란 장부, 거인, 혹은 용사라는 뜻으로 몸이 건장하고 성격은 매우 거친 자들입니다. 하나님을 거역하는 자들이요, 폭력으로 약한 자들을 갈취하는 자들입니다. 노아는 이처럼 타락하고 네피림

이 횡행하는 최악의 상황에서도 최선의 삶을 살았습니다. 그 때의 시대상을 성경은 이렇게 기록하고 있습니다. "여호와께서 사람의 죄악이 세상에 관영함과 그 다음의 생각의 모든 계획이 항상 악할 뿐임을 보시고 땅 위에 사람 지으셨음을 한탄하사 다음에 근심하시고 가라사대 나의 창조한 사람을 내가 지면에서 쓸어버리되 사람으로부터 육축과 기는 것과 공중의 새까지 그리하리니 이는 내가 그것을 지었음을 한탄함이니라" (창세기 6:5~7)

한마디로 죄악이 가득하여 더 이상 심판을 미룰 수 없는 시대였습니다. 하나님의 심판은 악이 관영하고 세상이 타락할 때에 임합니다. 그러므로 방주가 필요합니다. 방주는 예수 그리스도이며 교회입니다. 지금 우리가 살고 있는 이 시대가 바로 믿음으로 노아가 방주를 짓던 시대와 같습니다.

미국에서「신좌익」(New Left)이라는 학생 단체가 탄생했는데, 전 미국 학생의 2%가 가입하고 10%가 동조적이라고 합니다. 그 지도자들의 공적 선언은 '파괴'라고 합니다. 하나님, 도덕, 정부, 기존 권위, 질서, 가치들을 부정하고 산산이 부수뜨리고 싶어한다는 것입니다. 그들은 파괴에 따른 어떤 대안도 없이 어떤 결과든 지금 있는 것보다는 환영한다면서 불치의 현실에 대해 불만만을 토설하고 있습니다. 어른들이 젊은 세대의 패륜을 나무라면 이들은 오히려 반항한다고 합니다. 이미 도덕의 권위인 하나님을 기성 세대가 부정해 놓고, 이제 와서 누구의 이름으로 무슨 권위로 비도덕적 행위를 깨우치느냐고 개탄합니다. 그러면서 하나님이 없는 세대에게 도덕을 가르쳐도 힘이 없다고 말했습니다.

또 일본의 어느 잡지에서 실시한 설문조사에 따르면 일본 주부들의 50% 이상이 "들키지만 않는다면 바람을 피울 용의가 있다."고 했습니다. 도스토예프스키도 "하나님만 없으면 못할 것이 없다."고 말했습니다. 한번 죽지 두 번 죽느냐며 쥐도 새도 모르게 감쪽같이 해치우면 된다는 생각이 얼마나 많은 범죄를 낳고 있습니까? 이것이 우리가 살고 있는 현실의 모습입니다. 그러므로 이 시대에 우리에게 필요한 것은 죄악과 하나님의 심판에서 구원할 방주입니다. 하나님의 심판을 피할 수 있는 교회가 필요한 시대입니다. 우리는 예수 그리스도를 전해야 하며, 어느 시대보다 생명으로 인도하는 교회가 필요한 시대에 살고 있습니다.

2) 믿음으로 노아는 하나님의 경고하심을 받고 방주를 지었습니다

하나님은 악한 세상을 심판하기로 작정하시고 노아에게 방주를 짓도록 명령하셨습니다. 이것은 악한 세상은 심판하시지만, 믿음의 사람 노아를 보호하시기 위한 하나님의 은혜의 수단입니다. 성경은 노아가 하나님의 은총을 입었다고 기록하고 있습니다. "그러나 노아는 여호와께 은혜를 입었더라"(창세기 6:8) 그리고 하나님은 노아에게 방주를 짓도록 명령하셨습니다. "너는 잣나무로 너를 위하여 방주를 짓되 그 안에 간들을 막고 역청으로 그 안팎에 칠하라 그 방주의 제도는 이러하니 장이 삼백 규빗 광이 오십 규빗 고가 삼십 규빗이며 거기 창을 내되 위에서부터 한 규빗에 내고 그 문은 옆으로 내고 상 중 하 삼층으로 할지니라"(창세기 6:14~16)

노아는 믿음으로 하나님의 경고하심을 받고 방주를 지었습니다. '경고하심'의 헬라어 χρηματισθείς(크레마티스데이스)는 '신적인 의사 소통', '하나님으로부터의 응답', 혹은 '신탁' 등의 의미로 사용되었습니다(창세기 8:5; 12:25). 노아는 하나님의 음성을 통해 홍수로 온 땅을 심판하실 것이라는 계시를 받고 방주를 예비했습니다. 노아는 하나님으로부터 들은 계시를 그대로 믿었습니다. 하나님께서 이 세상의 죄악을 대홍수로 심판하실 것이라는 경고를 믿었습니다. 만일 노아가 하나님의 경고를 믿지 않았다면 이 엄청난 일을 할 수 없었을 것입니다. 방주를 짓는 일이 얼마나 큰 공사입니까?

노아 방주의 크기는 정확히 알 수 없으나 대략 계산해 볼 수 있습니다. 당시의 길이 측량 단위로 1규빗은 약 46~56cm정도 됩니다. 노아의 가족 8명과 많은 동물들을 태운 방주는 3층으로서, 길이 135m, 폭 23m, 높이 14m의 거대하고 길다란 직사각형의 상자 모양과 비슷합니다. 길이로는 축구장 길이보다 더 길며, 면적으로는 농구장 20개보다 더 넓습니다.

현재 지구상에 존재하는 동물 중에 몸이 큰 포유류, 조류, 파충류, 양서류는 약 17,600종이 있다고 합니다. 현재 노아의 방주가 있어서 이 종류대로 각각 쌍쌍으로 실어야 한다면, 35,200마리를 실어야 합니다. 이들은 모두 크기가 다르기 때문에 평균하면 방주는 125,280마리를 실을 수 있습니다. 즉 이 시대의 동물들의 종(種)을 모아서 서너 배나 더 실을 수 있는 용량입니다.

현대 과학자들이 성경을 기초로 모형방주를 만들어 실험한 적이 있습니다. 이 방주는 큰 파도에도 빨리 균형을 잡을 수 있는 높은 안정도를 지니고 있음이 밝혀졌습니다. 미국의 저명한 조선 건축가 디키 씨는 미국 전함「U.S.S. 오레곤호」를 설계할 때, 노아가 방주를 건조할 당시 이용했던 것과 동일한 설계 비율을 사용했습니다. 미 해군에서는「U.S.S. 오레곤호」를 지금까지 건조된 것 중 가장 견고한 군함으로 간주하고 있습니다.

우리나라의「한국 창조 과학회」에서도 노아 방주의 안전성을 조사하기 위해 1992년 6월부터 1년 간 해군 사관 학교 기술 연구소에 위탁 연구를 수행했습니다. 현대 조선공학적 입장에서 노아 방주의 안전성을 연구했습니다. 특히 실제 노아 방주의 1/50 크기의 모형을 제작하여 대형 수조에서 인공 파도를 만들어 구조의 안정성, 내항성, 복원 안정성 등을 실험했습니다. 인공적으로 다양한 높이, 강도, 속도의 파도, 바람, 조류를 만들고 화물을 실은 상태에서 실험했습니다(국민일보: 1993년 2월 16일). 그 실험 결과, 파도의 높이가 43m 이내에서는 방주는 파랑 안정성에 문제가 없다고 나왔습니다.

미국 선급협회의 규칙으로 볼 때에 방주에 물이 넘쳐 들어오려면 파도의 높이가 40m 이상이어야 합니다. 실제 방주는 뚜껑이 덮여 있으므로 더 높은 파도가 쳐도 물이 넘쳐 들어올 수 없습니다. 또 나무의 두께가 30cm 이상이라면 방주는 30m의 파도에도 충분히 안전하다고 합니다(현재까지 해양에서 발생하는 가장 격심한 파도가 30m라고 합니다.)

이상을 종합해 볼 때, 노아의 방주는 가장 격심한 파도에서도 충분히 견딜 수 있는 안전한 구조인 것으로 판명되었습니다. 이 실험을 주관한 해군 사관 학교의 한 교수는 "4,500년 이전에 제작된 노아 방주의 제원이 현대 선박 기술로서도 감탄할 정도로 과학적이어서 노아 홍수의 역사적 사실을 떠나서 방주의 존재 사실을 믿지 않을 수 없다."고 말합니다. 그리고 지금도 아라랏산에 있는 것으로 알려진 거대한 노아 방주를 탐사하기 위해 우리 한국 탐험대가 출발 준비를 하고 있습니다. 노아는 이 엄청난 방주를 믿음으로 만들었습니다. 노아는 하나님의 경고의 음성을 듣고 방주를 만들었습니다. 이것이 믿음입니다.

오늘날 많은 사람들은 하나님의 경고의 말씀을 무시합니다.

이것은 믿음이 아닙니다. 노아 방주는 믿음이 없이는 도저히 할 수 없는 대 역사였습니다. 노아는 홍수로 심판하실 것이라는 하나님의 경고하심을 따라 믿음으로 방주를 지었습니다. 우리는 반드시 기억해야 합니다. 하나님은 심판하시기 전에 먼저 경고하십니다. 하나님이 대홍수로 세상을 심판하실 것을 경고하신 것은 먼저 우리에게 회개할 기회를 주신 것입니다. 하나님은 120년 동안 회개할 기회를 주셨습니다. 그러나 사람들은 하나님의 경고를 무시하다가 결국 심판을 당하고 말았습니다. 그러나 노아는 하나님의 경고하심을 믿고 순종했습니다. 하나님은 먼저 회개할 기회를 주시고 심판하십니다. 우리가 사는 이 세상도 심판하십니다. 하나님은 지금도 계속 경고하십니다.

빌리 그래함 전도대원 중 단 피아트(Dan Piatt)라는 사람이 있었습니다. 어느 날 피아트는 어떤 부자와 이야기를 나누기 위해 그의 사무실로 찾아갔습니다. 그리스도인이 아닌 그 부자는 피아트에게 말했습니다. "나는 그리스도에 대한 이야기를 나누는 것에 매우 흥미가 있습니다. 그러나 지금 1백만 달러짜리 사업을 계약하기 위해 두 사람이 나를 기다리고 있습니다. 오늘 밤에 당신에게 전화할 터이니 그때 만나서 이야기를 합시다." 그는 한밤중까지 기다렸으나 연락이 없었습니다. 그리고 새 날이 밝았습니다. 피아트는 조간신문에서 그 부자가 지난밤 9시 30분 경에 병원에서 죽었다는 기사를 읽었습니다. 그는 자세한 내용을 알기 위해 병원으로 달려갔습니다. 병원 당국자들이 말하기를 어제 초저녁에 병원으로 실려온 그는 죽기 전에 "내가 왜 그걸 못했을까? 내가 왜 그걸 못했을까?" 하는 말을 되풀이 하다가 죽었다고 했습니다.

복음은 때가 있습니다. 그때가 바로 지금입니다. 우리는 기회를 놓쳐서는 안됩니다. 성경은 주 예수 그리스도 외에는 구원이 없음을 말씀합니다. "예수께서 가라사대 내가 곧 길이요 진리요 생명이니 나로 말미암지 않고는 아버지께로 올 자가 없느니라" (요한복음 14:6)

노아는 하나님의 말씀에 순종하여 방주를 지어 구원을 얻었습니다. 오늘날 많은 사람들이 하나님의 말씀을 듣지 못하고 있습니다. 우리는 그들에게 하나님의 복음을 전해야 합니다. 심판을 면하고 구원받을 수 있는 기회를 주어야 합니다. 죄 아래에 있는 모든 인생은 반드시 심판을 받아야 합니다. 우리는 하나님의 아들 예수 그리스도 안에서만 구원이 있다는 진리를 받아들이는 것만이 영원히 사는 길임을 전해야 합니다.

3) 믿음으로 노아는 방주를 예비했습니다

방주를 만드는 일은 보통 큰 공사가 아닙니다. 평생을 바쳐야 할 수 있는 일입니다. 노아는 120년을 바쳤습니다. 하나님의 뜻을 이루기 위해 전 생애를 투자했습니다. 노아의 여덟 식구가 모든 것을 다 바쳤습니다. 이것은 믿음으로만 가능한 일입니다. 그리고 분명히 전 생애를 투자할 가치가 있는 일입니다.

우리도 믿음으로 방주를 지어야 합니다. 하나님의 뜻을 이루기 위해 방주를 지어야 합니다. 이 일은 가장 가치 있는 일이요, 자기 가족을 구하는 일이요, 새로운 생명의 역사를 위해 투자하는 일입니다. 방주는 멸망에서 목숨을 구한 생명선이자 구원선입니다. 믿음으로 노아는 방주를 예비했습니다. 방주는 하나님이 제시하신 구원의 길입니다. 예수 그리스도는 오늘 이 죄악의 시대에서 우리가 살아날 수 있도록 하나님이 제시하신 구원의 길입니다. 방주는 정확히 예수 그리스도에 대한 모형입니다. 비가 오고 물이 쏟아져 온 지면을 덮어 많은 사람이 죽어갈 때에도 방주 안에 있던 여덟 사람은 모두 안전했습니다. 그리스도 안에 있는 자에게는 결코 정죄함이 없습니다. 정죄가 없다면 심판도 없습니다. 그들에게 구원은 확실한 것입니다. 노아와 그의 가족은 정확히 그리스도 안에 있는 교회에 대한 모형입니다. 노아는 두렵고 떨림으로 그리스도 안에서 구원을 이루어가는 삶을 보여 주었습니다. 이것이 믿음의 삶입니다. 노아의 방주는 이 세상 속에 있는 하나님의 교회입니다. 하나님의 교회는 영혼을 살리는 방주요, 구원선입니다.

과거와 현재, 그리고 미래에도 하나님의 교회를 통한 구원의 역사는 계속되고 있습니다. 하나님의 교회를 통해서 많은 영혼들이 구원받고 아름답게 성장합니다. 죄인들이 회개하여 새 사람이 되고 그들의 인생이 완전히 변화됩니다. 우리는 영혼을 구원하고 아름답게 성장시키는 구원선인 교회를 지어가야 합니다. 어린이, 청소년, 장년, 노년, 새 가족 등 많은 영혼들을 하나님의 말씀으로 양육시키며 꿈과 비전과 소망을 주는 교회를 지어가야 합니다. 우리 교회도 내일의 주역이 될 어린이들과 청소년 및 청년들을 위한 제2교육관을 짓기 위해 기도하며 진행하고 있습니다. 이것은 구원을 위한 방주를 짓는 일입니다. 믿음으로 노아가 방주를 예비한 것 같이 우리도 믿음으로 교회를 지어야 합니다. 이것은 영혼을 살리는 일이요, 구원하는 일이요, 하나님의 일꾼을 양성하는 일이므로 이 세상에서 가장 가치 있는 일입니다. 분명히 투자할 만한 가치가 있습니다.

성결교 신학교인 서울 신학 대학교에 어느 목사님의 손자가 33억 원을 헌금하며 말했습니다. "내가 받은 물질의 축복은 전적으로 하나님께서 주신 것이며, 이것은 선대의 기도 때문에 가능했습니다.' 이 씨는 하나님의 교회를 도와야 한다는 사명감으로 일한 것입니다.

우리 교회에 80세가 넘어 혼자 생활하시는 모 성도는 도움을 받으며 살아야 하는 형편에서도 정성껏 모은 1백만 원을 교육관 건축헌금으로 드렸습니다. 마귀에게 빼앗길까봐 먼저 헌금으로 드린 것입니다. "이 돈은 1백만 원이지만 1백억 원의 가치가 있습니다." 하고 감사하며 축복기도를 했습니다.

이것은 사명자가 될 때 가능합니다. 우리 모두는 하나님의 구원선인 교회를 지어야 할 사명이 있습니다. 믿음으로 노아가 방주를 예비한 것처럼 우리도 영혼을 구원하는 구원선인 교회를 예비하며 지어야 할 사명을 가진 성도들입니다. 이것은 가치 있고 영광스런 일입니다. 여기에 하나님의 축복이 있습니다.

그러나 이 세상은 교회가 건축되는 것을 싫어합니다. 심지어 성도들 중에도 비판적인 시각으로 보는 분들이 있습니다. 음란, 술, 도박, 범죄 등의 장소로 사용될 건물들은 수백 억을 들여 지어도 상관하지 않으나, 교회당을 건축하는 것은 비생산적인 것이라며 비난합니다.

그러나 우리는 분명하게 알아야 합니다. 하나님의 교회는 생명을 살리는 곳입니다. 온전한 인격자들을 생산하는 곳입니다. 그리고 교회는 세상의 빛과 소금입니다. 한국의 고아원, 양로원, 정박아를 위한 기관 등 84%(455개 처)가 교회나 그리스도인이 운영하고 있습니다. 바이킹 해적들이 모여 이룩한 나라도 기독교 신앙을 받아들인 후 신사숙녀의 나라가 되었습니다. 교회는 축복의 전당입니다. 세계에서 문명하고, GNP가 높고, 윤택하게 사는 나라의 90% 이상이 기독교 국가입니다. 교회가 많이 세워진 나라는 복을 받았습니다.

교회는 영혼을 구원하는 방주입니다. 대학교나 경찰서가 결코 영혼을 구원하지 못합니다. 공산주의는 마귀의 사상(Satanism)이므로 이 마귀의 사상을 이길 수 있는 길은 기독교 신앙밖에 없습니다. 한국의 교회가 부흥되지 않았다면 월남보다 먼저 적화되었을 것입니다. 교회는 축복의 구원선입니다. 우리도 하나님의 교회를 건축해야 합니다. 복음을 힘있게 전해야 합니다. 교회는 생명선이요, 구원의 방주이기 때문입니다.

2. 믿음으로 노아는 보지 못하는 일을 믿고 순종했습니다

> "믿음으로 노아는 아직 보지 못하는 일에 경고하심을 받아 경외함으로 방주를 예비하여 그 집을 구원하였으니 이로 말미암아 세상을 정죄하고 믿음을 좇는 의의 후사가 되었느니라"
> (히브리서 11:7)

노아는 '아직 보지 못한 일'에 대해 확신이 있었습니다. 노아 시대에는 비가 없었으며, 홍수가 무엇인지도 몰랐습니다. 그러나 노아는 메마른 산등성이에 거대한 배를 만들었습니다. 노아는 무척이나 당황했을 것입니다. 그러나 노아는 믿음으로 보지 못하는 일을 믿고 순종했습니다. 이것이 노아의 위대성입니다. 노아는 믿음의 위인입니다. 비를 보지 못했을 뿐더러 홍수는 더더욱 상상도 못할 일이었습니다. 그러나 노아는 120

년 동안 배를 지었습니다. 그는 보지 못하는 일이지만 순종했습니다. 왜냐하면 믿음의 눈으로 보았기 때문입니다. 믿음은 보지 못하는 것들의 실상입니다.

1) 믿음으로 노아는 하나님을 경외함으로 세상을 정죄했습니다

노아가 믿음으로 방주를 예비했을 때 주위의 많은 사람들이 비웃었습니다. 그러나 노아와 그의 가족은 구원받았지만 그들을 비웃던 세상 사람들은 자신들의 불신앙 때문에 홍수의 심판으로 정죄받았습니다. 결국 노아의 믿음은 그 당시 사람들의 불신앙을 정죄한 것입니다. 그러므로 노아는 하나님을 경외함으로 세상을 정죄했습니다. 경외함은 '거룩한 두려움' 이란 의미로 '존경하는 마음으로 조심스럽게 행동하다' 는 뜻입니다. 노아는 하나님을 두려움으로 경외한 것이 아니라 거룩하신 하나님을 경외했습니다. 즉 노아가 두려움에 못 이겨 방주를 예비한 것이 아니라 하나님에 대한 믿음으로 준비했다는 말입니다.

노아가 살던 시대는 도덕적·신앙적으로 타락하고 하나님을 우습게 생각하던 시대였습니다. 그 시대를 살아가는 것이 쉬운 일이 아니었습니다. 결국 하나님을 경외한다는 것은 시대를 이기는 것입니다. 사람들은 이야기합니다. "하나님이 계신다면 어떻게 이럴 수가 있는가?" 마찬가지입니다. 그 어려운 여건 속에서도 노아는 시대를 뛰어넘는 믿음을 가졌습니다. 그런 어두운 시대에도 노아는 하나님을 경외하는 믿음으로 살았습니다. 하나님을 경외한다는 것은 주위와의 싸움입니다. 아직 비가 무엇인지도 모르고 날씨도 맑은데 방주를 짓는다는 것은 어려운 일입니다. 이것은 믿음이 없이는 불가능합니다. 그 시대의 사람들은 노아를 비웃었을 것입니다. 친척들도 이상하다고 생각했을 것이며, 친구들과 이웃들도 쓸데없는 짓을 한다고 비웃었을 것입니다. 노아의 영적 전투의 상대는 그 시대의 모든 사람들이었습니다.

그러나 노아는 그 어려운 환경 속에서도 신앙을 파수할 수 있는 무기를 가지고 있었습니다. 그 무기는 무엇입니까? 그것은 하나님을 두려워하는 마음, 즉 하나님을 경외하는 믿음과 거룩한 생활이었습니다. 바로 경건이 무기였습니다. 경건한 믿음이 세상을 이기는 가장 강력한 무기입니다. 경건은 하나님과 동행하는 삶입니다.

미국 워싱톤의 대통령 관저인 백악관에서 걸어서 10분쯤 걸리는 가까운 거리에 예배당이 있습니다. 여기에는 아브라함 링컨 대통령이 늘 예배드리고 기도하던 의자가 보관되어 있다고 합니다. 남북전쟁 때의 어느 날, 참모가 보고했습니다. "각하, 우리 군대가 패하고 있습니다. 하나님께서 우리 군대와 함께 하시기를 기도해야겠습니다." 이 말을 들은 링컨 대통령은 이렇게 대답했다고 합니다. "그런 기도는 못합니다. 하나님께서 우리 군대와 함께 하시기를 기도할 것이 아니라, 우리 군대가 하나님을 따라 가도록 해달라고 기도해야 합니다." 링컨, 그는 참으로 훌륭한 신앙인이었습니다. 그는 본받을만한 기도의 사람이었습니다. 우리도 하나님의 뜻을 따라가는 신앙인이 되어야겠습니다.

노아는 의인이었습니다. 노아는 완전한 사람이었습니다. 노아는 하나님과 동행한 사람이었습니다. 무엇이 노아를 최악의 시대에서 최선의 삶을 살게 했습니까? 하나님을 경외하는 믿음이 노아의 승리의 비결이요, 무기였습니다.

이 세상이 아무리 우리를 어렵게 하더라도 노아처럼 하나님과 동행하는 경건을 무기로 그 믿음으로 승리하는 성도가 됩시다.

2) 믿음으로 노아는 믿음의 후사가 되었습니다

"이로 말미암아 세상을 정죄하고 믿음을 좇는 의의 후사가 되었느니라"(히브리서 11:7)

노아의 가족이 방주에 들어가자 하나님께서 그 문을 닫으셨습니다. 그 후 40일 동안 비가 쏟아져 온 세상은 물에 잠겼습니다. 홍수로 인해 모든 생명이 다 죽었지만 하나님의 은혜로 보호받은 노아의 가족은 모두 구원받았습니다. 노아는 믿음을 좇는 의의 후사가 되었습니다. 노아는 믿음을 따라 의로운 사람이 되었으며, 하나님의 명령에 순종함으로 자신의 믿음을 증거했습니다. 우리는 죄의 상속자가 될 수도 있고 의의 상속자가 될 수도 있습니다. 노아는 의의 상속자가 되었습니다. 성경은 노아의 이런 믿음을 매우 간단하면서도 의미 있게 소개하고 있습니다. "노아의 사적은 이러하니라 노아는 의인이요 당세에 완전한 자라 그가 하나님과 동행하였으며"(창세기 6:9) 노아는 의인이었으며 완전한 사람이었습니다. 노아는 믿음에 의한 의의 상속자가 되었습니다. 이 말은 그가 믿음으로 의롭다함을 얻은 사람이며 하나님이 인정하시는 길(시편 1:6)을 간 사람이라는 말입니다.

노아, 아브라함, 이삭, 야곱, 모세, 여호수아, 다윗…등 많은 사람들이 이 길을 갔습니다. 그들은 처음부터 온전했던 것은 아닙니다. 실패도 있었습니다. 그러나 하나님은 믿음으로 가는 그들의 인생을 인정하셨습니다. 그리고 그들이 믿음의 최고분량인 그리스도를 드러내는 자리까지 그들을 이끌어 주셨습니다.

노아는 하나님과 동행했습니다. 그의 나이 480세 때에 하나님의 지시를 받고, 600세가 되던 해까지 120년 동안을 사명감으로 일했습니다. 그는 두 가지 사명을 띠고 살았습니다. 첫째는 방주를 짓는 일이요, 둘째는 홍수 심판을 통한 구원의 복음을 전하는 일이었습니다. 노아는 묵묵히 이 배를 지었습니다.

믿음으로 노아는 93

그는 일평생 아라랏산 중턱으로 출근했을 것입니다. 물론 주위 사람들은 그를 놀리며 모자라는 사람으로 비웃었을 것입니다. 그러나 노아는 흔들리지 않았습니다. 무엇이 그렇게 만들었습니까? 바로 사명감입니다.

사명은 사람을 바꾸어 놓습니다. 사명감이 있는 사람은 살아가는 방식이 다릅니다. 노아는 세상 사람들이 손가락질을 할지라도 묵묵히 하나님의 말씀만 믿고 무려 120년 간 방주를 지었습니다. 노아가 120년 동안 배만 지었습니까? 배를 짓는 일과 함께 복음도 전했습니다. 성경은 말씀합니다. "옛 세상을 용서치 아니하시고 오직 의를 전파하는 노아와 그 일곱 식구를 보존하시고 경건치 아니한 자들의 세상에 홍수를 내리셨으며"(베드로후서 2:5) 성경은 노아를 '의로운 전도자'라고 소개하고 있습니다. 그 결과는 자기 가족을 구원시켰습니다. 그래도 그는 꾸준히 전도했습니다. 노아는 자기 가족들만 방주에 들어가서 구원받는 것이 너무 안타까워 방주에 들어간 후에도 결코 방주의 문을 닫지 않았습니다. 누구든지 방주로 들어올 기회를 끝까지 주었습니다. 창세기 7장 16절을 보면, 어쩔 수 없이 하나님께서 방주의 문을 닫으시는 광경을 볼 수 있습니다. 노아는 자신의 설교나 전도를 듣든지 듣지 않든지 열심히 호소했습니다.

그렇습니다. 우리도 때를 얻든지 못 얻든지 힘을 다해 복음을 전하는 사명자로 살아가야 합니다. 이것이 곧 우리 신자들의 직두이자 사명감이기 때문입니다(디모데후서 4:1~5). 이 시대는 그 어느 때보다도 사명감으로 뭉쳐진 사람을 필요로 합니다. 우리 모두는 노아와 같은 사명감으로 살아야 합니다.

국민일보에 사명감에 대한 자격표준 급수를 기록했습니다. 특급은 누가 시키지 않아도 스스로 깨닫고 일하는 사람입니다. 1급은 눈치가 보이면 곧 알아차리고 즉시 일하는 사람입니다. 2급은 다른 사람이 이야기를 하면 그때서야 '아차!' 하고 즉시 일하는 사람입니다. 3급은 주어진 범위 안에서만 일하는 사람입니다. 4급은 재차 지시를 받고서야 일하는 사람입니다. 제일 아래 급수는 두세 번 책망 받고서야 겨우 움직이는 사람입니다. 이런 사람은 쓸모 없는 사람입니다. 누가 뭐라고 하든지 자기의 고집과 뜻대로 하는 사람은 위험합니다. 일할 능력이 있으면서도 게으름과 무관심으로 자기 계발을 하지 못하는 사람은 가장 불쌍한 사람입니다. 일을 하려고 하지 않고 불평불만으로 일을 그르치는 사람은 가장 불행한 사람입니다.

여러분은 어느 급수에 해당됩니까? 우리는 알아야 합니다. 하나님의 교회는 내가 일하지 않고, 내가 헌신하지 않아도 됩니다. 하나님께서 누구를 불러서라도 그 일을 하시기 때문입니다. 하나님의 일은 내가 하지 않아도 하나님께서 쓰실 사람은 얼마든지 많습니다. 하나님은 노아처럼 믿음으로 사는 성도를 사용하십니다. 사명감을 가지고 헌신하는 일꾼들을 찾아 사용하십니다.

그리고 사명감으로 다가서는 성도는 노아처럼 은혜를 경험합니다. 주와 주의 교회를 위해 일하는 사람은 하나님께서 은혜를 체험케 하십니다. 그 기쁨을 알기에 헌신할 수 있습니다.

우리도 노아처럼 믿음으로 살아야 합니다. 믿음의 꿈을 가져야 합니다. 노아처럼 하나님을 경외하며 순종함으로 방주를 지어야 합니다. 의인의 후사가 되어야 합니다. 사명감을 가지고 일해야 합니다. 아직도 하나님의 경고를 모르고 세상 속에서 멸망으로 향해 가는 불쌍한 영혼들에게 구원의 복음을 전해야 합니다. 이것이 믿음으로 살았던 노아의 삶입니다.

우리는 이렇게 기도합시다. "주님, 믿음으로 살았던 노아처럼 우리도 큰 꿈의 소유자가 되게 하시고, 구원선인 하나님의 방주를 믿음으로 예비하는 사명을 가지게 하시어 인내하며 기도하게 하옵소서." 아멘.

믿음으로 아브라함은 1
(히브리서 11:8~12)

⁸믿음으로 아브라함은 부르심을 받았을 때에 순종하여 장래 기업으로 받을 땅에 나갈 새 갈 바를 알지 못하고 나갔으며 ⁹믿음으로 저가 외방에 있는 것 같이 약속하신 땅에 우거하여 동일한 약속을 유업으로 함께 받은 이삭과 야곱으로 더불어 장막에 거하였으니 ¹⁰이는 하나님의 경영하시고 지으실 터가 있는 성을 바랐음이라 ¹¹믿음으로 사라 자신도 나이 늙어 단산하였으나 잉태하는 힘을 얻었으니 이는 약속하신 이를 미쁘신 줄 앎이라 ¹²이러므로 죽은 자와 방불한 한 사람으로 말미암아 하늘에 허다한 별과 또 해변의 무수한 모래와 같이 많이 생육하였느니라

5

믿음으로 아브라함은 1

■ 히브리서 11:8~12

커밍 워커는 성공을 위한 네 가지 조건을 제언했습니다. 그는 "첫째 좋은 지식, 둘째 좋은 기술, 셋째 좋은 환경, 넷째 좋은 태도인데, 그 중에서 태도가 제일 중요하다."고 했습니다. 아무리 좋은 지식에 좋은 기술에 좋은 환경이 주어져도 태도가 잘못되면 성공할 수 없다는 것입니다. 어떤 자세로 살아가느냐가 중요하다는 말입니다. 지그 지글러라는 미국의 기업가가 지하철역에서 연필을 팔며 구걸하는 거지에게 한마디 해주고 지나갔습니다. "당신도 나와 같은 사업가요." 이 이야기를 들은 거지는 '나도 사업가라, 사업가라' 곰곰이 생각하다가 자신의 태도를 바꾸었습니다. 그로부터 10년 후 지그 지글러의 사무실로 한 기업인이 찾아와 인사를 하며 말했습니다. "나는 10년 전 지하철역에서 연필을 팔며 구걸을 하던 그 거지였습니다. 그때 당신이 저에게 '당신도 나와 같은 사업가요.' 라는 한마디에 삶의 태도를 바꾸었습니다. 그때부터 나는 사업가라는 생각으로 열심히 노력해서 지금은 큰 기업을 경영하는 사장이 되었습니다. 오늘 당신에게 감사를 하기 위해서 왔습니다."

우리가 어떤 삶의 태도로 살아가느냐에 따라서 우리 인생의 장래가 결정됩니다. 즉 우리가 어떤 꿈과 비전과 소망을 가지고 사느냐가 중요합니다. 아브라함은 그의 삶의 자세를 바꿈으로 위대한 믿음의 조상이 되었습니다. 그의 삶의 자세는 바로 '믿음으로' 였습니다. 믿음으로 아브라함은 그의 삶이 바뀌어졌습니다. 믿음으로 그는 성공적인 삶을 살았고 진정한 축복을 얻었습니다.

1. 믿음으로 아브라함은 결단을 했습니다

> "믿음으로 아브라함은 부르심을 받았을 때에 순종하여 장래 기업으로 받을 땅에 나갈 새 갈 바를 알지 못하고 나갔으며"
> (히브리서 11:8)

그의 결단은 버리고 떠나는 결단입니다. 그는 버릴 때와 떠날 때를 잘 알고 버림과 떠남의 결단을 잘했습니다. 순종함으로 장래에 기업으로 받을 땅을 향하여 갈 바를 알지 못하고 떠났습니다. 아브라함은 "내가 네게 지시할 땅으로 가라"는(창세기 12:1) 하나님의 명령을 받고 즉시 길을 떠났습니다. 아브라함은 가나안 땅에 이르렀을 때에도, 그곳이 하나님이 자신과 후손에게 주리라고 약속하신 땅인지도 몰랐습니다(창세기 12:5, 6). 하나님께서 다시 가르쳐 주신 후에야 알았습니다(창세기 12:7). 아브라함은 찾아가야 할 목적지도 알지 못한 채, 오직 하나님만을 신뢰하는 믿음으로 그 명령에 순종하여 길을 떠났습니다. 하나님께서 아브라함을 부르실 때 그의 나이는 75세였습니다. 옛날이나 지금이나 75세 된 할아버지가 정든 고향, 친척, 토지, 모든 것을 버리고 떠난다는 것은 쉽지 않은 일입니다. 오히려 그 나이가 되면 다시 고향으로 되돌아옵니다. 그런데 아브라함은 다 버리고 하나님만 바라보고 떠났습니다. 갈 바를 알지 못하고 어떻게 살아가야 할지 대책도 없이 오직 믿음으로 떠났습니다. 대단한 모험이요, 위대한 용기가 아닐 수 없습니다.

그런데 하나님은 왜 떠나라고 하셨습니까? 아브라함이 살던 곳은 우상숭배의 땅으로 하나님이 싫어하시는 곳이기 때문입니다. 그곳에 있다가는 하나님의 복을 받을 수 없었으므로, 그에게 복을 주시고 한 민족을 이루게 하시려고 떠나라고 하셨습니다. '본토를 떠나라'는 것은 먼저 터를 잡고 살던 모든 인간적 기반들을 포기하라는 것입니다. '친척을 떠나라'는 것은 정서적으로 친근하다고 하는 모든 이들을 먼저 거부하라는 의미입니다. '아비 집을 떠나라' 는 것은 가장 영향을 받고 의지하며 몸에 배여 있는 모든 습관들까지도 버려야 한다는 것입니다. 당시에 아브라함이 살고 있는 '우르' 라는 곳은 우상들이 범람한 곳입니다. 그곳에 살았던 아브라함의 부모도 역시 우상을 섬기는 자들이었습니다. 하나님은 그곳에서는 아브라함을 통해 자신의 뜻을 이루어 나가시기를 원치 않으셨습니다. 그러므로 그곳을 떠나라고 지시하셨습니다.

랍비 히야(Hiyya)는 아브라함에 관하여 이런 이야기를 전하고 있습니다(창세기 랍바 38:13). 하루는 우상을 만들어 팔던 아브라함의 아버지 데라가 집을 비우게 되었습니다. 어떤 여자 손님이 밀가루를 가져와서 그것을 우상들 앞에 바쳐 달라 하고는 돌아갔습니다. 아브라함은 막대기로 만들어놓은 우상들을 마구 부쉈습니다. 그리고는 가장 큰 우상의 손에 그 막대기를 쥐어주었습니다. 아브라함의 아버지가 돌아와 깜짝 놀라며 자초지종을 물었습니다. 그러자 아브라함이 이렇게 대답했습니다. "우상들 앞에다 밀가루를 가져다 놓았더니 한 우상이 이렇게 말했습니다. '내가 먼저 먹어야겠다.' 그러자 다른 우상이 '아니다. 내가 먼저 먹어야 한다.' 그것을 보고 있던 제일 힘이 센 우상이 막대기로 그들을 두들겨 팼습니다. 그래서 이렇게 다 부숴지고 말았습니다." 그러자 아버지가 하는 말이, "나를 놀리고 있는 거냐? 너는 이 우상들이 무엇을 안다고 생각 하냐?" 아브라함이 대답했습니다. "아버지, 제 말이 바로 그 말입니다."

아브라함은 하나님께서 자신에게 말씀을 주셨을 때, 우상의 땅을 버리고 떠나는 결단을 했습니다. 결국 그는 위대한 믿음의 조상이 되었습니다. 만약 그가 결단하지 못하고 떠나지 못하고 그곳에 계속 머물렀다면, 그도 죄악 속에 살다가 죽고 말았을 것입니다. 버릴 것은 버리고 떠날 것은 떠나는 결단이 있어야 믿음도 성공할 수 있습니다.

우리가 살아가면서 결단해야 할 때가 있습니다. 때로는 우유부단하다가 결단의 기회를 놓칠 때도 있습니다. 우리에게는 아브라함처럼 믿음의 결단이 필요합니다. 성공적인 믿음의 인생을 원하신다면 버릴 것은 버리고 떠날 것은 떠날 줄 알아야 합니다.

미국의 위인으로 꼽히는 부커 워싱턴(Booker Washington)은 흑인 노예의 아들로 태어났습니다. 부커가 16세가 되던 해, "흑인들 틈에서 이런 모습으로 살아서는 장래가 없다."고 판단하여 대학에 들어가기 위해 그곳을 떠나기로 마음먹었습니다. 수백 마일을 걸어서 웨스트버지니아의 햄프턴대학에 도착하여 입학하려고 하자, 백인 학장은 이 부커에게 하루 종일 강당 청소를 시켰습니다. 부커는 청소를 시켜 주는 것만으로도 감사하며 입학의 기회가 올 것 같아 넓은 강당을 열심히 쓸고 닦았습니다. 그는 걸레질을 하면서 계속 "주님, 내 꿈을 이루어 주소서" 기도했습니다. 학장이 오후 늦게 나타나 보니 청소 상태가 온벽했습니다. 그날 부커는 기도를 하면서 강당 전체를 두 번이나 닦았던 것입니다. 학장은 부커의 정신을 테스트한 것입니다. 그는 그날로 입학 허가를 받고 열심히 공부하여 훗날 그 대학의 학장이 되었습니다. 그리고 그는 두 개의 흑인 대학을 세웠습니다. 16세 소년 부커의 꿈이 몇 배로 이루어진 것입니다. 만일 부커 워싱턴이 당시 흑인들의 세계에 계속 머물렀다면, 자신의 비참한 삶을 포기하고 살았더라면, 그는 흑인으로 살다가 죽었을 것입니다. 그러나 그가 하나님께 모든 것을 맡기고, 그곳을 떠나 웨스트버지니아로 갔기 때문에 훌륭한 사람이 될 수 있었습니다.

버림과 떠남의 결단이 중요합니다. 성공했던 사람들은 떠나야 할 것을 떠나고, 버려야 할 것을 버리는 결단을 잘했던 사람들입니다. 많은 사람들이 떠날 것을 떠나지 못하고, 버릴 것을 버리지 못하고, 머뭇거리다가 실패하여 후회하며 살고 있습니다. 가치가 없는 것은 버리고 가치있는 것을 선택할 줄 알아야 합니다.

우리가 하나님의 도우심을 받고 성공적인 인생을 살기 위해서는 하나님이 싫어하시는 것을 떠나야 합니다. 하나님이 원치 않으시는 것은 버려야 합니다. 떠나기가 힘들고 어렵고 아쉬워도 용기를 내어 그것을 버리고 떠나야 합니다. 그것을 버리지 않고는 하나님의 축복을 받을 수 없습니다. 옛날의 잘못된 행실과 습관과 사상을 과감히 버려야 합니다. 하나님은 우리에게 떠나고, 버리라고, 여러 가지 모양으로 신호를 보내십니다. 사람이나 환경을 통해서, 또는 성령의 감동으로, 말씀으로 신호를 보내십니다. 그 사인을 깨닫고 버리고 떠나야 합니다. 그리고 하나님을 전적으로 신뢰해야 합니다.

우리가 나아가는 길에는 큰 위험도, 큰 장애도 기다리고 있을 수 있습니다. 그러나 하나님께 나를 맡기고 주님이 싫어하시는 것은 다 떠나고 버리는 결단을 함으로, 믿음으로 아브라함의 후손이 되시기를 기원합니다.

2. 믿음으로 아브라함은 순종했습니다

"믿음으로 아브라함은 부르심을 받았을 때에 순종하여 장래 기업으로 받을 땅에 나갈 새 갈 바를 알지 못하고 나갔으며"
(히브리서 11:8)

아브라함의 믿음의 특징은 하나님께 순종했다는 것입니다.

1) 하나님의 뜻대로 순종했습니다

하나님의 말씀에 대한 순종입니다. 우리 인생에 대해 가장 잘 아시는 하나님께서 가르쳐 주시는 안내서가 바로 성경입니다. 성경 속에 기록된 하나님의 말씀의 설명서대로 살아가는 것입니다. 그러기 위해 우리는 항상 성경을 읽고 들어야 합니다. 힘이 들고, 우리의 생각에 닿지 않더라도 말씀대로 살아가면 반드시 복의 근원과 같은 축복을 누리게 됩니다. 아브라함은 우상의 곳을 떠나는 것과, 가나안으로 가는 것과, 독자 이삭을 바치는 것을 다 하나님의 뜻대로 순종했습니다. 고향과 친척을 떠나면서 갈 바를 알지 못한 채 떠난다는 것이 얼마나 어리석고 힘든 일입니까? 그러나 아브라함은 하나님의 뜻이었기 때문에 순종했습니다. 우리는 무슨 일을 하든지 이것이 하나님의 뜻인지, 아니면 나의 뜻인지를 생각해야 합니다. 그래야 하나님의 뜻대로 할 수 있습니다.

어떤 할머니 한 분이 여행을 하다가 숲 속 오솔길에서 두 갈래의 길을 만났습니다. 그러자 할머니는 하나님의 뜻대로 가려고 마음먹고 기도를 했습니다. "하나님, 하나님께서 저의 길을 인도해 주시리라 믿습니다. 제가 지팡이를 중앙에 놓고 쓰러뜨렸을 때 그 지팡이가 왼쪽으로 쓰러지면 왼쪽으로, 오른쪽으로 쓰러지면 오른쪽으로 가겠습니다." 할머니는 이렇게 기도한 후 지팡이를 쓰러뜨렸습니다. 그러자 지팡이가 오른쪽으로 쓰러졌습니다. 그러나 할머니의 마음은 왼쪽 길로 가고 싶었기 때문에 다시 지팡이를 쓰러뜨렸습니다. 그러나 역시 지팡이가 오른쪽으로 쓰러졌습니다. 할머니는 이 과정을 여러 차례 거친 후에 왼쪽으로 지팡이가 쓰러지자, "역시 하나님이 왼쪽 길로 인도해 주시는군!" 하면서 왼쪽 길로 유유히 걸어갔다는 이야기가 있습니다.

우리는 어떻습니까? 하나님의 뜻대로, 하나님께 순종하겠다고 기도를 하면서도, 내가 원하는 길이 아니면 다시 기도를 반복하면서 끝내 나의 뜻대로 행동하지는 않습니까? 우리는 기도하면서 나의 뜻을 하나님의 뜻에 맞추어 가고 있습니까? 아니면 하나님의 뜻을 나의 뜻에 맞추어 가고 있는지 잘 생각해 보아야 합니다. 온전히 하나님께 기도하면서 나의 생각과 나의 모든 것을 하나님의 뜻에 맞추어 나가는 여러분들이 되기를 바랍니다. 하나님의 뜻대로 행해야 바르고 성공적인 삶이 됩니다.

2) 하나님의 때에 순종했습니다

믿음이 떠남과 순종이라는 것은 내게 주어진 환경과 상황에 대한 순종입니다. 우리가 천지를 지으신 하나님을 인생의 주권자로 믿는다면 내게 일어나는 사건과 아픔과 모든 일들에 대해 감사하고 찬송할 수 있어야 합니다.

유명한 찬송가 작사인 화니 제인 크로스비(Fanny. J. Crosby; 219장, 337장, 434장, 492장과 같은 감동적인 곡 등)는 생후 6개월만에 시각장애자가 되어 평생 빛을 보지 못한 채 살았습니다. 그러나 그녀는 자신이 시각장애자라는 사실을 불평하거나 원망하지 않았다고 합니다. 어느 날, 목사님 한 분이 그녀를 찾아와 물었습니다. "주님께서는 그 많은 은사들을 당신에게 주시면서, 왜 시력을 주시지 않았는지 궁금할 때가 있습니다." 그러자 화니 제인 크로스비는 이렇게 대답했습니다. "목사님, 저는 하나님께서 제 눈을 뜨게 해주시길 바라지 않아요. 왜냐하면 저는 제가 처음으로 보게 될 분이 바로 천국에서 뵙는 주님이었으면 좋겠거든요." 그녀가 만든 찬양곡들은 다 주님에 대한 감사와 사모함으로 가득 차 있습니다. 그것은 천국을 소망하는 진정한 비전이 그 안에 있기 때문입니다. 그래서 그녀의 찬송에는 천국에서 주님을 뵙겠다는 구절이 아주 많습니다. "주가 맡긴 모든 역사 힘을 다해 마치고 맑고 밝은 그 아침을 당할 때 요단강을 건너가서 주의 손을 붙잡고 기쁨으로 주의 얼굴 뵈오리" 화니 제인 크로스비는 소경이 된 자신의 환경을 하나님의 은총으로 받아드렸기 때문에 만사가 형통할 수 있었습니다.

하나님께서 우리에게 요구하시는 때가 있습니다. 우리가 하나님께 순종해야 할 때가 있습니다. 모든 것이 때가 있는데 그때를 놓치면 후회하게 됩니다. 우리가 순종하면 복을 받지만, 때로는 때를 놓쳐 매를 맞고 뒤늦게 순종할 때가 있습니다. 우리는 그런 어리석음에 빠지지 말고 하나님의 때에 순종해야 합니다. 순종해야 할 때 순종해야 합니다. 때를 놓치면 후회하게 되고 소용이 없습니다. 회개할 때가 있고, 기도할 때가 있고, 전도할 때가 있고, 봉사할 때가 있고, 헌금할 때가 있습니다. 사랑할 때가 있고, 구제할 때가 있습니다. 교회를 위해 봉사할 때가 있고, 나라를 위해 일할 때가 있고, 선교를 위해 봉사할 때가 있습니다. 하나님의 때에 순종하지 않으면 실패하게 됩니다. 그러나 하나님의 때에 순종하면 성공하고 축복이 따라 옵니다.

3) 즉시 순종했습니다

아브라함은 갈대아 우르를 떠나라 할 때에도, 독자 이삭을 바치라 할 때에도, 머뭇거리지 않고 즉시 순종했습니다. 이것이 아브라함의 위대한 점입니다. 우리 같으면 이리저리 계산을 해보고, 사람들에게 물어보고, 따져본 뒤에 순종할텐데 아브라함은 주저하지 않고 즉시 순종했습니다. 베드로가 밤새도록 그물을 던졌으나 물고기를 한 마리도 잡지 못했습니다. 그러나 주님이 깊은 곳에 그물을 던지라는 말씀을 하시자, 즉시 순종하여 그물을 던졌을 때 놀라운 기적을 체험하게 되었습니다. 즉시 순종할 때 하나님의 역사가 일어납니다. 아브라함이 즉시 순종할 수 있었던 것은, 그가 하나님의 계획을 믿었기 때문입니다. 하나님의 계획과 뜻은 성경에 다 기록되어 있습니다. 우리는 그 말씀에 기록된 대로, 말씀을 들은 대로, 바로 순종하면 됩니다. 의심하거나 주저하거나 변명하지 말고 믿음으로 순종하면 됩니다.

미국의 시카고에서 기독교 회의가 열렸습니다. 그 회의에 러시아 교회에서 3명이 참석한 적이 있었습니다. "성경에 오류가 없다는 것을 우리가 어떻게 변증할 수 있느냐?"는 사안을 가지고 사흘 동안 토의를 했습니다. 러시아 교회에서 온 3명은 전혀 말을 하지 않았다고 합니다. 마지막으로 그들에게 소감을 얘기할 기회를 주었더니 이런 말을 했다고 합니다. "나는 여러분들이 사흘 동안 이 회의를 하는 이유를 이해할 수 없습니다. 말씀대로 살다보면 오류가 없다는 것을 저절로 알게 될 텐데 이런 내용으로 회의를 합니까?" 그 말을 들은 참석자들 모두가 숙연해졌다고 합니다. 말씀대로 살고자 하는 사람은 말씀의 권위와 영광과 말씀의 능력을 알게 될 것입니다.

R.A. 토레이 목사님이 이런 말을 했습니다. "많은 성경번역이 있지만, 이 세상에서 가장 위대한 성경번역이 있다면 그것은 나의 삶으로 성경을 번역하는 것이다." 이 세상에서 가장 위대한 성경번역은 한마디로 나의 삶 속에서 말씀을 순종하는 것입니다. 옳은 말입니다. 가장 위대한 번역은 말씀을 믿고 그대로 순종하는 것입니다. 하나님의 말씀대로만 살면, 우리는 세상의 온갖 역경 속에서도 승리하며 살아갈 수 있습니다. 말씀과 삶이 일치될 때, 비로소 우리는 그리스도인으로서 진정한 삶을 살아갈 수 있습니다. 그러나 하나님을 믿으면서도 그 말씀에 의지하지 않는 사람은 결국 비참한 삶을 살아갈 수밖에 없습니다. 하나님을 의지하는 삶을 살아 갈 것인가, 아니면

비참한 삶을 살아 갈 것인가는 우리의 의지에 달려 있습니다.

하나님께 즉시 순종하시기 바랍니다. 성령이 감동하실 때, 말씀이 와서 부딪칠 때, 말씀이 깨달아 질 때 즉시 순종하십시오. 그때 하나님의 축복과 기적이 나타날 것입니다.

3. 믿음으로 소망 중에 인내했습니다

> "믿음으로 저가 외방에 있는 것 같이 약속하신 땅에 우거하여 동일한 약속을 유업으로 함께 받은 이삭과 야곱으로 더불어 장막에 거하였으니 이는 하나님의 경영하시고 지으실 터가 있는 성을 바랐음이니라"
> (히브리서 11:9-10)

'우거하다', 또는 '장막에 거하다'는 말들은 나그네처럼 기거하는 것을 의미합니다. 그들은 완전히 정착된 생활을 하지 못하고 나그네 생활을 했습니다. 아브라함은 하나님으로부터 약속을 받았음에도 불구하고 발붙일 만큼의 유업도 얻지 못했습니다(사도행전 7:5). 헷 사람 에브론에게서 헤브론 근처의 막벨라 밭을 사라의 매장지로 구입한 것 외에는(창세기 23장) 가나안 땅을 주시겠다는 하나님의 약속의 성취를 죽을 때까지 보지 못했습니다. 뿐만 아니라 그와 동일한 약속을 하나님께로부터 받은 이삭과 야곱도 그 약속의 성취를 보지 못한 채 가나안 땅에서 나그네와 같은 삶을 살아야 했습니다. 이것은 그

때까지 나그네 생활을 하면서 아직 아무것도 소유하지 못한 절망적인 상태에 있었음을 시사합니다. 그럼에도 불구하고 아브라함은 하나님께서 그에게 약속하신 바를(창세기 12:2~3) 성취하실 것을 굳게 믿었습니다. 아브라함은 미래를 바라보고 소망을 가지고 인내했습니다.

아브라함의 성공비결은 꿈을 가지고 있었다는 점입니다. 하나님은 아브라함의 후손이 하늘의 별과 같이 바닷가의 모래와 같이 많아질 것이며, 그는 복의 근원이 될 것이라고 약속하셨습니다. 아브라함은 그 약속의 말씀에 근거한 꿈을 가졌습니다. 그리고 마음속으로 꿈의 실현을 열망하면서 모험을 했습니다. 아브라함은 하나님의 명령을 받고 지체하지 않고 우상의 땅을 떠났습니다.

그 시간부터 그는 장막생활을 시작했습니다. 집이 아닌 장막생활, 즉 텐트생활이 얼마나 불편합니까? 지금도 팔레스틴 땅에는 베두윈이라는 부족들이 살고 있습니다. 그들 중에는 농업을 받아들인 펠라힌(fellahin)이라는 베두윈이 있지만, 참 베두윈들은 지금도 텐트에서 살고 있습니다. 그들은 염소 털로 짠 검은 텐트에서 생활하는데, 그 텐트의 반은 여자와 어린이들이 사용합니다. 아브라함은 가나안의 삶을 텐트생활로 시작하고 마쳤습니다. 아브라함 그도, 아들 이삭도, 그리고 야곱도 다 장막생활을 했습니다. 그들이 그렇게 한 이유는 아직 그 땅에 토착민들이 정착해 있었으므로 한군데 계속 정착하기가 어려웠기 때문입니다. 그래서 목축생활을 하면서 이동이 가능한 삶을 살기 위해서였습니다. 그럼에도 그가 그렇게 불편한 나그네와 같은 인생 길을 걸어갈 수 있었던 것은 소망이 있었기 때문입니다.

성경은 말씀합니다. "이는 하나님의 경영하시고 지으실 터가 있는 성을 바랐음이니라"(히브리서 11:10) 이 성은 천국의 예루살렘, 영원한 도성이었습니다. 그들은 천국을 바라보면서 이 땅의 삶을 장막 속에서 지낸 것입니다. 천국을 바라보는 사람들은 이 땅의 삶을 장막생활로 생각하기 때문에 소망을 가지고 인내할 수 있습니다. 천국의 소망, 하나님의 약속에 대한 확신이 있었기 때문에 아브라함은 끝까지 참고 기다리며 믿음의 인내를 할 수 있었습니다. '터'는 '기초'를 의미하는 것으로, '터가 있는 성'은 9절의 '장막'과 상반되는 표현입니다. 장막은 터를 필요로 하지 않는 이동하기 위한 임시 거처인 반면에, '터가 있는 성'은 한 곳에 고정된 영구한 집입니다. 이 성은 지상에 있는 어떤 도성을 가리키는 것이 아닙니다. 이 성은 진동치 못하며 장차 올(히브리서 12:28; 13:14) 영원한 하늘 도성으로(Bruce, Lenski), 하나님에 의해 견고히 세워진 '시온성'을 암시합니다(시편 48:8; 87:1~3,5; 121:3; 이사야 14:32; 33:20, Lane).

한편 '경영하시고', 또한 '지으실'의 이 두 가지 표현은 하나님께서 실제적으로 성을 건축하셨음을 나타내는 것입니다

(Morris). 아브라함은 하나님이 계획하시고 손수 지으신 하늘 나라의 도성을 바라보았기 때문에 이 땅에서 믿음의 인내를 할 수 있었음을 시사합니다. 아브라함은 소망을 가졌기 때문에 인내할 수 있었습니다. 아브라함은 하나님께서 자신에게 약속하신 말씀을 소망 삼고 모든 것을 인내할 수 있었습니다. 아브라함은 "네가 밟는 모든 땅을 너와 네 자손에게 주리라"는 그 말씀을 믿었습니다. 아직 그 땅에는 다른 족속이 살고 있었으며, 그들은 아브라함보다 힘이 세고 강했습니다. 그러나 아브라함은 장차 그 땅을 그의 자손들이 정복하여 밟고 살게 될 것을 내다보면서 나그네로 그 땅을 여행하며 살았습니다. 자기가 밟고 있는 모든 땅은 앞으로 자신의 후손들이 집을 짓고 번성하며 살 것을 내다보았습니다. 이것이 소망입니다. 이 소망을 가진 사람은 어떤 어려움이 와도 인내할 수 있습니다. 또한 그는 지금 나그네로 살아가고 있지만, 장차 하나님께서 예비하신 천국의 집을 소망 삼고 나그네의 삶을 훌륭하게 살아갔습니다. 우리도 소망을 가집시다. 소망을 가진 사람은 인내할 수 있습니다.

우리가 먹는 꿀은 몸에 좋은 영양가가 높은 것으로 알려져 있습니다. 그런데 한 숟가락의 꿀은 무려 4,200번이나 이 꽃 저 꽃을 왕래하며 얻은 것입니다. 그만큼 많은 수고와 인내가 있었다는 것입니다. 유명한 영어사전「웹스터」를 집필한 사람이 바로 웹스터 씨입니다. 그는 이 방대한 작업을 위해 36년 동안

밤낮으로 이 일을 했습니다. 그는 소망을 가졌기 때문에 인내할 수 있었습니다. 미켈란젤로의 「최후의 만찬」은 위대한 작품입니다. 그런데 그가 그 그림을 완성하기 전에 무려 8년에 거쳐 2,000번이나 스케치를 했다고 합니다.

소망을 가진 사람은 인내할 수 있습니다. 우리는 소망을 가진 자들입니다. 하나님의 약속을 믿고 그 약속을 소망 삼고 살아가는 사람이므로 인내할 수 있습니다. 믿음으로 아브라함은 소망을 가지고 인내했습니다.

미국 오렌지카운티의 수정교회의 로버트 슐러 목사는 성공의 요건을 이렇게 말했습니다. "첫째, 마음속에 꿈을 가지라. 모든 성공은 꿈에서 잉태된다. 둘째, 갈망하는 마음을 가지라. 간절히 원하는 마음이 있어야 한다. 셋째, 모험을 하라. 무사안일주의는 성공하지 못한다."

우리는 믿음의 꿈을 가져야 합니다. 아브라함은 믿음으로 꿈을 가졌습니다. 믿음으로 버릴 것은 버리고 떠날 것은 떠나는 결단이 있어야 합니다. 믿음으로 하나님을 의지하고 순종해야 합니다. 그리고 믿음으로 소망을 가지고 인내해야 합니다. 하나님의 영광을 위해 살기를 원하는 꿈을 가지시기 바랍니다. 하나님 나라를 위한 믿음의 꿈을 가지십시오. 그래서 사람과 하나님께 성공하시기 바랍니다. 그러기 위해 버릴 것은 버리고 하나님께 순종하면서 꿈을 가지십시오. 당장 이루어지지 않더라도 인내하십시오. 믿음의 후손들이 축복 받을 꿈을 가지십시오. 그리고 믿음으로 이루어질 것을 소망하십시오. 아멘.

6

믿음으로 아브라함은 2
(히브리서 11:13~19)

¹³이 사람들은 다 믿음을 따라 죽었으며 약속을 받지 못하였으되 그것들을 멀리서 보고 환영하며 또 땅에서는 외국인과 나그네로라 증거하였으니 ¹⁴이같이 말하는 자들은 본향 찾는 것을 나타냄이라 ¹⁵저희가 나온 바 본향을 생각하였더면 돌아갈 기회가 있었으려니와 ¹⁶저희가 이제는 더 나은 본향을 사모하니 곧 하늘에 있는 것이라 그러므로 하나님이 저희 하나님이라 일컬음 받으심을 부끄러워 아니하시고 저희를 위하여 한 성을 예비하셨느니라 ¹⁷아브라함은 시험을 받을 때에 믿음으로 이삭을 드렸으니 저는 약속을 받은 자로되 그 독생자를 드렸느니라 ¹⁸저에게 이미 말씀하시기를 네 자손이라 칭할 자는 이삭으로 말미암으리라 하셨으니 ¹⁹저가 하나님이 능히 죽은 자 가운데서 다시 살리실 줄로 생각한지라 비유컨대 죽은 자 가운데서 도로 받은 것이니라

6

믿음으로 아브라함은 2

■ 히브리서 11:13~19

유명한 피터 마샬 목사님이 세상을 떠날 때의 이야기입니다. 마샬 목사님의 임종시간이 가까워 오자 부인이 눈물을 흘렸습니다. 그때 목사님은 빙그레 웃으며, "내일 아침에 다시 만납시다." 하며 소천하셨다고 합니다. 부인은 여기서 믿음의 용기를 얻어 「나의 남편은 목사였다」라는 책을 냈습니다. 그 책이 베스트 셀러가 되었고, 그녀는 계속 글을 써서 여러 권의 책을 펴내어 미국의 베스트 셀러 작가로 유명하게 되었습니다.

그녀의 남편이 세상을 떠나는 바로 그 순간 하늘나라를 알게 되었고, 거기서 받은 영감과 감격이 그녀로 하여금 글을 쓰게 만들었다고 합니다. 남편이 죽음을 눈앞에 두고 "갑니다. 또 만납시다."로 표현했을 때, 죽음은 잠깐의 이별임을 분명히 알게 되었다고 합니다.

그래서 믿는 사람들은 장례식이라고 하지만, 믿지 않는 사람들은 영원한 이별이라 하여 영결식이라고 말합니다. 믿음의 사람은 죽음을 영원한 이별이라고 말하지 않습니다. 영원한 하늘나라의 소망을 가진 사람은 삶의 자세가 다릅니다. 믿음의 조상 아브라함도 영원한 하늘나라를 바라보면서 이 세상을 살다가 갔습니다. 그는 우리에게 많은 것을 가르쳐 줍니다.

1. 믿음으로 아브라함은 나그네 생활을 했습니다

> "이 사람들은 다 믿음을 따라 죽었으며 약속을 받지 못하였으되 그것들을 멀리서 보고 환영하며 또 땅에서는 외국인과 나그네로라 증거하였으니 이같이 말하는 자들은 본향 찾는 것을 나타냄이라"
> (히브리서 11:13-14)

여기에 나오는 사람들은 모두 나그네 인생을 살다가 갔습니다. 우리도 나그네 인생을 살아갑니다. '이 사람들' 이란 8~12절에 언급된 인물들, 즉 아브라함, 사라, 이삭, 야곱을 가리킵니다. 그들은 모두 가나안 땅과 그 후손에 관한 하나님의 약속을 받은 자들이었으나 그 약속의 성취를 보지 못한 채 죽었습니다. 그러나 그들은 하나님께서 약속하신 바를 실행하실 것이라는 믿음으로 일생을 살았습니다. '보고' 는 신체적인 눈으로 보는 것을 가리키는 것이 아니라, 약속에 대한 것을 마음으로 깨닫는 것을 의미합니다. 즉 그들은 믿음의 눈으로 약속의 성취를 바라보았습니다. 이 약속의 성취는 일차적으로 이스라엘의 가나안 정복이라고 할 수 있으나, 보다 근본적인 것은 그리스도가 오심으로 성취될 구원을 가리킵니다. 아브라함은 그리스도의 때를 즐거운 마음으로 기다리다가 보고 기뻐했습니다. 성경은 증거합니다. "너희 조상 아브라함은 나의 때 볼 것을 즐거워하다가 보고 기뻐하였느니라"(요한복음 8:56) 믿음의 조상들은 나그네 인생을 살았습니다. 본문에서 아브라함은 자신을 헷 족속에게 소개할 때 '외국인과 나그네'라고 했습니다. "나는 당신들 중에 나그네요 우거한 자니"(창세기 23:4) 야곱도 애굽의 바로에게 자신을 소개할 때 나그네로 말했습니다. "내 나그네 길…우리 조상의 나그네 길"(창세기 47:9)을 인용한 것입니다. 믿음의 조상들은 모두 그들의 인생살이를 나그네로 고백했습니다. 믿음의 조상 아브라함은 평생 나그네 인생으로 살았습니다. 자기 고향 갈대아 우르에서 하나님의 부르심을 받고 나온 후, 약속의 땅 가나안을 바라보며 먼 여행을 계속했습니다. 결국 가나안 땅에 왔으나 그곳에 정착하지 못했습니다. 하나님의 계획은 그의 자손들인 야곱과 요셉과 모세의 시대를 지나 출애굽한 그의 후손들이 정착하게 했습니다. 그래서 아브라함은 이방인의 땅에서 나그네 생활을 하면서 살았습니다. 나중에는 애굽까지 잠시 내려가서 나그네 생활을 해야만 했습니다. 그리고 가나안 땅에 돌아와 하나님의 약속의 성취가 자손들에게 이루어질 것을 내다보면서 숨을 거두고, 그의 아내 사라가 묻힌 막벨라 굴에 묻히게 됩니다. 그는 평생 나그네 생활을 하면서 살았습니다. 우리의 인생이 바로 나그네 생활입니다.

　남부 아프리카 선교지를 방문하면서 저는 나그네 생활을 했습니다. 무깐요, 베레나, 윗 뱅크 흑인 교회와 요하네스버그 한인교회에서 주일과 수요일, 그리고 금요일은 청지기 세미나를 인도했습니다. 그리고 여러 외국인들과 우리 교민들도 만났습니다. 그리고 이곳 저곳을 다니면서 나그네 생활을 하다가 돌아왔습니다. 저는 그곳에 머물때 모든 일을 나그네의 심정으로 했습니다. 그리고 제가 만난 많은 분들도 모두 나그네 인생이었습니다. 저의 외국인 친구들과 목사, 교수들도 모두 나그네들로 자기네들 나라와 고향을 떠나 온 사람들입니다. 그리고 흑인 친구들과 학생들도 나그네였고, 또 한국의 선교사들, 교민들 모두가 나그네였습니다. 어떤 분들은 수십 년 동안 아프리카 여러 나라를 거쳐서 요하네스버그에 정착한 분들도 있었습니다. 또한 그곳에서 공부하고 있는 유학생들과 선교사들도 모두 나그네로 살고 있었습니다. 요하네스버그 한인교회의 초창기 이민생활 초기의 그 시기에는 모두가 어렵고 힘든 생활이었습니다. 그런데 이제 10년이란 세월이 지난 오늘날은 대부분이 안정된 생활을 하고 있었으며, 신앙생활도 열심이었습니다. 그러나 그들도 모두 나그네의 삶을 살아가는 사람들이었습니다.

우리도 모두 나그네 인생을 살고 있습니다. 우리가 태어난 고향과 태어난 집은 따로 있습니다. 고향을 떠나 여러 차례 이사를 하고 일자리도 바꾸면서 이 자리까지 왔습니다. 이것은 우리가 나그네라는 사실을 보여주는 증거입니다. 우리는 이 나그네 인생이 분명히 끝이 있고 또 짧다는 것을 알아야 합니다. 길고 지루하고 힘든 것 같아도 잠깐입니다.

그러므로 이 세상에서 가장 어리석은 사람은 현세의 삶만을 생각하고, 살아있을 동안 마음껏 쾌락을 추구하겠다는 사람입니다. 우리는 사후(死後)의 삶에 깊은 관심을 가져야 합니다. 성경은 말씀합니다. "내일 일을 너희 알지 못하는도다 너희 생명이 무엇이뇨 너희는 잠깐 보이다가 없어지는 안개니라"(야고보서 4:14) 인간은 이 세상에서 영원히 살 수 없습니다. 우리가 분명히 알아야 할 것은, 하나님께서 부르시는 날에는 누구든 예외 없이 이 땅을 떠나야 한다는 사실입니다. 어떤 사람은 아주 어린 시절에 이 날을 맞을 수도 있고, 또 어떤 사람은 장성해서 맞을 수도 있습니다. 아무튼 인간의 수명은 70이요, 강건해야 80입니다. 인간은 누구든지 이 기간 안에 세상을 떠나야 합니다.

그러므로 나그네 인생을 헛되이 살아서는 안됩니다. 가치 있고 보람 있게 살아야 합니다. 하나님의 영광과 복음을 위해 살아야 합니다. 영원한 가치가 있는 것에 투자해야 합니다. 영원한 가치는 영원한 하나님의 나라입니다.

2. 믿음으로 아브라함은 본향을 바라보았습니다

> "저희가 나온바 본향을 생각하였더면 돌아갈 기회가 있었으려니와 저희가 이제는 더 나은 본향을 사모하니 곧 하늘에 있는 것이라 그러므로 하나님이 저희 하나님이라 일컬음 받으심을 부끄러워 아니하시고 저희를 위하여 한 성을 예비하셨느니라"
> (히브리서 11:15-16)

고향을 사모하는 사람들은 언제라도 고향으로 갈 수 있습니다. 특히 명절이나 휴가 때에는 많은 사람들이 고향을 찾습니다. 그러나 믿음의 사람 아브라함은 더 나은 본향을 사모했습니다. 본 절의 '본향'은 하늘나라를 의미하는 것이 아니라, 아브라함이나 야곱이 가나안으로 가기 위해 떠났던 지상의 고향을 가리킵니다. 그들은 지상의 고향을 자신들의 본향이라고 생각하지 않았습니다. 만일 그랬더라면 그들은 자신들의 고향에 쉽게 돌아갈 수 있었을 것입니다.

실제로 아브라함은 이삭을 결혼시키려고 할 때에 가나안 땅의 여인들 중에서 신부감을 택하지 말고, 자신의 고향인 메소포타미아로 가서 신부감을 구해오도록 종에게 당부했습니다.

그런데 그 때에도 "삼가 내 아들을 그리고 데리로 돌아가지 말라"(창세기 24:6)고 했습니다. 야곱 역시 메소포타미아를 고향으로 생각하지 않았습니다(창세기 30:25; 31:3). 아브라함은 사라를 가나안 땅에 묻었으며, 아브라함 역시 그곳에서 장사되었습니다(창세기 23:19; 25:9~10). 이삭이나(창세기 35:27~29) 야곱도(창세기 49:29~33; 50:13) 가나안에서 장사되었습니다.

그들이 이 땅에서 고향을 찾았다면 자신들이 태어난 지상의 고향으로 충분히 돌아갔을 것입니다. 그러나 그들의 본향은 하늘나라에 있었기 때문에 지상의 고향을 찾지 않고 믿음으로 하늘나라의 영원한 고향을 찾고자 했습니다. 나그네는 본향을 사모합니다. 믿음의 나그네는 더 나은 본향, 우리의 영원한 본향을 사모합니다. 우리도 마음만 먹으면 언제든지 고향을 방문할 수 있습니다. 물론 북한에 있는 이산가족들과의 만남은 정치적인 문제로 여러 가지 어려움이 있습니다. 그러나 그 외의 모든 분들은 언제라도 마음만 먹으면 갈 수 있습니다. 그러나 아브라함은 보다 더 나은 본향을 사모했습니다. 즉 하나님의 나라 천국을 사모했습니다. "저희가 이제는 더 나은 본향을 사모하니 곧 하늘에 있는 것이라 그러므로 하나님이 저희 하나님이라 일컬음 받으심을 부끄러워 아니하시고 저희를 위하여 한 성을 예비하셨느니라"(히브리서 11:16) 아브라함을 비롯한 믿음의 조상들이 찾았던 고향은 지상에 있는 것이 아니었습니다. 그보다 더 좋은 곳, 즉 '하늘에 있는 고향' 이었습니다.

'사모하니'에 해당하는 헬라어 'ορεγονται(오레곤타이)'는 '…을 향해 뻗치다', '열렬히 갈망하다'는 의미로 그들이 간절히 하늘나라를 갈망했음을 시사합니다. 그들은 하늘나라를 열렬히 사모했습니다. 명절 때마다 임진각에 모여 북한 땅을 바라보는 이산가족들을 봅니다. 바로 앞에 놓인 철책선만 넘으면 되고, 불과 몇 시간만 달리면 고향인데, 사모하면서도 갈 수 없는 마음이 얼마나 아플 것인가를 생각해 봅니다. 그러나 우리에게는 더 나은 본향 천국이 있습니다. 아브라함을 비롯한 믿음의 조상들은 더 나은 본향을 열렬히 사모했습니다. 그러다 보니 나그네로서의 외로움과 쓸쓸함은 사라지고, 오히려 더 열심히 힘차게 믿음생활을 할 수 있는 용기와 힘이 치솟게 되었습니다. 우리는 천국을 소망하며 살아가야 합니다. 우리는 이 세상의 고향보다 영원한 하늘나라를 사모해야 합니다.

미국의 문학가인 토마스 월트가 쓴 「다시 집으로 돌아갈 수 없다」라는 책이 있습니다. 이 책의 내용은 이렇습니다. 주인공은 젊어서 꿈꾸던 모든 소원을 성취했습니다. 돈도 벌었고, 명예도 얻었고, 지식도 얻었고, 아름다운 여인을 아내로 맞았습니다. 똑똑한 자녀들도 골고루 두었습니다. 모든 소원하는 것들이 다 성취되었습니다. 이제 주인공은 오랫동안 그리던 고향에 가고 싶었습니다. 주인공은 기차를 타고 옛날에 자기가 살던 그 향 땅으로 갔습니다. 그곳은 노오스 캐롤라이나주에 있는 애쉬빌이라는 조그마한 마을입니다. 역전에 내리는 순간, 그는 몹시 당황했고 실망 또한 컸습니다. 고향은 너무나 변해 있었습니다. 거리는 현대화되고 인심도 변해 있었습니다. 친구는 남이 되어 있었고, 고향 땅으로 간 본인은 오히려 이방인이 되어 있었습니다. 그곳은 이미 자기가 꿈에 그리던 마음의 고향이 아니었습니다. 주인공은 돌아오는 기차에 올라 슬프게 고백했습니다. "나는 고향으로 돌아갈 수 없다. 어제의 평화와 고요함으로 돌아갈 수 없다. 길이 있다면 앞으로 가는 길뿐이다. 뒤로 가는 길은 영원히 사라진 것이다."

많은 사람은 과거의 향수 속에서 살아갑니다. 남은 것은 우수와 고생했던 추억뿐입니다. 그것이 마음의 즐거움을 주지 못합니다. 비록 알지 못하고 힘들더라도, 내일을 똑바로 바라보고 오늘을 살아갈 수 있는 자만이 마음의 즐거움을 가질 수 있습니다. 그리스도인에게는 내일이 있습니다. 바라보는 목표가 있습니다. 그런데 하나님의 나라는 내일의 세계만이 아닙니다. 하나님의 나라는 "나라이 임하옵시며 뜻이 하늘에서 이룬 것같이 땅에서도 이루어지이다"라고 하신 주님의 기도문처럼, 우리의 삶 속에서도 이루어지는 것입니다.

하나님은 천국을 본향으로 삼고 믿음으로 살아가는 사람을 기뻐하십니다. "그러므로 하나님이 저희 하나님이라 일컬음 받으심을 부끄러워 아니하시고 저희를 위하여 한 성을 예비하셨느니라"(히브리서 11:16) 중요한 말씀입니다. 하나님께서는 믿음으로 살았던 이스라엘 족장들을 결코 부끄러워하지 않으셨으며, 오히려 그들을 위해 하늘나라에 '한 성'을 준비해 놓으셨습니다. 이 '성'은 '장막'(히브리서 11:9)과는 대조되는 것으로 그리스도인들의 영원한 처소를 가리킵니다.

비록 우리의 생활이 어렵고 힘들더라도 우리는 항상 본향 천국을 사모하며 살아야 합니다. 그리고 아직도 주님의 나라를 알지 못하는 사람들에게 이 천국을 알려주어야 합니다. 우리만 갈 것이 아니라, 아직도 영원한 본향을 알지 못하는 사람들에게 가르쳐 주어 그들도 함께 가야 합니다.

미국의 어느 도시에서 한 어머니가 숨을 거두고 있었습니다. 그의 가정은 많은 자녀를 거느린 대가족이었습니다. 폐결핵으로 죽어 가는 어머니의 품에 자녀들이 한 명씩 안기었습니다. 그분은 맏이에게 유언과 임종 전의 축복을 해주었으며, 둘째 자녀가 가까이 오자 자신의 손을 내밀어 그의 머리에 얹고 축복했습니다. 그리고 그 다음 자녀가 오고, 또 그 다음의 자녀가 불려왔습니다. 그리고 마침내 맨 마지막에는 어린 자녀가 불려 왔습니다. 어머니가 그 어린 딸을 자신의 품에 꼭 껴안았을 때 둘러선 친지들은 흥분함으로써 운명을 재촉하리라 생각했습니다. 그래서 사람들이 그 어린아이를 도로 데려가려고 하자 그 어머니가 말했습니다. "여보, 나는 당신이 이 아이들 모두를 본향 집에 데리고 오시기를 부탁해요."

우리의 본향 천국에는 우리의 부모도 우리의 자녀들도 다 함께 가야합니다. 역시 하나님도 우리의 부모님과 자녀들도 함께 본향으로 데리고 올 것을 부탁하십시오. 교회 밖에서 나그네 생활을 하고 있는 우리 자녀들도 영원한 본향으로 데리고 가야 합니다. 또한 주님을 모른 채 나그네 생활을 하는 우리의 부모님들도 우리 믿음의 자녀들이 천국으로 모시고 가야 합니다. 그런데 많은 사람들은 여러 가지 변명으로 하나님 나라를 찾지 않습니다.

이런 우스운 이야기가 있습니다. 어떤 사람이 한평생을 정신없이 바쁘게 살았습니다. 무엇이 옳고 그른지, 무엇이 이롭고 해로운지, 하나님이 계시는지 계시지 않는지 생각할 겨를도 없었습니다. 무작정 바쁘게 일에 쫓기다시피 살다가 그도 별수 없이 죽었습니다. 그런데 베드로가 천국의 문 앞에서 오른손에 생명책을 들고 버티고 서 있었습니다. 그가 천국에 들어가려고 하자, "당신 이름은 이 생명책에 없소." 하며 앞을 가로막았습니다. "내가 세상에서 얼마나 바쁘게 살았는지 압니까? 당신이 그것을 몰라서 그러는 것이오. 잘 찾아보시오. 분명히 생명책에 내 이름이 있을 것입니다." 베드로가 대답합니다. "나도 바빠서 당신 이름을 생명책에 기록하지 못했소."

우리가 아무리 바빠도 잊지 말아야 할 것이 있습니다. 그것은 우리가 나그네 인생 길을 살아가고 있다는 것과, 우리의 인생이 짧다는 것, 그리고 우리에게는 영원한 하늘나라가 있다는 사실입니다. 우리는 영원한 하늘나라를 바라보고 이 나라를 소망하면서, 아직도 세상에 바빠 하나님 나라를 알지 못하는 사람들을 주님 앞으로 인도하는 삶을 살아갑시다.

3. 믿음으로 아브라함은 부활의 신앙을 믿었습니다

> "아브라함은 시험을 받을 때에 믿음으로 이삭을 드렸으니
> 저는 약속을 받은 자로되 그 독생자를 드렸느니라
> 저에게 이미 말씀하시기를 네 자손이라 칭할 자는 이삭으로 말미암으리라 하셨으니
> 저가 하나님이 능히 죽은 자 가운데서 다시 살리실 줄로 생각한지라
> 비유컨대 죽은 자 가운데서 도로 받은 것이니라"
> (히브리서 11:17~19)

믿음의 조상 아브라함의 신앙은 100세에 낳은 아들 이삭을 모리아산에서 제물로 바칠 때에 절정을 이룹니다. 아브라함은 하나님으로부터 아들 이삭을 제물로 바치라는 명령을 받았습니다(창세기 22:1~18). 자신의 생명과도 바꿀 수 없는 독자를 바친다는 것은 너무도 어렵고 큰 시험이었습니다. 그러나 그는 하나님의 명령이 이해하기 힘들었지만 기꺼이 순종했습니다. 사실 처음에는 하나님께서 약속으로 주신 이삭을 바치라고 하실 때에 이해할 수 없었을 것입니다. 하나님으로부터 이삭을 통해 수많은 자손을 허락해 주실 것이라는 약속을 이미 받았습니다. 만일 이삭이 죽어 없어지면 그 약속은 어떻게 성취되겠습니까? 그러나 아브라함은 하나님의 약속을 믿었습니다. 하나님의 능력을 믿었습니다. "저에게 이미 말씀하시기를 네 자손이라 칭할 자는 이삭으로 말미암으리라 하셨으니"(히브리서 11:18) 하나님은 일찍이 아브라함에게 "너로 큰 민족을

이루고"(창세기 12:2), 이러한 아브라함의 민족은 오직 "이삭에게서 나는 자라야" 한다고 약속하셨습니다(창세기 21:12). 이삭을 통해 아브라함의 민족을 이루시겠다고 약속하신 하나님께서 그 이삭을 바치라고 요구하신 것은, 하나님 자신의 약속에 위배되는 행위였습니다. 그럼에도 불구하고 아브라함은 하나님께서 어떠한 방법을 통해서라도 반드시 그 약속하신 바를 이루시리라는 믿음이 있었으므로 하나님의 명령에 순종한 것입니다. 아브라함은 하나님께서 이삭을 다시 살려주실 줄로 믿었습니다. 성경은 증거합니다. "저가 하나님이 능히 죽은 자 가운데서 다시 살리실 줄로 생각한지라 비유컨대 죽은 자 가운데서 도로 받은 것이니라"(히브리서 11:19) 아브라함은 하나님께서 자신의 아들 이삭을 제물로 바쳐도 '죽은 자 가운데서 다시 살리실 것'을 확실히 믿었습니다.

아브라함은 이미 과거에 이와 같은 역사를 체험했습니다. 아브라함은 그가 100세가 되었을 때 죽은 자와 다름없는 자신의 몸에서 하나님의 능력으로 새로운 생명인 이삭을 낳을 수 있었습니다(히브리서 11:11~12). 그는 전능하신 하나님의 능력을 믿었습니다. 바로 아브라함의 이러한 경험은 자신의 아들 이삭이 죽는다 할지라도 하나님께서 그를 다시 살리실 수 있다는 믿음을 갖게 해 주었습니다. 그래서 모리아산에서 아들 이삭을 제물로 바치려고 올라가기 전에 자신의 종들에게 확신을 가지고 말했습니다. "너희는 나귀와 함께 여기서 기다리라 내가 아이와 함께 가서 경배하고 너희에게로 돌아오리라"(창세기 22:5) 만일 아브라함이 이삭이 다시 살 것을 믿지 못했다면 이런 말을 할 수 없었을 것입니다.

"비유컨대 죽은 자 가운데서 도로 받은 것이니라"(히브리서 11:9) '비유'는 헬라어 'παραβολη(파라볼레)'에서 온 것으로 '유형', '상징', '예시'를 뜻합니다. 초대 교회 그리스도인들은 이삭이 제물로 바쳐진 사실을 그리스도의 희생에 대한 상징으로 간주하고 '예수의 부활에 대한 예시'임을 암시한다고 보았습니다. 한편 아브라함이 이삭을 죽이려고 칼을 치켜들었을 때(창세기 22:10), 그에게 있어서 이삭은 이미 죽은 것과 다름이 없었습니다. 그러나 "그 아이에게 네 손을 대지 말라"(창세기 22:12)는 음성을 들었을 때, 그것은 죽은 자 가운데서 도로 받은 것이었습니다. 우리 하나님은 약속의 하나님이십니다. 약속을 하시고 그것을 실천하시는 하나님이십니다.

1988년 미국 대통령 선거를 위한 선거전에 앞서 각 정당의 전당대회를 통해서 대통령 후보를 지명하는 큰 정치행사가 있었습니다. 민주당 전당대회는 애트랜타 조지아에서 개최하여 메사추세츠 주지사인 듀카키스를 대통령 후보로 지명했으며, 공화당은 휴스턴 텍사스에서 전당대회를 소집하여 조지 부시 그 당시 부통령을 대통령 후보로 지명했습니다. 미국에서의 대통령 후보 지명을 위한 전당대회는 전당대회라는 의미를 넘어 하루의 아름다운 정치 잔치로 그 이름이 높습니다. 이 지명

대회에서 공화당을 대표하는 대통령 후보로 지명 받은 조지 부시 대통령은 지명을 수락하는 연설에서 이렇게 말했습니다. "민주당 저들은 약속만 하지만, 공화당 우리는 약속을 실천한다." 그러자 청중들로부터 만장의 박수를 받았을 뿐 아니라 텔레비전을 시청하던 많은 사람들로부터 공감대를 조성하는데 성공했습니다.

사람들은 약속을 잘 지키지 못할 때가 있습니다. 아직 우리의 선거 공약은 '지키지 못하는 공약'으로 알고 있는 사람들이 많습니다. 사람의 약속은 확실하지 않다는 증거입니다. 그러나 우리 하나님은 약속하시고, 또 반드시 그 약속을 실천하는 분이십니다.

우리 하나님은 약속에 신실하신 하나님이십니다. 죽은 자를 다시 살리는 능력의 하나님이십니다. 하나님의 백성들은 아브라함처럼 우리의 삶 속에서 부활의 능력을 체험할 수 있습니다. 우리의 매일 매일의 생활 속에서, 하나님의 능력을 의식하며 동행하는 생활이 부활의 능력입니다.

믿음이 좋은 학장님이 있었습니다. 학생들은 그를 존경하여 '매일 천국에 다녀온 사람'으로 불렀다고 합니다. 얼마나 아름다운 별명입니까? 그분은 매일 천국에 다녀온 사람처럼 밝고, 명랑하고, 은혜스러운 분이었습니다. 어느 학생이 그 이유를 물었습니다. 그러자 학장은 이렇게 대답했습니다. "그것은 마치 깃발과 같다. 어느 성에 깃발이 게양되어 있으면 그곳에 임금님이 와 계신다는 뜻이 아니겠느냐? 그리스도가 나와 함께 계시고, 내 안에 은혜가 있으니 나는 기쁠 수밖에. 내가 누구에게 잘 보이기 위해서이거나 누구에게 덕을 나타내려고 하는 것도 아니다. 다만 내 마음이 기쁘고, 내가 하나님의 사랑으로 충만해 있기 때문에 내게 기쁨이라는 깃발이 휘날려지는 것이 아니겠느냐?'

그렇습니다. 우리는 매일의 생활 속에서 주님과 동행할 수 있습니다. 믿음으로 아브라함은 나그네 인생을 살았습니다. 이 세상에 소망을 두지 않고 더 나은 본향을 바라보고 살았습니다. 그리고 부활의 능력을 믿고 체험했습니다.

우리는 항상 나그네 인생임을 잊으면 안됩니다. 동시에 더 나은 본향, 영원한 하나님 나라를 사모하고 전파하며 살아야 합니다. 그리고 우리는 매일의 생활 속에서 왕이신 예수 그리스도의 깃발을 달고, 주님과 동행하는 삶을 살아감으로 매일 천국에 다녀온 사람처럼 믿음으로 살아가는 성도가 됩시다. 아멘.

7

믿음으로 이삭은
(히브리서 11:20)

²⁰믿음으로 이삭은 장차 오는 일에 대하여 야곱과 에서에게 축복하였으며

7

믿음으로 아벨은

■ 히브리서 11:20

이삭은 믿음의 조상인 아버지 아브라함의 나이가 100세, 어머니 사라의 나이 90세 때에 하나님의 약속대로 태어난 아들입니다. 그런데 이삭은 그의 아버지 아브라함이나 그의 아들 야곱, 손자인 요셉에 비해 그에 대한 기록은 아주 짧습니다. 히브리서 기자도 그에 대해 20절 한 절로 마무리했습니다. 그는 180년이라는 긴 세월을 살았습니다. 그러나 그의 아버지 아브라함 같은 영웅적인 믿음의 행위나, 야곱처럼 극적인 삶의 장면도 적습니다. 이것은 이삭의 생애가 화려하거나 거창하지 않고, 감동적인 것이 거의 없는 지극히 평범한 삶이라 할 수 있습니다. 그러나 하나님은 이런 평범한 삶을 살았던 이삭을 인정하여 부르시고, 그 위대한 구원역사의 통로로 사용하셨습니다. 이것은 우리도 하나님 앞에서 인정을 받고 쓰임을 받을 수 있다는 위로와 소망을 가지게 합니다.

우리 삶의 형체는 중요하지 않습니다. 우리가 이 땅에 얼마나 오래 사느냐, 얼마나 큰 업적을 남기느냐는 중요한 것이 아닙니다. 다만 우리가 하나님 앞에서 얼마나 믿음으로 사느냐가 중요합니다. 이삭의 생애는 한마디로 믿음이었습니다. 하나님은 믿음으로 살았던 이삭을 부르시고 사용하셨습니다.

1. 믿음으로 축복하는 신앙의 아버지였습니다

"믿음으로 이삭은 장차 오는 일에 대하여 야곱과 에서에게 축복하였으며"
(히브리서 11:20)

아브라함에게 약속하셨던 하나님은 이삭에게도 그 약속을 다시 확인시켜 주셨으며(창세기 26:2~5), 이삭은 장차 올 일에 대하여 야곱과 에서에게 축복했습니다. 이 말은 이삭은 앞으로 이루어질 약속 받은 축복을 그의 두 아들 야곱과 에서에게 축복해 주었다는 말입니다(창세기 27:27~29,39~40). 이삭은 믿음으로 아직 오지 않은 장래의 일에 대해 야곱과 에서에게 축복할 수 있었습니다. 그 장래의 일에 대해 성경은 말씀합니다. "여호와께서 이삭에게 나타나 가라사대 애굽으로 내려가지 말고 나가 네게 지시하는 땅에 거하라 이 땅에 유하면 내가 너와 함께 있어 네게 복을 주고 내가 이 모든 땅을 너와 네 자손에게 주리라 내가 네 아비 아브라함에게 맹세한 것을 이루어"(창세기 26:2). 이것은 그 아버지 아브라함에게도 약속하셨던 땅과 자손에 대한 약속입니다. 이삭은 이 약속에 대한 축복을 사랑하는 아들을 불러 마지막 유언으로 남겼습니다. "아브라함에게 허락하신 복을 네게 주시되 너와 너와 함께 네 자손에게 주사 너로 하나님이 아브라함에게 주신 땅 곧 너의 우거 하는 땅을 유업으로 받게 하시기를 원하노라"(창세기 28:4). 이처럼 이삭이 축복한 것은 아직 이루어지지 않은 장래의 일입니다. 그에게는 지금 아무런 땅이 없지만 '가나안 땅을 너와 네 후손에게 주어 유업으로 받으리라' 는 말을 했습니다. 그러나 이삭은 하나님의 약속을 믿었습니다. 이 믿음은 하나님의 말씀을 근거한 것입니다. 이 믿음은 그대로 이루어졌습니다. 이 약속은 오랜 후에 여호수아를 통해서 가나안을 주심으로 이루어졌습니다. 이 약속은 단순히 땅을 차지하고 복을 받는 차원을 넘어선 것입니다. 바로 이 약속은, 장차 이삭과 다윗의 후손으로 이 세상에 인류를 구원하러 오신 예수 그리스도를 믿음으로 구원받을 것을 예표한 것입니다. 우리도 믿음으로 아브라함과 이삭의 후손이 되었습니다. 이삭은 믿음으로 자손을 축복했고, 그 후손들은 그대로 축복을 받았습니다. 우리도 예수님을 믿음으로 구원을 얻었습니다. 하나님은 범죄로 죽음 가운데 있는 인생들을 구원하실 놀랍고도 크신 일을 계획하셨습니다.

하나님은 창조 전에 계획하신 것을 이루시기 위해서 역사마다 사람을 붙드시고 일하십니다. 여기에 아브라함이 부르심을 받았습니다. 아브라함이 부르심을 받았을 때에도 알지 못하는 일에 대하여 약속만 받고 믿음으로 이 구원에 참예한 것입니다. 그런데 이 약속의 복이 이삭에게 이어졌고, 이삭에게 약속하심으로 확인되었습니다. 하나님께서 이스라엘을 구원하시고 온 천하 백성을 구원하시는 일을 하려고 하십니다. 이 아브라함과 이삭의 혈통을 통하여 나신 예수 그리스도로 말미암아 이 땅의 모든 백성들이 하나님의 구원의 은혜를 받을 것이라는 약속입니다. 이삭은 이 약속을 믿었습니다. 도무지 믿을 수도 짐작할 수도 없을 때에 이삭에게 믿음을 주심으로, 하나님의 모든 약속은 믿는 자의 믿음을 통하여 받게 되는 것임을 보여줍니다.

　우리도 이삭처럼 믿음으로 우리의 자손들에게 축복합시다. 우리는 우리의 자녀들에게 믿음의 축복을 남겨야 합니다. 세상의 많은 사람들은 물질적인 것, 현세적인 것, 일시적인 것을 남겨주는 것이 최고의 유산인 줄로 착각하고 있습니다. 많은 사람들이 재산 때문에 실패하는 경우를 우리는 종종 봅니다. 오히려 재산이 없었더라면 착하고 성실하게 살아 갈 수 있을 텐데, 재산이 많으니 게으름과 나쁜 습관 등에 젖어 패가망신하는 경우가 많습니다. 그래서 유대인들은 유산으로 재산을 남겨주지 않고, 오히려 지혜를 물려준다고 합니다. 역사를 보

믿음으로 이삭은 **139**

면 그들은 그 많은 재산과 집, 그리고 생명까지 다 빼앗기면서 유리 방황한 생활이 2,000년입니다. 그들이 힘써 모았던 모든 재산과 귀한 생명도 다 독일의 히틀러와 소련의 스탈린에게 빼앗겼습니다. 그러므로 그들은 자녀들에게 재산을 물려주는 것보다, 이 세상을 어떻게 하면 좀 더 지혜롭게 살아갈 것인가를 가르쳐준다고 합니다. 그래서 아무도 빼앗아 갈 수 없는 기술과, 언제 어디서나 사용할 수 있는 어학과, 가장 중요한 하나님의 말씀을 가르칩니다. 하나님을 향한 신앙을 최우선으로 가르칩니다.

좋은 집이나 물질보다 더 중요한 것은, 이 세상의 모든 것을 주관하시고 다스리시며 축복의 근원이 되시는 하나님을 향한 믿음입니다. 믿음의 조상들은 모두 이 믿음을 축복으로 남겼습니다. 아브라함은 이삭에게, 이삭은 야곱에게, 야곱은 요셉과 그의 아들들에게 믿음의 유산을 축복으로 남겼습니다. 이들은 모두 세상을 떠날 때에 자손들에게 하나님을 온전히 믿고 의지하도록 축복했습니다. 믿음의 사람 여호수아 역시 그의 자손들에게 믿음으로 살도록 간곡히 부탁했습니다.

"그러므로 이제는 여호와를 경외하며 성실과 진정으로 그를 섬길 것이라 너희의 열조가 강 저편과 애굽에서 섬기던 신들을 제하여 버리고 여호와만 섬기라 만일 여호와를 섬기는 것이 너희에게 좋지 않게 보이거든 너희 열조가 강 저편에서 섬기던 신이든지 혹 너희의 거하는 땅 아모리 사람의 신이든지

너희 섬길 자를 오늘날 택하라 오직 나와 내 집은 여호와를 섬기겠노라"(여호수아 24:14~15)

　미국에 있는 달라스 신학교는 1924년경만 해도 빚으로 폐교의 위기에 처해 있었습니다. 그러나 이 학교를 설립한 루이스 쉐퍼 박사와 하나님의 사람들은, 언제나처럼 학장실 문을 잠그고 이 학교를 처분할 것인지를 기도하기 시작했습니다. 그때 쉐퍼 박사의 곁자리에 해리 아이언사이드라는 유명한 하나님의 사람이 이런 기도를 했습니다. "주님, 당신은 모든 산과, 모든 언덕과, 그리고 모든 가축들을 소유하고 계시는 부자가 아니십니까? 그 가축들 중 얼마를 팔아서 그 돈을 보내주시어, 이 학교의 빚을 무사히 갚고 학생들을 계속 양육할 수 있도록 도와주시옵소서." 이러한 기도가 계속되고 있는 동안에 이상한 일이 일어났습니다. 달라스 카우보이의 모자와 구두를 신은 어떤 사람이 서무실로 들어오더니 말했습니다. "저는 달라스의 카우보이입니다. 저는 오늘 시장에 가서 마차 두 대에 가득 실은 가축을 다 팔았습니다. 저는 그 돈으로 다른 데 투자할 생각이었습니다. 그런데 왠지 이것을 더욱 보람 있는 일에 사용해야겠다는 생각이 들어 이 돈을 기부하기로 결심했습니다. 이 돈을 받아주십시오." 서무실의 아가씨는 영문도 모른 채 황급히 그 돈을 들고 학장실로 뛰어들자마자 이제 막 "예수님의 이름으로 기도합니다."라는 소리가 들렸습니다. 그 수표를 받아든 쉐퍼 박사는 아이언사이드 박사의 어깨를 툭 치며 이렇게 말했습니다. "목사님, 주님께서 방금 가축을 팔아서 이 수표를 보내주셨습니다."

우리는 이런 믿음을 자손들에게 축복으로 물려주어야 합니다. 우리도 이삭처럼 우리의 자녀들에게 믿음으로 축복하는 성도가 됩시다.

2. 이삭은 믿음으로 순종하는 삶을 보여주었습니다

성경은 이삭이 믿음의 사람임을 기록하고 있습니다. 이삭의 생애 가운데 가장 극적인 사건은 바로 모리아산에서의 순종입니다. 하나님은 아브라함에게 그가 백세에 낳은 아들인 이삭을 번제로 드리라고 하셨습니다. 아브라함은 그 명령을 받았을 때에 즉각 순종하여 아들 이삭을 하나님께 바치려고 모리아산으로 데리고 갔습니다. 이삭은 모리아산을 오를 때에 하나님께 바칠 짐승이 없는 것에 대해 아버지께 물었습니다. 아버지는 그 물음에 '하나님께서 준비하실 것' 이라고 대답했습니다. 이제 모리아산 정상에 올라간 부자(夫子)는 메고 갔던 나무를 바위 위에 벌려놓고 희생제사를 드릴 모든 준비를 마쳤습니다. 그리고 아버지 아브라함이 하나님께 받은 명령을 그 아들 이삭에게 했습니다. '사랑하는 아들아, 네가 산을 오를 때에 희생에 쓸 양은 어디 있느냐고 내게 물었지? 내가 네게 하나님께서 친히 준비하실 것이라고 대답하지 않았느냐? 하나님께서 받으실 양이 바로 너다. 하나님께서는 너를 희생의 번제물로 받으시기를 원하신다.' 이때 이삭은 어떤 반응을 보였습니까? 그는 자기의 눈앞에 닥친 그 엄청나고 기막힌 현실 앞에서 아버지의 명령에 순종함으로 하나님께 순종한 믿음의 아들로 인정받게 됩니다. 죽음 앞에서도 하나님의 명령이라는 아버지의 말에 아들로서 순종한 이삭의 순종의 믿음은 성경 그 어디에서도 찾을 수 없는 귀한 믿음입니다.

우리는 어떻습니까? 하나님은 아브라함에게 이삭을 선교사로 보내라고 하지 않으셨습니다. 부모들은 자녀들이 선교사로 가는 것을 만류하는 경우가 많습니다. 멀리 보내기 싫어하는 마음과, 위험한 곳에서 고생하는 것이 안쓰러워서일 것입니다. 그런데 하나님은 아브라함에게 말씀하시기를 100세에 낳은 아들 이삭을 선교사가 아닌 번제로 바치라고 하셨습니다. 아브라함은 즉각 순종했습니다. 하나님께서 하라셨기 때문에 그대로 순종한 것입니다. 얼마나 귀한 믿음입니까? 그런데 더 귀한 것은 이삭의 믿음입니다. 이삭은 생각할 여유도 없이 즉시로 하나님께 바쳐야 할 상황입니다. 이 때에 만일 이삭이 반항을 했다면 어떻게 되었겠습니까? 그가 반항하며 아버지에게 달려들었다면 늙은 아브라함의 힘으로는 감당할 수 없었을 것입니다. 그러나 이삭은 순종했습니다. 이것이 이삭의 믿음의 위대성입니다. 이삭의 순종의 믿음이 귀하다는 것은 그 순종에 한계가 없었다는 것입니다. 아버지 아브라함의 믿음도 훌륭하지만 그 아들 이삭의 순종 역시 위대한 믿음입니다. 이삭은 자신의 뜻을 바로 꺾고 하나님께서 아버지를 통해 주신 그 명령에 순종했습니다. 이삭은 순종의 사람이었습니다. 그의 믿음의 특징은 순종입니다. 아버지가 자기의 종 엘리에셀을 고향 친척집으로 보내어 아내 리브가를 선택하여 왔을 때에도 순종했습니다.

순종은 참으로 귀하고 소중한 것입니다. 하나님의 말씀에 순종하는 것은 귀하고 아름답습니다. 이 이삭의 순종은 예수 그리스도의 모형으로 나타납니다. 예수님은 우리 죄인들을 구원하시기 위해 십자가를 지시고, 모든 고난을 다 받으셨으며 생명까지 내어 주셨습니다. 우리의 모든 죄를 대신하여 십자가를 짊어지시고 구속을 이루셨습니다. 전적으로 아버지의 뜻에 순종하셨습니다. 성경은 말씀합니다. "우리는 다 양 같아서 그릇 행하며 각기 제 길로 갔거늘 여호와께서는 우리 무리의 죄악을 그에게 담당 시키셨도다"(이사야 53:6) 그리고 주님은 겟세마네 동산에서 마지막으로 기도하셨습니다. "내 아버지여 만일 할 만하시거든 이 잔을 내게서 지나가게 하옵소서 그러나 나의 원대로 마옵시고 아버지의 원대로 하옵소서"(마태복음 26:39)

우리는 이삭의 순종하는 믿음을 본받아야 합니다. 이삭은 자신의 뜻을 꺾고, 하나님께서 아버지를 통해 주신 그 명령에 순종했습니다. 우리도 하나님의 말씀에 순종하는 삶을 살아야 합니다. 우리도 자녀들에게 하나님의 말씀에 순종하는 법을 가르쳐 주어야 합니다.

우리도 순종하지 않는 것은 아닙니다. 하나님의 말씀에 순종할 때에 하나님의 능력이 나타납니다. 그런데 왜 우리에게는 믿음의 능력이 없습니까? 순종을 하되 온전히 순종하지 않고, 항상 자신의 뜻을 따라 순종하고, 언제나 자신의 주관에 따라 해석하고 견주어 보고 순종하기 때문입니다. 이 순종에는 한계가 있습니다. 전능하신 하나님의 능력이 나타날 수 없습니다.

우리는 이삭의 순종의 믿음을 본받아야 합니다. 우리 가정은 순종하는 가정이 되어야 합니다. 우리의 자녀들도 순종하는 자녀들이 되어야 합니다. 우리 교회도 순종하는 교회가 되어야 합니다. 순종할 때 하나님의 역사가 나타났습니다.

홍해 바다가 어떻게 하여 육지처럼 갈라졌습니까? 모세가 하나님의 말씀에 순종하여 지팡이를 바다를 향해 내밀 때입니다. 요단강은 어떻게 갈라졌습니까? 하나님의 말씀을 따라 제사장들이 언약궤를 짊어지고 요단강 속으로 순종하여 들어갔을 때였습니다. 여리고성은 어떻게 무너졌습니까? 하나님의 명령에 따라 하루에 한 바퀴씩 돌고, 일곱째 날에는 일곱 바퀴를 돌고, 큰 소리를 외쳤을 때 큰 성 여리고가 무너졌습니다. 순종할 때 하나님의 역사가 나타났습니다.

우리도 하나님께서 명령하실 때 즉각적으로 순종해야 합니다. 이삭은 평범한 사람이지만, 순종함으로 믿음의 위인이 되었습니다. 때때로 우리 하나님은 하나님의 사람들을 통해 내가 순종해야 할 하나님의 뜻을 전해 주십니다. 그때 잘 분별해야 합니다. 그러나 하나님의 뜻이라면 즉시 순종하는 사람을 하나님은 기뻐하십니다. 어리석어 보이고 분별력이 없어 보여도 단순한 마음으로 순종하는 자를 하나님은 사용하십니다. 우리는 순종하는 신앙을 우리의 자손들에게 보여주어야 합니다.

루마니아의 푸로레스코 목사가 공산당에게 잡혀 옥에 갇히게 되었습니다. 그가 심한 고문에도 끝까지 굴하지 않고 예수를 믿겠다고 하자, 공산당들은 목사를 회유시키기 위해 비인도적인 방법을 사용했습니다. 그의 11세 되는 아들을 그의 앞에서 발가벗겨 거꾸로 매달아 놓고, 끓는 물을 코에 붓는 등 차마 눈뜨고 볼 수 없는 고문을 가했습니다. 푸로레스코 목사는 자기가 고문을 당하는 것은 견딜 수 있었으나, 아들이 고문당하며 죽어 가는 모습은 볼 수 없었습니다. 그래서 예수님을 모른다고 말하려는데 고문당하던 아들이 외쳤습니다. "아버지, 조금만 참으세요. 나는 배신자가 된 아버지를 내 아버지로 모시고 싶지 않아요." 푸로레스코 목사는 아들의 이 말에 용기를 얻었습니다. 그리고 힘을 내어 끝까지 공산당에게 항거했습니다.

평안할 때 예수를 믿는 것은 누구나 할 수 있습니다. 그러나 어려울 때 예수를 믿는다는 것은 누구나 할 수 있는 일이 아닙니다. 주님은 말씀하셨습니다. "좁은 문으로 들어가라 멸망으로 인도하는 문은 크고 그 길이 넓어 그로 들어가는 자가 많고 생명으로 인도하는 문은 좁고 길이 협착하여 찾는 이가 적음이니라"(마태복음 7:13~14)

우리는 어떠한 환경에 처해도 예수님을 시인할 수 있겠습니까? 순종하는 믿음이 귀합니다. 순종으로 하나님을 기쁘시게 하시기를 바랍니다. 재능이 부족하고 가난하고 모자라도 하나님은 채워주십니다. 단 하나님은 즐겨 순종하는 자를 찾으십니다. 순종하는 믿음을 가진 이삭의 후손을 통해 메시아가 나셨습니다.

우리 하나님은 지금도 순종하는 믿음의 사람을 찾으시고 사용하십니다. 우리도 순종하는 믿음의 사람이 되어 주님 앞에 쓰임 받는 성도가 되고, 순종하는 믿음의 사람으로 하나님의 역사를 체험하는 성도가 됩시다.

3. 믿음으로 이삭은 하나님의 뜻에 따라 축복했습니다

이삭이 늙었을 때에 앞이 보이지 않았다고 성경은 말씀합니다. 그의 육안뿐 아니라 영안도 많이 흐려졌습니다. 그래서 그는 큰 실수를 할 뻔했습니다. 이삭에게는 쌍둥이 아들 에서와 야곱이 있었습니다. 이삭은 들 사람 에서를 야곱보다 더 좋아했습니다. 이삭은 에서가 사냥한 고기를 요리해 먹는 것을 늙어서의 낙으로 삼았습니다. 한마디로 육신의 사람이 되었습니다. 그래서 이삭은 그 아들 에서에게 장자권의 축복을 주려고 했습니다. 이것은 하나님의 뜻에 어긋나는 행위입니다.

　하나님은 그의 쌍둥이 아들들이 태어나기도 전에 뜻을 계시하셨습니다. "이삭이 그 아내가 잉태하지 못하므로 그를 위하여 여호와께 간구하매 여호와께서 그 간구를 들으셨으므로 그 아내 리브가가 잉태하였더니 아이들이 그의 태 속에서 서로 싸우는지라 그가 가로되 이같으면 내가 어찌할꼬 하고 가서 여호와께 묻자온대 여호와께서 그에게 이르시되 두 국민이 네 태중에 있구나 두 민족이 네 복중에서부터 나누이리라 이 족속이 저 족속보다 강하겠고 큰 자는 어린 자를 섬기리라 하셨더라"(창세기 25:21~23) 이것은 하나님의 분명한 계시였습니다. 큰아들보다 작은아들 야곱을 더 크게 사용하신다는 말입니다. 그런데 이삭은 이 사실을 확실히 믿지 못했습니다. 반면, 그의 아내 리브가는 형 에서보다 야곱을 더 사랑했습니다. 이것은 하나님의 뜻이 야곱을 통하여 계승된다는 것을 리브가는 알았기 때문입니다. 그러나 이삭은 이것을 알았지만 육욕에 어두웠습니다. 생애 마지막으로 가장 중요한 메시아의 축복을 남길 거룩하고 중요한 순간에 기도하며 하나님의 뜻을 따르기

보다 자신의 단순한 이기적인 의지를 따라 축복하려고 했습니다.

우리에게도 이런 일들이 일어날 수 있습니다. 우리가 조심해야 할 것은 바로 주관적인 신앙생활입니다. 하나님의 말씀을 알면서도 그대로 순종하지 않고 불순종하려고 한다는 사실입니다. 하나님께 약속을 받은 아브라함조차도 하나님의 약속이 이루어지기까지 깊은 의심을 하며 자신의 주관을 좇아 행했습니다. 이삭도 하나님의 뜻을 어기고 야곱이 아닌 에서에게 축복하려고 자기가 좋아하는 고기를 잡아 요리해 달라고 했습니다. 이 사실을 알게 된 어머니 리브가는 야곱에게 형 에서인 것처럼 위장하여 아버지의 축복기도를 대신 받도록 했습니다. 그런데 야곱이 아버지의 축복기도를 받고 막 떠나고 에서가 들어왔을 때 이삭은 자신이 속은 것을 깨닫고 심히 놀랐습니다. 그때의 반응이 창세기 27장 33절에 기록되어 있습니다. "이삭이 심히 크게 떨며 가로되 그런즉 사냥한 고기를 내게 가져온 자가 누구냐 너 오기 전에 내가 다 먹고 그를 위하여 축복하였은즉 그가 정녕 복을 받을 것이니라" 이삭이 놀라는 순간 그는 하나님의 뜻을 알았습니다. 이제 이삭은 자신의 육신적인 뜻을 극복하고 하나님의 뜻을 따릅니다. 이것이 이삭의 생(生)에 있어서 하나의 위대한 믿음의 행위입니다. 이삭은 큰아들 에서에게 축복하려고 했으나 야곱을 축복하고 말았습니다. 그때 그는 자신의 의지와 계획과 육신적인 도모와는 달리

하나님께서 야곱에게 축복을 베푸셨다는 사실을 깨달았습니다. 리브가와 야곱의 속임수가 옳은 것은 아니지만, 하나님은 당신의 뜻을 정확하고 당당하게 이루고 계심을 깨달았습니다. 그래서 그는 비록 그것이 자신의 의지와는 달랐을지라도 하나님의 뜻인 줄 알 때에 마침내 순종하게 되었습니다. 그래서 그는 야곱을 불러놓고 다시 한번 축복했습니다. 그것은 하나님의 뜻대로 올바르게 한 축복입니다. "이삭이 야곱을 불러 그에게 축복하고 또 부탁하여 가로되 너는 가나안 사람의 딸들 중에서 아내를 취하지 말고 일어나 밧단아람으로 가서 너의 외조부 브두엘 집에 이르러 거기서 너의 외삼촌 라반의 딸 중에서 아내를 취하라 전능하신 하나님이 네게 복을 주어 너로 생육하고 번성케 하사 너로 여러 족속을 이루게 하시고 아브라함에게 허락하신 복을 네게 주시되 너와 너와 함께 네 자손에게 주사 너로 하나님이 아브라함에게 주신 땅 곧 너의 우거하는 땅을 유업으로 받게 하시기를 원하노라"(창세기 28:1~4)

우리 하나님은 구원역사를 인간에게 맡기지 않으십니다. 하나님은 우리가 잘못된 길로 갈 때에 돌이키게 하시고 바른 길로 인도하십니다. 성경은 말씀합니다. "사람이 마음으로 자기의 길을 계획할지라도 그 걸음을 인도하는 자는 여호와시니라"(잠언 16:9) 사람이 마음으로 자기의 길을 계획할지라도 그 걸음을 인도하시는 자는 여호와이심을 믿으시기 바랍니다. 그러므로 우리는 항상 하나님의 뜻에 귀를 기울여야 합니다. 우리 스스로가 뜻을 세워 인간의 뜻이 관철되었더라도 그것이 하나님이 보시기에는 무모하게 시간만 낭비한 일이 될 수 있고, 결국 많은 것을 잃게 된다는 사실을 기억해야 합니다. 그러므로 우리는 하나님의 뜻을 끝까지 순종해야 합니다.

믿음으로 사는 사람에게 중요한 것은, 분명한 하나님의 뜻임을 알았을 때 어떤 반응을 보이느냐입니다. 하나님의 뜻에 순종할 때 그것은 복된 걸음이 되고, 거기에 반항하는 것은 복되지 못한 걸음이 됩니다. 이삭은 하나님의 뜻을 알았을 때 자기의 마음대로 하지 않고 즉각 순종했습니다. 하나님의 뜻대로 돌아섰습니다. 오늘날 이삭과 같은 믿음을 가진 사람이 많지 않습니다. 하나님은 비록 평범한 이삭이지만 이 이삭을 통해 일하셨습니다. 왜냐하면 그가 하나님의 말씀대로 순종하는 믿음을 가졌기 때문입니다.

우리도 이삭처럼 영원하시며 불변하신 하나님의 뜻 앞에 우리 자신의 뜻을 내려놓을 수 있어야 합니다. 하나님께서 나 자신의 생각과 전혀 다른 그 어떤 것을 명령하셔도 순종할 수 있어야 합니다. 우리는 우리 자신의 지식과 생각으로 하나님의 뜻을 완전히 이해 할 수 없을 때가 많습니다. 그러나 하나님의 말씀이라면 우리는 믿고 순종해야 합니다. 이것이 믿음의 사람이 가져야 할 자세입니다. 그때 하나님의 역사가 일어납니다.

어거스틴이 삼위일체 교리를 이해할 수 없어 계속 바닷가를 거닐며 고민했습니다. 그런데 자기 앞에 한 어린이가 장난하며 놀고 있었습니다. 자세히 보니 조개껍질로 바닷물을 퍼서 자기 앞에 파놓은 조그마한 구멍에 붓는 일을 반복하고 있었습니다. 어거스틴이 물었습니다. "너 왜 이런 짓을 하고 있니?" 어린이가 대답했습니다. "바닷물을 다 퍼서 여기 넣을 것입니다." 이때 어거스틴은 깨달았습니다. 그는 "내가 어리석은 생각을 했구나!' 하고 그 후부터는 일절 삼위일체에 대해서 의심하지 않기로 했습니다. 어거스틴이 바닷가에서 보았던 것은 환상이었습니다.

어떻게 조개껍질로 바닷물을 다 담을 수 있겠습니까? 너무나 어리석은 일입니다. 마찬가지입니다. 우리의 지식으로 어떻게 하나님의 깊고 오묘한 뜻을 다 알 수 있겠습니까? 너무나 작고 좁은 그 마음으로 어떻게 하나님의 크시고 영광스런 뜻을 다 이해할 수 있겠습니까? 우리가 할 일은, 의심하지 말고 오직 믿음으로 믿는 일입니다. 이삭은 하나님의 뜻을 알았을 때 자신의 뜻을 포기하고 하나님의 뜻을 그대로 믿고 순종했습니다. 우리의 지성이나 판단이 다 충족된 다음에 무엇을 하겠다는 어리석은 생각은 하지 맙시다.

선지자 엘리야는 순종의 본을 보여주었습니다. 그는 목숨을 걸고 악한 왕 아합에게 하나님의 메시지를 전달했습니다. 그러나 하나님이 '이제 그만 하고 숨으라' 고 하실 때 그는 그릿 시냇가로 갔습니다. 곧 말라버릴 가뭄에 대한 아무런 보장이 없는 그런 평범한 냇가였습니다. 그러나 엘리야는 즉시 순종했고, 하나님은 그 순종에 보답하셨습니다. 아침과 저녁에 까마귀가 떡과 고기를 날라다 주었습니다. 하나님에게는 얼마든지 가능한 일입니다. 우리가 순종만 하면 나머지는 하나님이 다 책임져주십니다. 하나님은 까마귀를 동원하는 초자연적인 역사를 통해서라도 책임지셨습니다. 까마귀가 엘리야를 먹인 것이 아니라 그 까마귀의 하나님이 엘리야와 세운 약속대로 엘리야를 책임지신 것입니다. 그때 까마귀를 사용하셨던 하나님은 오늘도 우리의 삶 속에서 역사하십니다. 우리가 순종하면 지금도 하나님은 초자연적인 방법으로 역사하십니다. 내가 해야 할 책임을 다 할 때 하나님도 하나님이 하실 책임을 다 하십니다.

한 흑인 설교자가 '순종의 의무' 라는 제목으로 설교하면서 한 말입니다. "만일 주님께서 성경을 통해 내가 돌담을 뛰어넘어 가야 한다고 말씀하신다면, 나는 그대로 순종할 것이다. 이는 뛰는 것은 내가 할 일이고, 넘게 되는 것은 하나님께 속한 일이기 때문이다." 모세는 홍해를 건너라는 명령을 받았습니다. 그의 의무는 순종이었고, 하나님의 약속은 구원이었습니다.

선교사 존 윌리엄스는 가장 높은 산도 무너뜨릴 수 있는 두 개의 짧은 단어가 있다고 말한 적이 있습니다. 그것은 '시험하다' 와 '믿으라' 는 단어입니다. 처음에는 모세가 이 두 단어의 용도를 몰랐으나 나중에 하나님이 가르쳐 주셨습니다. 선원은 어둡고 거친 수면을 볼 것이 아니라, 북극성이 빛나고 있는 맑고 푸른 창공을 봐야 한다는 가르침을 받지 않으면 안됩니다. 모세는 거세게 파도치는 애굽의 진노의 바다를 응시했고, 하나님은 그에게 시선을 하늘로 향하라고 가르쳐 주셨습니다. '하늘로 향하고 시험하고 믿으라. 너와 함께 하는 하나님이 너에게 적대하는 모든 것보다 위대하다.' 고 가르쳐 주셨습니다. 이유를 묻지 말고 무조건 순종해야 한다는 것을 잊으면 안됩니다. 루터는 "나는 이적을 행하기보다는 순종하고 싶다."고 말했습니다.

순종이란 하나님의 명령을 이행하며, 그의 뜻을 따르며, 나 자신을 하나님의 통치에 맡기는 것입니다. 그 순종의 대가는 기쁨과 평안입니다. 그러나 우리 안에는 죄 된 옛 성품이 남아 있어 쉽게 순종하지 못하도록 합니다. 그럼에도 불구하고 우리는 순종해야 합니다. 믿음으로 이삭은 자녀들을 축복했습니다. 믿음으로 이삭은 하나님의 말씀대로 순종했습니다.

우리가 하나님의 말씀에 순종하면 그 순종이 우리를 주님 안에서 풍성한 삶을 누리게 합니다. 우리는 이렇게 기도합시다. "주님, 우리도 이삭처럼 믿음으로 순종하게 하소서. 마귀가 저희의 귀에 대고 불순종의 유익함에 대해 속삭일 때, 순종의 삶을 사셨던 주님과 주의 신실한 종들의 모습을 기억하게 하시옵소서. 그리고 우리가 순종하는 그 순간 하나님께서 일하신다는 것을 알고 믿게 하소서." 아멘.

8

믿음으로 야곱은
(히브리서 11:21)

²¹믿음으로 야곱은 죽을 때에 요셉의 각 아들에게 축복하고 그 지팡이 머리에 의지하여 경배하였으며

8

믿음으로 야곱은

■ 히브리서 11:21

 평생을 신앙으로 살아온 한 어머니가 네 명의 아들이 지켜보는 가운데 임종을 맞이하게 되었습니다. 그 어머니는 사랑하는 자녀들을 쳐다보며 마지막으로 작별인사를 해달라고 했습니다. 그리고 첫째, 둘째, 셋째 아들들에게 차례로 "얘야, 엄마에게 굿나잇 키스를 해다오." 하고 말했습니다. 그러나 막내아들 앤디에게는 "앤디야, 엄마에게 굿바이 키스를 해다오." 했습니다. 그러자 막내아들은 이상해서 어머니에게 물었습니다. "어머니, 왜 형들에게는 굿나잇 키스를 하게 하고, 나에게는 굿바이 키스를 하라는 거예요?" 그때 어머니는 가슴속 깊이 묻어두었던 말을 했습니다. "앤디야, 너희 형들은 이제 머지않아 저 천국에서 다시 만나게 되지만, 이제 너와는 영원한 이별을 하는구나! 이 엄마는 너에게 예수 그리스도를 믿는 진리를 여러 번 간곡히 가르쳤지만 너는 끝내 거절했어. 나는 다시는 너를 만날 수 없기 때문에 너와는 굿바이 키스를 하는 거란다." 어머니의 이 유언 같은 말은 결국 앤디로 하여금 구원의 길인 예수를 영접하여 굿나잇 키스를 하도록 만들었습니다.

오늘 우리는 믿음의 사람 야곱의 마지막 장면을 봅니다. 그는 신앙인의 마지막이 어떠해야 하는지를 우리에게 가르쳐 줍니다. 야곱은 믿음으로 살았고, 믿음으로 축복했고, 믿음으로 죽었습니다.

1. 믿음으로 야곱은 죽음을 맞이했습니다

"믿음으로 야곱은 죽을 때에"
(히브리서 11:21)

죽음은 우리의 인생을 마무리하는 순간입니다. '한 평생을 어떻게 잘 마무리하느냐'는 것은 아주 중요한 일입니다. 야곱은 파란만장한 인생을 살아 온 사람입니다. 야곱처럼 약점과 허물이 많은 사람도 드뭅니다. 야곱은 날 때부터 자기 형 에서와 갈등을 가지고 태어났습니다. 그의 이름 야곱은 '발뒤꿈치를 잡았다', '간사하다'는 의미가 있습니다. 쌍둥이로 태어난 그가 늘 그의 형 에서에게 장자권을 빼앗긴 것을 억울해 하며 축복 받기를 원하는 마음을 가지고 있었습니다. 그러다가 결

믿음으로 야곱은 157

국 어리석은 형 에서로부터 팥죽 한 그릇을 주고 장자권을 빼앗았습니다. 그러자 자기를 죽이려 하는 에서를 피하여 멀리 하란에 있는 외삼촌의 집에까지 피난을 하게 되었습니다. 거기서 그는 사랑하는 아내 라헬을 얻기 위해 외삼촌 라반에게 14년을 봉사했습니다. 그리고 자기 재산을 얻기 위해 모든 꾀와 수단을 동원하여 거부가 되어 고향으로 돌아오게 되었습니다. 돌아오는 도중에 군사를 이끌고 추격하는 라반에게 하나님께서 두려움을 주심으로 극적으로 화해하게 됩니다. 그리고 그가 돌아온다는 소식을 들은 형 에서가 400명의 군사를 이끌고 달려온다는 소식을 듣고 야곱이 긴장하게 됩니다. 고민 끝에 그는 가족들을 강 건너편으로 보내고 형 에서에게 선물 공세를 했습니다. 1진에 이어 2진을 보냈습니다. 그러나 그는 불안하고 잠이 오지 않아 얍복강에서 하나님께 밤새도록 기도했습니다. 결국 하나님은 "이제 네 이름을 야곱이라 하지말고 이스라엘이라 하라"고 그에게 축복하셨습니다(창세기 32:28). 그리고 형 에서의 마음을 감동시키므로 두 형제는 20년 만에 화목을 이루었습니다. 그 후 그는 하나님 앞에서 언약을 받고 서원한 곳 벧엘로 바로 올라가지 않고 이방인의 땅 세겜에 있다가 딸 디나가 세겜 추장의 아들에게 강간을 당하는 일이 일어났습니다. 이렇게 되자 그의 오빠 시므온과 레위가 "할례를 받으면 우리가 서로 통혼하고 거래를 할 수 있다."고 그 땅 사람들을 속였습니다. 욕심이 많은 그 성 사람들이 할례를 받아 고통 중에 있을 때 습격하여 모두 죽여버렸습니다. 야곱은 이 사실을 그들의 종족들이 알게 되면 분명히 대군을 이끌고 쳐들어오게 될 것을 알았습니다. 이때 그는 예전에 어려움을 당할 때 나타나시어 축복해 주셨던 벧엘로 올라가기를 결단하고 다시 출발합니다.

그 후 그는 사랑하는 아내 라헬을 먼저 보냈습니다. 그리고 요셉의 형제들은 그토록 사랑했던 아들 요셉을 시기하여 애굽으로 팔아버리고 짐승에 물려죽었다고 거짓말을 했습니다. 울면서 애통해 하던 그 세월이 지나자, 죽었던 아들 요셉이 애굽에서 총리가 되어 아버지를 모시게 되었습니다. 그러자 야곱은 그는 기뻐 즐거워하며 노구를 이끌고 애굽으로 이민을 떠나 꿈에도 그리던 아들 요셉을 만났습니다. 그리고 그는 그의 인생의 죽음을 믿음으로 맞이하게 됩니다. 그는 수많은 난관과 약점을 넘어 최후의 승리로 인생을 다무리하게 됩니다. 그는 믿음으로 죽음을 준비했고, 믿음으로 인생을 마무리했습니다.

그러나 우리가 사는 이 세상에는 죽음에 실패한 사람들이 많습니다. 그러나 인생을 잘 마무리하며 성공적으로 살다가 가는 사람은 그리 많지 않습니다. 가장 큰 실패는 예수 그리스도를 믿지 못하고 세상을 떠나는 것입니다.

쇼펜하우어가 많은 사람들 앞에서 열심히 소리쳤습니다. "여러분, 인생은 참으로 따분하고, 괴로움과 시기와 질투와 미움으로 가득 차 있습니다. 세상에는 가난과 질병으로 가득 차 있습니다. 죽음만이 유일하게 평안을 줍니다. 죽음이 그토록 평안한 것인 줄을 모르고 모두 이 죽음을 겁내고 있습니다." 그런데 그의 마을에 전염병이 만연하여 사람들이 하나 둘 죽어가자 제일 먼저 그곳을 피한 사람이 쇼펜하우어였다고 합니다. 후에 그의 친구가 죽음이 그렇게 무섭느냐고 묻자, "그 전염병이 무서워 죽겠더라."고 하더랍니다.

출발은 좋았지만 마지막이 좋지 않은 사람도 있습니다. 바로 이스라엘의 왕 사울입니다. 그는 불신앙으로 인생을 마쳤습니다. 그리고 엘리 제사장 역시 출발은 좋았으나 마지막은 아름답지 못하게 끝났습니다. 그러나 인생의 마지막을 아름답게 믿음으로 마무리 한 사람들도 있습니다.

아이젠하워 전 미국 대통령이 임종을 맞이할 때였습니다. 빌리 그래함 목사가 30분간의 면회를 마치고 나오려 하자, 아이젠하워가 빌리 그래함 목사의 손을 잡으며 조금 더 머물다 가라고 했습니다. "하실 말씀이 있으십니까?" 하고 묻자, 그는 이렇게 말했습니다. "하나님을 어떻게 만나야 할지 제게는 확신이 없습니다. 도와주십시오. 이 아이젠하워의 마지막 부탁입니다." 빌리 그래함 목사는 자기 주머니에서 성경을 내어 어떻게 죄 사함을 받을 수 있으며, 어떻게 하나님의 자녀가 될 수 있는지에 대해 진지하게 설명해 주었습니다. "선행으로 구원받는 것이 아닙니다. 우리의 어떤 업적으로 하나님 앞에 갈 수 있는 것이 아닙니다. 우리의 어떤 노력으로도 죄 문제를 해결할 수 없기 때문에 하나님께서 독생자 예수 그리스도를 보내주셨습니다. 내 모든 지나간 날의 죄를 회개하고 예수 그리스도를 나의 구주와 주님으로 영접하는 그 순간, 그분을 믿는 그 순간, 당신은 하나님의 자녀가 될 수 있습니다." 빌리 그래함 목사의 인도로 그분은 예수 그리스도를 구주와 주님으로 영접했습니다. 함께 기도가 끝났을 때, 아이젠하워가 마지막 말을 남겼습니다. "빌키, 감사하오. 나는 이제 준비가 되었소."

앞서 간 믿음의 사람들은 모두 믿음으로 인생을 마무리했습니다. 믿음의 사람 요셉은 그의 아들과 그의 자손들에게 하나님을 의지하도록 부탁하고 복된 죽음을 맞이했습니다. 믿음의 사람 모세도 그의 마지막을 잘 마무리하고, 하나님께서 인도하시는 길을 따라 산으로 올라갔습니다. 그리고 믿음의 왕 다윗도 그의 아들 솔로몬에게 아름다운 유언을 남기고 죽음을 준비했습니다. 다윗이 죽을 날이 임박하매 그 아들 솔로몬에게 명하여 가로되 내가 이제 세상 모든 사람의 가는 길로 가게 되었노니 너는 힘써 대장부가 되고 네 하나님 여호와의 명을 지켜 그 길로 행하여 그 법률과 계명과 율례와 증거를 모세의 율법에 기록된 대로 지키라 그리하면 네가 무릇 무엇을 하든지 어디로 가든지 형통할지라 여호와께서 내 일에 대하여 말씀하시기를 만일 네 자손이 그 길을 삼가 마음을 다하고 성품을 다하여 진실히 내 앞에서 행하면 이스라엘 왕위에 오를 사람이 네게서 끊어지지 아니하리라' 하신 말씀을 확실히 이루게 하시리라'(열왕기상 2:1~4) 얼마나 아름다운 죽음입니까? 믿음의 사람은 믿음으로 당당하게 죽음을 맞이합니다.

야곱은 믿음으로 복된 죽음을 맞이하고 있습니다. 야곱의 믿음에서 우리가 배워야할 것은 신앙의 모습은 죽음을 통해서 그 신앙이 간증 되어야 한다는 것입니다.

믿음에는 고목이 아닌 거목이 되어야 합니다. 믿음으로 사는 것도 어렵지만 믿음으로 죽는 것도 쉽지 않습니다. 믿음으로 사는 것과 믿음으로 죽는 일은 분리할 수 없습니다. 믿음으로 살아온 사람만이 믿음으로 죽을 수 있습니다. 믿음의 선진들을 볼 때에 믿음으로 살다가 믿음으로 간 사람들이 많습니다. 그러므로 우리는 항상 믿음으로 우리의 인생을 마무리 할 수 있도록 준비해야 합니다.

어떤 분들은 젊을 때는 마음껏 세상과 즐기다가 인생의 마지막이 가까울 때, 즉 늙어서나 죽음 직전에 믿겠다고 하는 사람들이 있습니다. 지금은 너무 바빠서, 아니면 어떻게 세상의 재미를 끊을 수 있겠느냐고 합니다. 그러나 믿음으로 살지 않던 분은 늙음이 왔을 때에 믿음을 가질 수 없습니다. 그러나 우리는 바로 알아야 합니다. 믿음으로 살지 않던 사람이 갑자기 죽음이 닥쳐올 때에 믿음을 가질 수 있겠습니까? 평소에 믿음으로 살았던 자만이 믿음으로 당당하게 죽음을 맞이할 수 있습니다.

야곱은 믿음으로 살았으며 믿음으로 죽음을 맞이했습니다. 그는 성동자입니다. 그는 하나님의 약속을 바라보았습니다. 영원한 천국을 소망 삼고 믿음으로 죽음을 준비했습니다. 우리도 믿음으로 천국을 바라보면서 죽음을 준비하는 삶을 삽시다.

2. 믿음으로 야곱은 자손들을 축복했습니다

> "믿음으로 야곱은 죽을 때에 아들들에게 축복하고"
> (히브리서 11:21)

족장 야곱이 미래에 이루어질 하나님의 약속의 성취를 믿고 아들들에게 축복했습니다. 야곱은 자신의 임종이 가까웠을 때 요셉의 두 아들에게 축복합니다. 장자인 므낫세는 오른편에, 둘째인 에브라임은 왼편에 앉혔습니다. 그런데 야곱의 오른손을 에브라임의 머리 위에 얹고 먼저 축복을 합니다. 그러자 성경은 야곱이 눈이 어두워서 앞을 잘 보지 못했다고 합니다(창세기 48:10). 이때 요셉은 아버지의 눈이 어두워서인 줄 알고 말했습니다. "아버지 그리 마옵소서" 야곱이 대답했습니다. "나도 안다 아들아" 이때 요셉은 하나님의 뜻을 거역하지 않고 순종했습니다. 자기의 생각이나 상식에 맞지 않아도 자신을 하나님의 뜻에 복종시켰습니다. 이제 야곱은 예전에 자기의 뜻과 욕심대로 행하던 그 야곱이 아니라, 철저히 하나님 중심으로 뜻을 맞추는 성숙한 신앙인이었습니다. 그리고 그의 아들 요셉의 부탁도 거절하면서 하나님의 뜻을 이루어 갔습니다. 요셉이 어떤 아들입니까? 야곱이 누구보다도 사랑했고 그리워했고 믿었던 아들이 바로 요셉입니다. 그러니 아들 요셉의 말을 얼마나 들어주고 싶었겠습니까? 그러나 하나님의 뜻이 사람의 뜻보다 더 중요함을 깨달았습니다.

그리스도인들은 하나님의 뜻에 순종하는 사람이므로 자기의 뜻을 버려야 합니다. 우리는 먼저 하나님의 뜻인지 아닌지를 구별하는 것이 중요합니다. 주님의 기도는 어떠했습니까? "아버지여 내 뜻대로 마옵시고 아버지의 뜻대로 하옵소서"

우리는 항상 주님의 뜻을 생각하고 거기에 맞추어야 합니다. 이 세상을 향한 하나님 아버지의 뜻이 무엇이며, 나 개인의 삶을 향한 하나님의 뜻이 무엇입니까? 우리는 하나님의 뜻 앞에서 자기의 뜻을 꺾을 수 있는 능력 있는 믿음의 소유자가 되어야 합니다. 믿음의 능력은 자기를 부인하게 하는 것이요, 하나님의 뜻을 분별하여 순종하게 하는 것입니다. 야곱의 믿음의 절정은 요셉의 두 아들을 축복하는 현장으로 들어냈습니다. 이것은 믿음은 자신의 뜻을 버리는 것이요, 하나님의 뜻을 찾아 순종하는 것임을 알게 하는 것입니다. 무엇을 하든지 하나님의 뜻을 찾고 하나님의 뜻을 이루어 드리는 삶을 사는 것이 믿음입니다.

우리는 하나님의 뜻을 알기 위해 애쓰고 노력해야 합니다. 우리는 하나님에 대해서도 잘 알지 못하기 때문에, 그분이 하시는 일과 그 방법을 이해하지 못합니다. 그러므로 우리는 하나님의 뜻을 알기 위해서 성경을 알아야 합니다. 그리고 말씀과 끊임없는 기도를 통해 하나님에 대해 배우고, 그분과 진실한 교제를 나눌 수 있어야 합니다.

다음의 시는 하나님의 놀라운 섭리가 잘 묘사되어 있습니다.

> 주님, 저는 저의 빈 잔을 가지고
> 사막을 가로질러
> 당신께로 천천히 나아갔습니다.
> 그것은 저의 목마름을 시원하게 해 줄
> 물 한 방울을 얻기 위해서였습니다.
> 그러나
> 제가 주님을 제대로
> 알았더라면
> 커다란 양동이를 들고
> 뛰어갔을 것입니다.

이 시의 내용은 우리 모든 사람에게 해당됩니다. 우리가 하나님을 조금씩 더 알아갈수록 보다 더 그분을 신뢰할 수 있게 됩니다. 우리는 우리를 향하신 하나님의 뜻이 무엇인지 알아야 합니다. 하나님의 뜻을 바로 알기 위해 전적으로 주님을 신뢰하고 순종해야 합니다.

예수님은 우리에게 말씀하시기를 '자기를 부인하고 나를 좇으라'고 하셨습니다. 여기서 자기를 부인한다는 것은 자기 뜻을 내려놓고 하나님의 뜻을 취하는 것을 의미합니다. 자기의 뜻을 내려놓는다는 것은 매우 어려운 일입니다. 그것은 곧 내 자신을 포기한다는 뜻입니다. 예수님께서 겟세마네 동산에서 '내 뜻대로 마옵시고 아버지 뜻대로 되기를 원합니다.'라고 기도하신 것은 바로 자기 뜻을 부인하는 것입니다. 그러나 우리는 종종 내 뜻이 아버지의 뜻이라고 착각합니다. 십자군 전쟁 때에 모슬렘 교도를 죽인 교황의 명령이 그저 하나님의 뜻인 줄 알았습니다. 여기서 'Jesus Christ'라는 단어가 나오게 되었는데, 사람들이 모슬렘 사람을 찔러 죽이면서 'for Christ'라 외치며 찔러 죽였기 때문입니다.

많은 사람들은 종종 내 뜻이 주의 뜻인 양 확신하고 이루어 달라고 기도합니다. 우리는 그렇게 종종 내 뜻을 하나님의 뜻이라고 착각하고 살아갑니다. 우리 하나님은 자신의 뜻임을 알게 하시려고 좌절시키기도 하시고, 또한 나의 뜻을 포기하고 주의 뜻대로 하는 것이 얼마나 어려운지 철저하게 깨닫게도 하십니다. 우리는 그것을 배워야 참 그리스도인이 될 수 있고, 주의 일을 할 수 있습니다.

예수님은 산상수훈에서 말씀하셨습니다. 사람들이 "주여 주여 우리가 주의 이름으로 선지자 노릇하며 주의 이름으로 귀신을 쫓아내며 주의 이름으로 많은 권능을 행치 아니하였나이까" 하고 말했을 때 분명히 말씀하셨습니다. "나더러 주여 주여 하는 자마다 천국에 다 들어갈 것이 아니요 다만 하늘에 계신 내 아버지의 뜻대로 행하는 자라야 들어가리라"(마태복음 7:21) 하나님의 뜻대로 순종하는 사람이 바로 하나님의 뜻을 이루는 사람입니다. 기독교는 귀신을 쫓아내거나 방언을 하는 것이 아니라, 하나님 아버지를 좇는 것입니다. 그런 사람들이 바로 참 그리스도인이요, 참 종교인입니다.

여기서 강조하고 싶은 것은, 다만 아버지의 뜻대로 행하는 삶이 진정한 제자의 삶이라는 것입니다. 예수님이 이 땅에 사셨을 때, 그분은 자신의 뜻대로가 아니라 온전히 아버지의 뜻대로 사셨습니다. 항상 아버지의 뜻에 전적으로 나 자신을 쳐서 복종시키는 삶이 참 그리스도인의 삶입니다. 나의 결심이나 나의 뜻이 아닌 날 향한 아버지의 뜻이 무엇인지 알기 위해 노력하고 행해야 합니다. 세상이 변하고 흥망성쇠가 교차해도 우리 아버지의 뜻은 영원합니다. 그 뜻을 행하는 것만이 우리의 살길입니다.

"항상 기뻐하라 쉬지 말고 기도하라 범사에 감사하라 이는 그리스도 예수 안에서 너희를 향하신 하나님의 뜻이니라"(데살로니가전서 5:16~18) "항상 기뻐하라 쉬지 말고 기도하라 범사에 감사하라"는 우리를 향하신 하나님의 세 가지 뜻입니다. 어떻게 항상 기뻐하고, 쉬지 말고 기도하고, 범사에 감사할 수 있습니까?

1) 하나님의 뜻은 항상 기뻐하는 것입니다

어떻게 항상 기뻐할 수 있습니까? 여기서의 기쁨은 우리가 알고 있는 그런 것이 아닙니다. 여기서의 기쁨은 어떤 조건의 기쁨이 아니라 하나님과의 교제에서 오는 기쁨을 가리킵니다. 하나님을 기쁘게 하는 것이 아니라 '하나님을 기뻐하라' 는 것입니다. 오직 하나님 안에서 기쁨을 찾는 것, 그것이 '항상 기뻐하라' 는 의미입니다. 하나님을 즐거워하는 즐거움을 찾아야 합니다. 그것이 하나님의 뜻입니다.

2) 하나님의 뜻은 쉬지 말고 기도하는 것입니다

기도는 '자기를 쳐서 복종시키는 태도' 를 말합니다. 자기의 생각을 의지하지 말고 오직 하나님만 의지하며 사는 것입니다. 나의 힘의 능력의 근원은 오직 하나님께 있음을 잊지 마십시오. 자신과 사람과 세상을 의지하지 말고, 오직 하나님만이 우리가 진정 의지해야 할 한 분으로 알고, 언제든지 기도할 준비가 되어 있고, 언제든지 복종할 준비가 되어 있는 사람이 '쉬지 말고 기도하는' 사람입니다.

3) 하나님의 뜻은 범사에 감사하는 것입니다

아무리 슬프고 고통스런 일을 당해도 그 속에서 하나님의 뜻을 발견하는 것이 하나님의 뜻입니다. 믿음의 눈으로 보면 감사의 조건이 보입니다. 주님이 우리 삶의 주관자이심을 바라볼 때, 우리의 삶에 기쁨이 넘치게 됩니다. 우리 안에 하나님의 뜻이 바로 설 수 있기를 바랍니다. 아무리 힘들고 어려운 상황 속에서도 하나님의 뜻을 찾고 수고하는 여러분이 되시길 바랍니다.

우리가 하나님의 뜻을 행하기로 결심할 때 하나님은 우리에게 힘을 주십니다. 우리도 야곱처럼 믿음으로 내 뜻과 하나님의 뜻을 구별해서 하나님의 뜻을 따르는 성도가 됩시다.

3. 믿음으로 야곱은 마지막 순간에 예배드렸습니다

> "믿음으로 야곱은 죽을 때에 요셉의 각 아들에게 축복하고 그 지팡이 머리에 의지하여 경배하였으며"
> (히브리서 11:21)

이것은 야곱의 예배의 신앙을 보여줍니다. 야곱은 마지막 순간까지 하나님 앞에 예배드리는 믿음의 사람이었습니다. "그 지팡이 머리에 의지하여 경배하였으며"는 창세기 47장 31절(LXX)의 인용입니다. 맛소라 본문(MT)에는 "이스라엘이 침상 머리에서 경배하니라"로 기록되어 있습니다. ―저자가 인용하고 있는 본문은 70인역이므로 전자를 택하고 있습니다. —야곱이 그의 임종이 가까웠을 때 지팡이 머리에 의지하여 경배했다는 것은, 지상에서 '외국인과 나그네'(히브리서 11:9,13)처럼 살았던 그의 삶을 특징짓는 상징적인 의미가 함축되어 있습니다. 왜냐하면 히브리인들에게 있어서 지팡이는 순례자의 상징적인 물건으로 간주되었기 때문입니다.

야곱은 지금까지 자신의 인생을 신실하게 인도하신 하나님께 마지막 힘을 다해 경배하며 예배를 드렸습니다. 자신의 인생을 마무리하는 순간에 나의 인생을 인도하신 하나님 앞에 예배드리는 것은 너무도 중요하고 축복된 일입니다. 뿐만 아니라 하나님은 자신과 자신의 자손들에게도 축복해 주실 것을 믿고, 그 복의 근원이 되시는 하나님께 인생의 마지막 순간에 믿음으로 예배를 드리는 것입니다. 야곱은 하나님의 신실하신 약속을 기억하고 있습니다. 그가 아들 요셉이 애굽에 있다는 소식을 듣고 내려갈 것을 결단해야 할 때 하나님이 나타나셨습니다.

"밤에 하나님이 이상 중에 이스라엘에게 나타나시고 불러 가라사대 야곱아 야곱아 하시는지라 야곱이 가로되 내가 여기 있나이다 하매 하나님이 가라사대 나는 하나님이라 네 아비의 하나님이니 애굽으로 내려가기를 두려워 말라 내가 거기서 너로 큰 민족을 이루게 하리라 내가 너와 함께 애굽으로 내려가겠고 정녕 너를 인도하여 다시 올라올 것이며 요셉이 그 손으로 네 눈을 감기리라 하셨더라"(창세기 46:2~4) 하나님은 약속하신 대로 야곱을 애굽으로 인도하셨고, 그 아들 요셉을 통해 여생을 축복 가운데 평안히 보냈습니다. 그리고 지금 그 아들의 손에 마지막 임종을 맞이하고 있습니다. 그는 하나님의 크신 사랑과 은혜와 축복을 감사하며 마지막 예배를 드리고 있습니다. 야곱의 신앙은 마지막까지 주님을 찬송하며 주님께 예배드리는 신앙 고백적 아름다운 모습을 보여줍니다.

뿐만 아니라 야곱은 부활의 신앙을 가지고 예배를 드렸습니다. "그가 그들에게 명하여 가로되 내가 내 열조에게로 돌아가리니 나를 헷 사람 에브론의 밭에 있는 굴에 우리 부여조와 함께 장사하라 이 굴은 가나안 땅 마므레 앞 막벨라 밭에 있는 것이라 아브라함이 헷 사람 에브론에게서 밭과 함께 사서 그 소유 매장지를 삼았으므로 아브라함과 그 아내 사라가 거기 장사되었고 이삭과 그 아내 리브가도 거기 장사되었으며 나도 레아를 그곳에 장사하였노라 이 밭과 거기 있는 굴은 헷 사람에게서 산 것이니라 야곱이 아들에게 명하기를 마치고 그 발을 침상에 거두고 기운이 진하여 그 열조에게로 돌아갔더라"(창세기 49:29~33)

가나안을 바라보면서 그곳에 해골을 묻어줄 것을 유언한 것은 야곱의 부활신앙입니다. 야곱은 죽음 앞에서도 하나님의 신실하심과 그의 약속하신 언약의 신실하심을 믿는 믿음을 나타내 보인 것입니다. 그의 자손들도 이 믿음을 가지기를 소원했는데, 이는 곧 영원한 소망을 가르치는 것입니다. 우리는 어떻습니까? 만일 오늘밤에 우리가 하나님의 부르심을 받는다면 우리는 이 야곱처럼 영원한 하늘나라를 바라보면서 부활의 소망을 가지고 눈을 감을 수 있겠습니까? 야곱은 신앙의 성공자입니다. 그것은 그가 인생의 마지막 순간에도 하늘나라와 부활의 소망을 확실히 소유한 온전한 믿음을 가졌기 때문입니다.

야곱이 젊었을 때까지는 어떻게든지 자기 뜻대로 살았던 자였습니다. 하나님의 복을 받는 것조차도 자기의 뜻과 방법으로 취하려했습니다. 그러나 그의 노년에는 자기의 뜻은 다 버리고 하나님의 뜻을 따라 순종했습니다. 이것이 믿음입니다. 야곱은 죽음이 임박했을 때에는 더욱 더 내세에 대한 소망이 뜨거웠습니다. 야곱이 죽음이 임박했을 때에도 하나님의 신실하심을 믿었기 때문에, 연약한 가운데서도 하나님의 뜻이 후손들을 통해 이루어질 것을 확신하면서 하나님을 찬양하며 경배했습니다.

야곱이 야곱 된 것은 하나님의 은혜입니다. 야곱 같이 쓸모없는 자를 부르시고, 야곱을 거룩하게 만드시고, 큰 믿음을 주심으로 우리에게 믿음이 무엇인가를 알게 하시는 영광의 하나님을 찬양하시기 바랍니다. 그렇다면 우리도 하나님께서 만드십니다.

찬송가 364장은 바로 야곱의 신앙을 보여주는 노래입니다.

1. 내 주를 가까이 하게 함은 십자가 짐 같은 고생이나
   내 일생 소원은 늘 찬송하면서 주께 더 나가기 원합니다.
2. 내 고생하는 것 옛 야곱이 돌베개 베고 잠 같습니다.
   꿈에도 소원이 늘 찬송하면서 주께 더 나가기 원합니다.
3. 천성에 가는 길 험하여도 생명 길 되나니 은혜로다
   천사 날 부르니 늘 찬송하면서 주께 더 나가기 원합니다.
4. 야곱이 잠깨어 일어난 후 돌단을 쌓은 것 본 받아서
   숨질 때 되도록 늘 찬송하면서 주께 더 나가기 원합니다. 아-멘

"숨질 때 되도록 늘 찬송하면서 주께 더 나가기 원합니다." 이것이 야곱의 신앙고백입니다. 인생의 마지막 순간에도 전능하신 하나님을 의지하고, 주님을 찬송하며 예배드릴 수 있는 이 신앙이 얼마나 아름답습니까?

1683년 영국의 애국자 윌리암 러셀 경이 처형될 때 형장에 동석한 의사에게 말했습니다. "이 시계를 받아주시겠습니까? 이제 나는 영원의 세계로 들어가므로 이런 시계는 필요가 없습니다." 많은 사람들이 죽으면 그것으로 끝인 줄 알면서도 자신만은 죽지 않을 것처럼 살고 있습니다. 그러나 인간은 죽음으로 끝나는 것도 아니며, 나와 상관이 없는 것도 아닙니다. 오늘 본문에서는 "한 번 죽는 것은 사람에게 정하신 것이오 그 후에는 심판이 있으리니"라고 엄숙히 말씀합니다.

1778년에 죽은 무신론자 볼테르(Voltaire)는 "나는 하나님과 인간으로부터 버림받은 자입니다. 나는 지옥으로 떨어지고 말

것입니다. '오! 주님. 예수님. 나의 생명을 6개월만 연장시켜 준다면 나의 재산 절반을 주겠다.' 고 했습니다. 1679년에 죽은 홉스(Hobbes)는 임종시에 이런 말을 했습니다. "내가 전 세계를 소유하고 있다면, 나의 생명을 단 하루만이라도 더 연장시켜 주는 자에게 전 재산을 주겠다. 나는 지금 어둠 속으로 사라져 가고 있다."

캠베타(Gambetta)라는 불신자는 죽을 때 이렇게 말했습니다. "나는 잃어버린 자이다. 이제 내가 그것을 부인한다는 것은 무의미하다." 케사르 보르지어는 "나는 살아서 모든 것을 예비했으나 죽음은 대비하지 않았습니다. 이제 나는 죽게 되었는데 나는 전혀 준비가 되어있지 않습니다." 하고 후회하면서 죽었습니다.

「이성의 시대」(The Age of Reason)라는 불량 도서를 출판한 토마스 페인은 죽어 가는 자리에서 이렇게 말했습니다. "내가 쓴 「이성의 시대」가 출판되지 않았다면, 그 책을 다 거두어들일 수 있다면, 내 모든 것을 다 바치겠습니다. 오! 주님. 나를 도와 주시옵소서. 그리스도시여, 나를 구원하시옵소서. 나와 함께 있어 주시옵소서. 홀로 있으면 지옥같이 무섭나이다."

그런가 하면 위대한 믿음의 선진들은 임종시에 이렇게 고백했습니다. 고 김활란 박사는 평생 믿음으로 생활하다가 유언하기를 "내가 죽거든 장송곡을 부르지 말고 승리의 행진곡을 불러다오.", 마틴 루터(Martin Luther)는 "우리 하나님은 우리에게 구원을 주십니다. 우리의 주님이신 하나님 그로 인하여 나는 죽음을 면하였습니다.", 존 녹스(John knex)는 임종시에 "그리스도 안에서 살고 그리스도 안에서 죽으니 내 육신이 죽음을 두려워하지 않습니다.", 존 웨슬리(John Wesley)는 "최상의 것은 하나님이 나와 함께 하신다는 사실입니다.", 리차드 백스터(Richard Baxter)는 "나는 고통을 느낍니다. 그러나 나에게 평화가 있습니다.", 조셉 에베레트는 기쁨이 넘친 나머지 임종을 앞둔 마지막 25분 간 "영광, 영광, 영광" 하며 영광만을 외쳤습니다.

사도 바울이 "네가 그 두 사이에 끼였으니 떠나서 그리스도와 함께 있을 욕망을 가진 이것이 더욱 좋으나"(빌립보서 1:23)라고 고백한 것은 당연합니다. 그는 죽지 않고 살아 있으면 너희들을 볼 수도 있고 복음을 더 전할 수 있어서 좋고, 죽으면 고난의 생활을 그치고 주님 곁으로 가니 더욱 좋다는 뜻입니다. 결국은 이러나 저러나 다 좋다는 뜻입니다.

빌리 그레함(Billy Graham) 박사의 할머니는 임종시에 자리에서 일어나 미소를 지으며 이렇게 말씀했다고 합니다. "나는 예수님을 보았어. 예수님이 친히 손을 내밀어 나를 잡아 주셨어. 그 곁에는 두 눈, 두 다리가 성한 벤(Ben)이 서 있었단다." (Ben은 남편인데 게티스버그 전투에서 한쪽 다리와 한쪽 눈을 잃었다고 함).

우리도 믿음으로 살았던 야곱을 본받읍시다. 믿음으로 승리의 죽음을 맞이합시다. 믿음으로 주의 뜻을 따라 우리 자녀들을 축복하며 삽시다. 그리고 우리도 인생의 마지막에, 사랑하는 주님께 경배와 찬양을 드렸으며 믿음으로 살았던 야곱과 같은 아름다운 삶을 삽시다. 아멘.

9

믿음으로 요셉은
(히브리서 11:22)

²²믿음으로 요셉은 임종시에 이스라엘 자손들의 떠날 것을 말하고 또 자기 해골을 위하여 명하였으며

9

믿음으로 요셉은

■ 히브리서 11:22

　요셉은 믿음의 위인입니다. 요셉의 이야기는 창세기 37장부터 50장까지 기록되어 있습니다. 요셉의 이야기가 무려 14장에 걸쳐 기록되어 있어 창세기의 1/3에 가깝습니다. 요셉은 많은 성도들의 사랑을 받는 인물입니다. 요셉의 신앙은 한마디로 약속을 믿고 살다간 사람입니다. 요셉의 믿음의 특징은 꿈입니다. 요셉은 하나님이 주신 꿈을 가지고 시작하고, 그 꿈을 이루기 위해 평생 믿음으로 살았던 사람입니다.
　사람이 산다는 것은 꿈을 꾸는 것입니다. 꿈이 있다는 것은 희망이 있고 이상을 있다는 것이며, 비전을 지니고 있고 목표가 있다는 것입니다. 누구나 꿈이 있을 때 활력이 넘치고 의욕이 솟구쳐 오릅니다. 가난한 사람이란 돈이 없는 자가 아니라 꿈이 없는 자입니다. 사람이 꿈을 잃으면 활기가 없습니다. 꿈이 있어야 높은 이상을 세우고, 그것을 실현하려고 분투 노력하는 가운데 살아가는 보람과 의미를 발견하게 됩니다. 하나님은 꿈꾸는 자와 함께 일하십니다.

우리는 무슨 꿈을 가지고 살아갑니까? 꿈을 이룬 믿음의 사람 요셉을 통해, 우리는 어떤 꿈을 가지고 살아야 할지 생각해 봅시다.

1. 꿈으로 시작한 믿음

요셉은 언약으로 시작한 믿음의 사람입니다. 요셉은 어릴 때부터 하나님의 언약을 믿고 자랐습니다. 요셉은 어릴 때부터 하나님이 주신 꿈을 꾸었습니다. 요셉의 곡식단을 향하여 그의 형들의 곡식단이 절을 하는 꿈을 꾸었습니다. 그리고 해와 달과 하늘의 열한 별들이 요셉을 향하여 절하는 꿈을 꾸었습니다. 이것은 장차 하나님께서 이스라엘을 구원하실 인물로 요셉을 사용하시겠다는 하나님의 언약입니다.

구약시대에 있어서 꿈은 환상과 더불어 종종 하나님의 뜻을 나타내는 계시를 전달하는 방법 중의 하나였습니다(창세기 31:11~13, 열왕기상 3:5, 예레미야 23:28, 다니엘 4:4~28). 그러나 이제 성경이 완성된 지금은 그 같은 꿈은 더 이상 특별 계시로서의 가치가 없습니다. 물론 지금도 개인적으로 꿈을 통해 하나님의 은혜를 경험할 수도 있지만, 우리가 꾸는 꿈의 대부분은 잠재의식 속에서 보여지는 것입니다. 그러나 요셉이 꾸었던 꿈은 하나님의 섭리로 된 하나님의 계시였습니다. 요셉이 두 번씩이나 꾸었던 꿈은 요셉이 고안해 내거나, 공상을 하다가 보여진 꿈이 아닙니다. 이 꿈은 요셉의 축복과 승리를 알리는 꿈이었습니다. 그 꿈은 이스라엘이 애굽에서 객이 되며, 아브라함의 자손이 하늘의 별처럼 많아질 것이라는(창세기 15:5) 하나님의 계시적인 꿈이었습니다. 형들의 곡식단이 절을 하고, 해와 달과 열한 별이 절하는 꿈은 요셉이 애굽의 총리의 지위를 확보할 계시적인 꿈이었습니다. 실로 요셉은 가나안 땅의 흉년으로 굶주리는 환난의 때에, 대 애굽제국의 곡식 창고를 주장하는 축복의 사람이었습니다. 요셉은 이 언약을 어릴 때부터 믿었으며, 이 꿈이 이루어질 때까지 붙잡고 믿음으로 살았습니다. 요셉의 믿음은 평생 하나님의 언약을 붙잡는 믿음이었습니다. 하나님의 약속, 하나님의 꿈을 가지고 살았습니다.

우리 하나님은 꿈을 가진 사람을 통해 일하십니다. 꿈이 없는 사람은 아무것도 할 수 없는 사람이기 때문입니다. 그러므로 하나님은 일을 맡기실 종들에게는 먼저 꿈을 주십니다. 꿈은 어릴 때부터 꾸고 준비해 나가야 합니다.

미국의 클리블랜드에 있는 한 고등학교에서 찰리 베덕이라는 사람이 연설하고 있었습니다. 그의 연설 내용은 "여러분,

꿈을 가지십시오."였습니다. 그 때에 그 연설을 들은 아주 여위고 까만 한 흑인 학생이 찰리 베덕을 찾아와 물었습니다. "선생님. 제가 미래의 어느 날, 달리기에서 세계 최고의 선수가 될 수 있을까요?' 그때 찰리 베덕은 말했습니다. "여보게, 자네는 그 꿈을 자네 일생의 목표로 건다면, 자네가 세계를 점령할 수 있을 것일세." 지금까지 꿈이 없었던 이 흑인 학생은 자신이 흑인이라는 것을 비관하고, 슬퍼하며 원망했습니다. 그러나 이 학생은 이후부터 꿈을 가지고 열심히 준비했습니다. 마침내 1936년 뮌헨올림픽 육상경기에서 세계신기록을 수립하면서 금메달을 수상했습니다. 바로 그 사람이 제시 오웬입니다. 그는 어릴 때의 꿈을 이루었습니다. 금메달을 수상한 제시 오웬이 너무나도 벅찬 꿈을 이루고 금의환향할 때에, 그 동네의 한 흑인소년이 찾아와 말했습니다. "선생님, 저도 선생님 같은 올림픽 금메달리스트가 되고싶어요." 그때 오웬은 자신의 어린 시절에 꿈이 없었던 것을 기억하면서 말했습니다. "예야, 큰 꿈을 가져라. 그리고 네가 가지고 있는 너의 모든 삶을 거기에 투자하거라. 그러면 너는 그 꿈을 이루게 될 것이다." 이 말을 듣고 마음속에 꿈을 가진 그 소년은 그로부터 12년 후인 1948년도에 올림픽에서 금메달을 획득했습니다. 그 소년의 이름은 헤리 달라드입니다.

 요셉은 어릴 때부터 꿈을 가지고 살았습니다. 그 꿈은 요셉이 30세가 되었을 때 비로소 이루어졌습니다. 인류에게는 수

많은 꿈들이 있습니다. 정치가의 꿈, 경제인의 꿈, 교육자의 꿈, 시인의 꿈, 음악가의 꿈이 있습니다. 하나님은 어린 소년 요셉에게 꿈을 주시고, 그 꿈의 주인공을 통해 세계의 역사를 주장하게 했습니다.

여기서 우리가 알아야 할 중요한 사실이 있습니다. 그것은 꿈은 요셉이 꾸었지만 그 꿈을 주신 분은 하나님이라는 사실입니다. 우리도 꿈과 비전과 소원을 가질 수 있습니다. 그러나 중요한 것은 그것이 내가 가진 꿈, 비전, 소원이 아니라, 하나님이 주신 소원, 비전, 꿈이어야 한다는 것입니다. 요셉은 그의 형들과 달랐습니다. 현실주의에 젖어 하루 하루를 시기하고 다투며 살아가는 평범한 삶을 살지 않았습니다. 그는 어릴 때부터 하나님이 주신 꿈을 가지고 살았습니다. 그의 꿈은 사람을 살리는 꿈이요, 하나님의 뜻을 이루는 꿈이었습니다. 애굽과 이스라엘에 7년 흉년이 왔을 때, 요셉은 그의 동족 이스라엘과 애굽을 살렸습니다. 요셉의 꿈은 그의 백성을 죄악 가운데서 구원해 내신 예수 그리스도의 표상이었습니다. 요셉의 꿈은 만인을 살리는 구원자의 꿈입니다. 우리를 죄악 가운데서 구원하여 영원한 생명을 주신 예수 그리스도를 보여줍니다. 요셉은 그의 백성을 살렸습니다. 그것이 하나님이 주신 꿈입니다. 예수님은 만유의 주로서 우리를 죄악가운데서 살리는 것이 꿈이었습니다.

우리는 모두 꿈을 가져야 합니다. 요셉처럼 하나님의 꿈을 가져야 합니다. 우리의 꿈은 무엇입니까? 꿈은 그 사람의 질이 결정되고, 삶의 의욕이 달라지게 합니다. 여러분은 어떤 꿈을 가지고 살아갑니까? 그저 행복하고 편하게 즐기면서 사는 것이 여러분의 꿈입니까? 아니면 다른 사람들이 생각하지 못하고, 다른 사람들이 꺼리는 그 어떤 것을 위해서 삶을 투자할 꿈을 가지고 있습니까? 우리가 예수를 믿기 전에는 모두 자기를 기쁘게 하기 위해 살았던 자들입니다. 로마서 8장 8절의 말씀대로 육신에 있는 자들은 하나님을 기쁘시게 할 수 없습니다. 그러나 우리는 이제 그리스도의 십자가의 피로 말미암아 구속받은 하나님의 사람들입니다. 전에는 오직 나를 기쁘게 하기 위해 살았지만, 이제는 하나님을 기쁘시게 하겠다는 고상한 꿈이 있어야 합니다. 17세의 소년의 꿈은 세계 역사를 움직이는 꿈이었습니다. 17세 소년 요셉이 하나님께서 주시는 꿈을 가지고 살았듯이, 우리도 모두 하나님께서 주시는 꿈을 가지고 살아야 합니다. "너희는 먼저 그의 나라와 그의 의를 구하라 그리하면 이 모든 것을 너희에게 더하시리라"(마태복음 6:33) 오직 그의 나라와 그의 의를 추구하는 꿈과, "너희는 온 천하에 다니며 만민에게 복음을 전파하라"(마가복음 16:15)는 말씀처럼 위대한 선교의 비전이 우리의 꿈이 되어야 할 것입니다. 아직도 여러분에게 꿈이 보이지 않습니까? 그렇다면 하나님께 꿈을 볼 줄 아는 자유를 주시도록 기도해야 할 것입니다. 꿈이 있는 사람만이 삶의 의욕이 있습니다. 하나님이 기뻐하시는 일이 무엇인가를 아는 성도는 이미 꿈을 가진 사람입니다.

「예수 전도단」이란 선교단체가 있습니다. 이 「예수 전도단」의 창설자는 로렌 커닝햄 목사입니다. 이 분이 21세 때에 하나님 앞에 자신을 헌신했는데, 그 때 하나님이 주시는 놀라운 환상을 보았습니다. 1956년 그가 바하마섬에 선교여행을 가서 그곳에서 성경을 보면서 기도할 때에 하나님께서 놀라운 환상을 보여주셨습니다. "갑자기 나는 세계지도를 바라보고 있었다. 그런데 그 지도는 살아있는 것처럼 움직였다. 나는 일어나 앉았다. 나는 머리를 흔들고 눈을 비비면서 다시 보았다. 그것은 마음으로 보는 영화와 같은 것이었다. 모든 대륙을 한 눈에 볼 수 있었다. 파도가 해변에서 대륙으로 들어갔다가 밀려나가고, 그리고 더 깊이 밀려 들어와서 그 대륙을 완전히 덮었다. 나는 숨을 죽였다. 내가 그 장면을 지켜보는 동안 또 다른 장면으로 바뀌었다. 그 파도들은 내 나이 정도의 젊은 사람들, 또는 나이가 더 어린 사람들로 변하여 그 대륙을 덮고 있었다. 그들은 거리에서나 음식점에서나 혹은 집집마다 찾아다니며 복음을 전하고 있었다. 마치 하나님 아버지가 돈을 구걸하는 어린 아랍소년들을 돌보는 것처럼 곳곳에서 사람들을 돌보는 것이었다. 그리고 그 장면은 사라졌다." 그는 하나님이 주신 꿈을 꾸었고, 환상을 보았던 것입니다. 현재 로렌 커닝햄이 지도하는 「예수 전도단」은 130여 개 나라에 650개의 지부를 두고,

11,000여 명의 간사들이 활동하고 있는 국제적인 선교단체로 활동하고 있습니다. 하나님의 약속과 꿈과 환상은 그대로 이루어지는 줄 믿습니다. 「예수 전도단」은 한국에도 8개의 지부가 있고, 650명의 간사들이 사역하고 있습니다. 그리고 제주도에 열방대학을 건축하는 중에 있습니다. 하나님은 주의 종들에게 일을 맡기실 때에는 먼저 꿈을 꾸게 하시는 줄 믿습니다. 하나님은 수많은 선교단체와 지도자들에게 꿈을 심어 주셨습니다. 우리는 하나님의 꿈과 소원을 가져야 합니다. 그 목표를 가지고 열심히 일하고 공부해야 합니다. 하나님의 꿈을 위해 모든 것을 준비하며 살아야 합니다.

우리 하나님이 한 사람을 축복하실 때에는 먼저 그 마음속에 꿈과 희망과 소원을 불어넣어 주십니다. 어떤 분은 전도를 제일 많이 하고 싶은 소원을 가집니다. 그리고 십일조를 제일 많이 하는 축복을 받아, 마음껏 주님을 위해 일하고 싶은 꿈을 가지는 것 멋있지 않습니까?

우리는 하나님으로부터 원대한 꿈을 받아 그 꿈을 이루어야 할 것입니다. 우리 각자에게 여러 가지 약점과 단점들이 있더라도 하나님은 연약한 나를 통해서도 하나님의 크신 뜻을 이루어가심을 믿어야 할 것입니다. 우리가 거룩하고 선한 소원을 가지고 살아갈 수 있는 것은 하나님께서 우리에게 소원을 주셨기 때문입니다. 그러므로 여러분들은 마음속에 어떤 소원이 믿음으로 일어날 때에는, 하나님이 주시는 소원인 줄 알고 꼭 붙들고 인내하며 순종함으로 승리하시기를 바랍니다.

우리 모두 요셉처럼 하나님이 원하시는 꿈을 가지고, 그 소원을 이루기 위해 하나님이 축복해 주시기를 기도하며 그 꿈을 이루어 가시기를 바랍니다.

2. 꿈을 믿고 인내한 믿음

요셉은 꿈을 믿고 이루기까지 끝까지 인내했습니다. 고난을 당할 때에도 끝까지 그 약속을 믿는 믿음으로 살았습니다. 우리가 이 꿈을 성취하기 위해서는 고난을 통과해야 합니다. 하나님은 요셉이 큰 꿈을 꾸게 하신 즉시 그 꿈을 이루어 주신 것이 아닙니다. 13년 간의 모진 고난을 통과한 후에 그 꿈을 이루게 하셨습니다.

요셉은 아버지 야곱의 심부름으로 세겜에서 양을 치고 있는 형들의 안부를 확인하기 위해 형들을 찾아 나서게 되었습니다. 그런데 멀리서 요셉이 오는 것을 본 형들은 누가 먼저라 할 것 없이 악한 의논을 하게 됩니다. "요셉이 그들에게 가까이 오기 전에 그들이 요셉을 멀리서 보고 죽이기를 꾀하여 서로 이르되 꿈꾸는 자가 오는도다 그를 죽여 한 구덩이에 던지고 우리가 말하기를 악한 짐승이 그를 잡아먹었다 하자 그 꿈이 어떻게 되는 것을 우리가 볼 것이니라 하는지라"(창세기

37:18~20) 이 때 요셉의 나이는 불과 17세의 미성년으로 아직 유약한 소년이었습니다. 그런데 10여 명의 어른이요, 강한 힘으로 모아진 이복(異腹) 형들이 동생을 죽이기로 공모를 한 것입니다. 이 얼마나 마음들이 악합니까? 자신의 혈육인 형제를 죽인다는 것은 인간이 얼마나 타락하고 부패했는가를 보여줍니다. 요셉의 형들은 시기와 미움으로 요셉을 아예 죽이려고 했으나, 큰 형 르우벤이 형제들의 손에서 요셉을 구하려고 중재했습니다. "우리가 그 생명은 상하지 말자 르우벤이 또 그들에게 이르되 피를 흘리지 말라 그를 광야 그 구덩이에 던지고 손을 그에게 대지 말라"(창세기 37:21~22) 그렇게 해서 형들은 요셉이 입은 채색 옷을 벗기고 그를 구덩이에 던져 버렸습니다. 요셉의 형들은 음식을 먹다가 마침 그곳을 지나가는 대상(隊商)들을 만나 동생을 그들에게 팔기로 합의했습니다. 이렇게 요셉은 불과 은 20에 종으로 팔렸습니다.-예수님께서 은 30에 팔리셨습니다.-요셉을 팔아먹던 형들은 아버지 야곱을 속였습니다. 형들은 숫염소를 죽인 피를 묻힌 요셉의 옷을 보이며 말했습니다. "우리가 이것을 얻었으니 아버지의 아들의 옷이 아닌가 보소서"(창세기 37:32) 야곱은 피로 범벅이 된 요셉의 옷을 보았습니다. "내 아들의 옷이라 악한 짐승이 그를 먹었도다 요셉이 정녕 찢겼도다 하고 자기 옷을 찢고 굵은 베로 허리를 묶고 오래도록 그 아들을 위하여 애통하니"(창세기 37:33~34) 야곱은 요셉이 죽었다는 소식을 듣고 심히 애통했습

니다. 왜냐하면 요셉은 그가 사랑했던 아내 라헬이 낳은 아들이요, 그 어미가 죽은 지 얼마 안 되어 또다시 가장 사랑하는 아들을 잃었기 때문입니다. 또한 아들이 짐승에게 찢겨 죽었으나 그 시신조차 찾을 수 없게 된 그 비참한 상황을 생각했기 때문일 것입니다. 또한 위험한 곳으로 요셉 홀로 심부름을 보낸 것을 후회했을 것입니다. 그리고 요셉을 죽게 한 사람은 바로 자신이라고 생각하며 애통했을 것입니다. 우리는 여기서 하나님의 꿈을 가진 요셉이 왜 고난을 당해야 하는지를 알아야 합니다.

요셉이 고난을 받은 것은 하나님의 섭리입니다. 요셉이 꿈을 꾸고, 형들의 미움을 받아서 구덩이에 던져졌다가 애굽으로 팔려 가고, 거기서 모함으로 감옥에 갇히고, 또 꿈을 해몽해서 애굽의 총리 대신이 되고, 그로 인해 야곱의 일가족이 애굽으로 이주하고, 430년 만에 다시 가나안 땅으로 돌아오게 되는 모든 사건들이 단 한 가지도 우연하게 된 것이 없습니다. 우리는 이 모든 것이 하나님의 영원하신 섭리 가운데서 이루어졌음을 알아야 합니다.

우리 하나님은 요셉의 일생뿐만 아니라 우리의 일생도 다 섭리하십니다. 크고 작은 일, 기쁘고 슬픈 일, 그 어느 것 하나도 하나님의 섭리 밖에서 이루어지는 것은 없습니다.

1873년의 팔레스틴과 소아시아 지방의 겨울은 유례 없이 모질게 추웠다고 합니다. 하룻밤 사이에 내린 눈의 높이가 모든 지붕을 덮고, 온 거리를 온통 하얗게 덮을 정도였습니다. 눈 때문에 많은 지붕들이 가라앉았습니다. 삼손과 함께 2,000명의 블레셋 사람들이 참사를 당했던 다곤 신전이 있었던 '가자' 지방에, 눈사태로 인해 주목할만한 사건이 발생했습니다. 밤에 한 도둑이 어느 집에 들어가 몇 가지 장물을 아래층으로 옮겨놓은 후, 주인이 깊이 잠든 방으로 들어갔습니다. 거기에는 어린 아기도 요람에서 함께 자고 있었습니다. 도둑은 혹시 아기가 깨어 울게 되면 발각될 것을 염려하여 요람을 문밖으로 내어놓았습니다. 그러자 아기가 크게 울기 시작했고, 잠에서 깨어난 부모는 어떻게 된 일인가 하여 크게 소리쳤습니다. 그들은 누가 이렇게 했는지 의아해하면서 아기가 있는 곳으로 뛰어갔습니다. 그들이 문밖으로 나가자마자 참새 내린 눈의 압력에 눌렸던 지붕이 내려앉았습니다. 그러나 세 식구는 밖에 나와 있었기 때문에 아무런 해도 받지 않았습니다. 아침이 되어 돌과 나무 조각들을 치우다 보니 폐허 속에 한 남자의 시신이 발견되었습니다. 그 남자의 주머니 속에는 훔친 물건이 가득 들어 있었습니다. 이렇게 하여 하나님께서는 그 도둑의 목숨을 거두어 가셨습니다. 그 도둑이 어린 아기를 밖에 내어놓은 것은 아기의 부모가 울음소리에 깨지 않도록 하기 위해서였습니다. 그러나 하나님의 놀라운 섭리로 인해 도둑은 뜻하지 않게 모든 가족들의 생명을 구출해 주고, 자신은 죄 가운데서 죽게 되었습니다. 하나님께서 구원하시기로 작정한 사람은 이처럼 심판받을 죄인의 손에 의해서라도 구원받게 됩니다.

요셉이 당한 고난은 하나님의 깊은 뜻이 있는 섭리였습니다. 하나님은 구원하시기로 작정한 그의 백성들을 섭리하시며 보호하십니다. 하나님의 꿈을 가진 요셉이 고난을 받은 것은 꿈을 이루기 위한 연단의 과정이었습니다. 아직 17세의 어린 요셉에게 밀어닥친 시련들은 참으로 큰 것이었습니다. 요셉은 반갑게 형들을 찾아 왔는데, 그 형들은 험악한 얼굴로 갑자기 달려들어 깊은 구덩이로 던져 넣었습니다. 그때 요셉은 형들에게 살려달라고 애원했을 것입니다. 미디안 상인들에게 팔려 애굽으로 끌려갈 때에도 몇 번이고 뒤돌아보면서 갔을 것입니다. 그러나 요셉의 생애는 이렇게 슬픔으로 끝나는 것이 아니라 영광스러운 장래가 전개되었습니다. 이 모든 것이 꿈을 이루기 위한 연단의 과정이었습니다. 우리가 여기서 발견할 수 있는 것은 요셉은 이 모든 고난 속에서도 인내했다는 것입니다. 요셉은 돈도 없었고 자유도 없었습니다. 삶의 기반은 없었으나 슬프거나 괴롭거나 고달프거나 힘든 줄 몰랐습니다. 그는 고난 속에서 인내했습니다. 그가 인내할 수 있었던 것은 능력의 하나님을 의지하고 있었기 때문입니다. 살아 계신 하나님, 은혜의 하나님, 능력의 하나님을 믿는 믿음이 그가 당하는 어떤 고난이나 역경보다 더 컸기 때문입니다. 그는 그 믿음으로 자신의 고난과 역경을 능히 이길 수가 있었습니다.

우리는 이 믿음을 소유해야 합니다. 이것이 살아있는 믿음입니다. 고난과 역경 속에서도 바로 일어설 수 있는 믿음은 살아 계신 능력의 하나님을 믿는 믿음에서 나옵니다. 요셉이 인내할 수 있었던 것은 하나님께서 그와 함께 하심을 믿었기 때문입니다. 하나님은 요셉의 평생동안 함께 하셨습니다. 보디발의 집에서 종살이를 할 때에도 함께 하셨고, 누명을 쓰고 감옥에 갇혔을 때에도 함께 하셨습니다. 창세기 39장 2절을 보면 "여호와께서 요셉과 함께 하시므로"라고 말씀합니다. 창세기 39장 21절에도 "여호와께서 요셉과 함께 하시고", 39장 23절에서도 "여호와께서 요셉과 함께 하심이라"고 말씀합니다. 같은 말씀을 세 번이나 반복하신 것은 강조의 의미가 있습니다. 요셉은 바로 이 말씀을 통해 하나님이 자기와 함께 하시는 것을 창세기 39장에서 많은 사람들에게 보여주고 있습니다.

하나님께서 그와 함께 하신다는 그 믿음이 요셉으로 하여금 형들의 미움과 학대 속에서도 참을 수 있게 했습니다. 이렇게 고달프고 슬프고 억울하고 괴롭고 힘든 일을 당해도 요셉은 후회하지 않았습니다. 낙망하지 않았으며, 외롭다고 탄식하거나 다른 사람을 원망하지도 않았습니다. 하나님이 함께 하셔서 그의 능력으로 요셉을 붙들고 계셨기 때문에 불평하거나 원망하지 않고도 살 수 있었습니다. 능력의 하나님이 나와 함께 하시고 그 능력의 장중에 붙들리면, 내가 당하는 환난과 시련과 질병과 역경과 아픔과 괴로움은 어느 것도 대수롭지 않다는 사실을 알게 됩니다.

우리는 요셉의 인내하는 믿음을 본받읍시다. 우리 하나님은 약속에 신실하신 하나님이시며, 마침내 그 약속을 이루시는 하나님이심을 믿읍시다. 그리해서 인내로 하나님의 꿈을 이루시기 바랍니다.

3. 마지막에도 꿈에 소망을 둔 믿음의 사람입니다

> "믿음으로 요셉은 임종시에 이스라엘 자손들의 떠날 것을 말하고 또 자기 해골을 위하여 명하였으며"
>
> (히브리서 11:22)

임종을 앞에 둔 요셉도 그의 아버지 야곱처럼, 하나님께서 장차 이스라엘을 가나안 땅으로 인도하실 때에 자신의 해골을 그곳에 묻어 주기를 유언했습니다. 이것은 가나안 땅을 반드시 주실 것이라는 하나님의 언약에 대한 확신이 있었기 때문입니다. 그리고 총리 대신으로서의 부귀영화를 누린 애굽 땅보다 가나안 땅에 묻히기를 소원한 것은, 하늘나라를 간절히 사모하는 요셉의 신앙을 보여 줍니다.

요셉의 믿음은 애굽을 떠나 가나안으로 가도록 명하는 믿음입니다. 요셉은 애굽의 국무총리였습니다. 애굽의 제2인자로 있으면서 애굽의 온갖 부귀영화를 누렸습니다. 그러나 임종을 앞둔 요셉은 애굽을 떠날 것과, 자신의 해골을 가나안 땅으로 메고 올라갈 것을 자손들에게 명합니다. 그 이유는 이스라엘 백성들이 영원히 거할 곳은 애굽이 아니라 가나안 땅이라는 사실을 누구보다도 잘 알고 있었기 때문입니다.

요셉의 생애에서 가장 중요하고 위대했던 점이 무엇입니까? 그것은 요셉은 110세에 죽을 때 과거를 보지 않고 미래를 내다보았다는 점입니다. 요셉은 미래를 향한 소망을 가졌습니다. 미래를 보는 하나님의 꿈을 보았기 때문입니다. 요셉은 형제들에게 "나는 죽으나 하나님이 너희를 권고하시고 너희를 이 땅에서 인도하여 내사 아브라함과 이삭과 야곱에게 맹세하신 땅에 이르게 하시리라"(창세기 50:24)고 말한 후, "하나님이 정녕 너희를 권고하시리니 너희는 여기서 내 해골을 메고 올라가겠다 하라"는 약속을 받습니다. 요셉의 위대성은 그가 과거에 한 일에 대해서는 말하지 않고 앞으로 될 일에 대해서 말하는 것입니다. 자기 중심으로 말하지 않고 유언을 듣는 사람들, 남겨두고 가는 사람들에게 앞으로 있을 일에 대해서 말했습니다. 요셉은 하나님께서 자기 아버지인 야곱, 할아버지인 이삭, 증조부인 아브라함에게 한 약속을 믿었습니다. 그래서 믿음의 유언을 남겼습니다.

우리 신앙인들은 과거에 얽매이지 말고 미래를 향해 떠나야 합니다. 믿음의 사람들은 미래를 향해 떠났습니다.

아브라함은 갈대아 우르를 떠나서 하나님께서 지시하시는 땅으로 나아갔습니다. 이스라엘 백성들은 애굽을 떠나 가나안

복지로 나아갔습니다. 영국의 청교도들은 신앙의 자유를 찾아 조국을 떠나 미국으로 건너갔습니다. 6·25 사변 때에 고향을 떠나 남으로 내려온 사람들은 자유 대한의 품안에서 행복한 삶을 누리고 있습니다. 특히 신앙의 자유를 누리고 있습니다. 그러나 고향과 재산을 포기할 수 없어 눌러 앉은 사람들은 지금까지도 공산당의 압제 하에서 고생을 합니다.

우리도 요셉처럼 과거의 포로가 되지 말고 미래를 향하여 떠나야 합니다. 죄악의 자리에서 떠나고, 범죄 하는 자리에서 떠나고, 악인의 자리에서 떠나야 합니다. 하나님께서 명하시는 말씀에 순종하는 믿음의 사람이 되어야 함을 강조하고 있습니다. 저와 여러분은 요셉처럼 떠나야 할 자리에서 과감하게 떠나는 믿음의 용사들이 다 되어야겠습니다.

믿음이 없으면 죽음으로 끝납니다. 그러나 믿음의 사람에게는 죽음은 이제 시작입니다. 창세기의 끝 절인 50장 26절은 "요셉이 일백 십 세에 죽으매 그들이 그의 몸에 향 재료를 넣고 애굽에서 입관하였더라"고 합니다. '애굽에서 장례를 지냈더라'고 하지 않았습니다. 장례의 중간 절차인 입관으로 창세기를 끝내고 있습니다. 이것은 '요셉의 온전한 장례는 고향인 가나안 땅에서 끝내는 것'이라는 뜻이 함축되어 있습니다. 요셉이 세상을 떠나면서도 '우리는 고향으로 돌아간다'는 미래 지향적인 믿음을 가지고 있었던 것처럼, 우리도 믿음의 초점을 앞에 두어야겠습니다.

언젠가 우리에게도 야곱과 요셉에게처럼 최후의 순간이 찾아오게 될 것입니다. 그 때 우리는 어떤 믿음으로 맞이해야 합니까? 우리는 요셉의 믿음을 본받아야 합니다. 죽음을 두려워하지 않고 부활의 소망을 두어야 합니다. 마지막 순간까지 약속을 붙들고 소망을 갖는 신앙인이 아름답습니다. 요셉은 죽음의 순간에 아브라함과 이삭과 야곱에게 언약하신 하나님을 생각하며 약속의 땅에 대한 소망을 가졌습니다. 그리고 그 땅으로 자신의 시신을 안장해 놓을 것을 부탁했습니다. 가나안은 아브라함에게 약속한 땅입니다. 애굽은 자신이 평생 살아온 땅이요, 부귀와 영화가 보장된 땅입니다(창세기 41:46). 그러나 그는 그곳에 안주하지 않았습니다. 요셉이 가나안을 그리워하는 이유는 하나님의 언약을 철저히 신뢰하기 때문입니다. 성경은 이것을 요셉의 믿음이라고 말씀합니다.

우리는 생을 마치는 순간까지 천국에 대한 소망을 확실히 가지고 살아가는 사람이 되어야 합니다. 어느 심리학자가 임종자들의 모습을 몇 가지 유형별로 분류했습니다. ①안 죽어 형: 평생 죽음을 생각하지 않고 살아온 사람들입니다. 죽음에 대한 마음의 준비가 전혀 되어 있지 않은 형입니다. ②왜 죽어 형: 분노를 터뜨리면서 죽어 가는 형입니다. 죽을 이유가 없는데 왜 죽어야 하는지 억울해 하면서 죽는 사람입니다. ③간청형: 죽음 앞에서 자신의 잘못을 뉘우치며, 자신의 생명을 조금이라도 더 연장해 보고자 애걸복걸하는 형입니다. ④절망형:

죽음 앞에서 충격을 너무 많이 받아 정신을 잃은 사람들입니다. 이제 모든 것이 끝났다고 생각하며 죽는 사람들입니다. ⑤ 승리형: 인생의 마지막 순간에는 부활이요 길이요 진리요 생명이신 그리스도를 믿는 믿음으로 확신을 가지고, 아름답게 인생을 끝내는 형입니다. 우리는 어느 형에 속합니까?

1883년 3월 14일은 공산주의 이론을 이룬 칼 마르크스가 사망한 날입니다. 그의 하녀가 다가와서 "저에게 당신의 마지막 말을 남기시면 제가 기록해 두겠습니다." 하자, 마르크스는 "시끄러워. 나가." 소리치며 죽어갔다고 합니다. 나폴레옹은 "나는 불행했다. 프랑스, 군대, 조세핀…." 하며 초라하게 숨졌습니다. 그렇게도 자유를 부르짖던 싸르트르도 1980년 3월 파리의 부르세 병원에서 죽었습니다. 그는 죽음의 불안과 공포 때문에 병명도 묻지 않은 채 한달 동안 발악을 하며, 문병을 온 사람들에게 소리지르다가 죽어갔습니다. 이들은 소망이 없는 사람들입니다.

그러나 믿음의 사람들, 예수 그리스도 안에 있는 우리에게는 소망이 있습니다. 19세기의 유명한 부흥사 D.L. 무디는 임종을 맞았을 때 슬퍼하는 주위 사람들에게 이렇게 말했습니다. "사랑하는 친구 여러분, 내일 아침에 무디가 죽었다는 소식이 신문에 나거든 정말 내가 죽은 줄로 생각지 마시오. 나는 죽은 것이 아니라 좀 더 높은 곳으로 옮겨가는 것뿐입니다." 초대 교회의 성도들은 죽은 이의 묘비에 이런 비문을 새겼습니다. "이 사람은 죽은 것이 아니라 이제야말로 새로운 생명에 들어간 것이다." 존 칼빈은 임종을 앞두고 이렇게 말했습니다. "주님, 당신께서 저를 묻어 주시는군요. 이것이 당신의 섭리로 된 것이기에 저는 더 할 수 없이 만족합니다." 과학자 톰슨이 임종 전에 제자들이 물었습니다. "선생님께서 발견하신 것 중 최대의 발견은 무엇이었습니까?" 그러자 톰슨이 말했습니다. "나의 생애에서 가장 큰 발견은 예수 그리스도를 발견한 것이다."

"사망아 너의 이기는 것이 어디 있느냐 사망아 너의 쏘는 것이 어디 있느냐 사망의 쏘는 것은 죄요 죄의 권능은 율법이라 우리 주 예수 그리스도로 말미암아 우리에게 이김을 주시는 하나님께 감사하노니 그러므로 내 사랑하는 형제들아 견고하며 흔들리지 말며 항상 주의 일에 더욱 힘쓰는 자들이 되라 이는 너희 수고가 주 안에서 헛되지 않은 줄을 앎이니라"(고린도전서 15:55~58)

우리 하나님은 시대마다 사람들을 사용하십니다. 하나님은 믿음의 사람 요셉을 사용하셨습니다. 우리도 하나님의 꿈으로 시작합시다. 그리고 그 꿈을 이루어 주실 줄 믿고, 그 꿈을 이루기까지 끝까지 인내합시다. 그리고 과거보다 미래를 향한 꿈을 가지고, 영원한 하늘 나라를 소망합시다. 이 세상 잠깐 머무는 동안 주의 일에 힘쓰며 주의 구원함과 은총을 전하며 삽시다. 그러다가 우리의 심장과 호흡이 멈추는 순간, 영원한 천국에서 구속하신 주님의 얼굴 뵙기를 소망하는 부활의 소망을 가지고 살아가는 성도들이 됩시다. 아멘.

10

믿음으로 모세는

(히브리서 11:23~26)

²³믿음으로 모세가 났을 때에 그 부모가 아름다운 아이임을 보고 석 달 동안 숨겨 임금의 명령을 무서워 아니하였으며 ²⁴믿음으로 모세는 장성하여 바로의 공주의 아들이라 칭함을 거절하고 ²⁵도리어 하나님의 백성과 함께 고난 받기를 잠시 죄악의 낙을 누리는 것보다 더 좋아하고 ²⁶그리스도를 위하여 받는 능욕을 애굽의 모든 보화보다 더 큰 재물로 여겼으니 이는 상 주심을 바라봄이라

10

믿음으로 모세는

■ 히브리서 11:23~26

　하나님은 이스라엘의 구원역사를 위해 모세라는 인물을 준비시키시고 사용하셨습니다. 애굽에서 노예생활을 하던 하나님의 백성들을 출애굽시켜서 이스라엘 국가를 이루시기 위한 대과업을 위해 모세를 태어나게 하셨습니다. 그리고 그를 준비시키시어 큰 구원역사를 이루셨습니다. 죽음의 자리에서 어린 생명을 살리셨고, 그를 죽이려는 권력의 핵심에 있는 애굽 공주의 양자가 되어 40년 동안 학술을 익히게 하셨습니다. 또한 미디안 광야에서는 40년 동안 인격적·신앙적으로 겸손해지도록 연단 하셨습니다(출애굽기 2:1~25). 하나님은 이스라엘의 구원자로 쓰실 모세를 오랜 기간 동안 친히 간섭하시고 인도하셨으며, 잘 훈련되었을 때 그에게 사명을 부여하셨습니다. 모세는 오직 믿음으로 이 모든 일을 이룰 수 있었습니다.

하나님은 믿음의 사람을 통해 구원역사를 이루어 가십니다. 지금도 하나님은 준비된 자를 들어 역사하십니다. 우리는 모세의 믿음을 본받아야 합니다.

1. 믿음으로 모세의 부모들은 모세를 양육했습니다

"믿음으로
모세가 났을 때에 그 부모가 아름다운 아이임을 보고 석 달 동안 숨겨
임금의 명령을 무서워 아니하였으며"
(히브리서 11:23)

모세는 아버지 아므람과 어머니 요게벳 사이에서 태어났습니다. 이스라엘을 구원하여 가나안으로 인도할 지도자로 만드실 하나님께서, 모세의 부모 특히 그 어머니 요게벳의 믿음과 신앙교육을 통해 모세를 만드셨습니다.

모세가 태어날 때에는 이스라엘 백성들이 애굽에서 핍박을 당하는 어려운 시대였습니다. 애굽 사람들은 오래 전에 요셉이 애굽의 총리로 있을 때에는, 기근에서 저들을 구해준 요셉의 민족인 히브리인들에게 항상 고마운 생각을 가졌습니다. 그래서 이스라엘 민족들이 고센 땅에 살도록 했습니다. 그러나 세월이 지나 요셉을 전혀 알지 못하는 왕이 애굽을 다스리면서부터 번성해지는 히브리인들을 두려워한 나머지 이들을

진멸하려는 계획을 세웁니다. 그런데 이스라엘 백성들은 학대를 받을수록 더 번성하고 창성해지자 고된 노동으로 학대했습니다. 그러나 계속 이스라엘은 급속하게 번성해갔습니다. 그러자 이제는 애굽 왕은 남자로 태어나는 모든 히브리인들을 다 죽이라고 산파들에게 명령했습니다. 그러나 산파들은 하나님을 두려워하여 왕의 말을 듣지 않자 이 계획도 뜻대로 되지 않았습니다. 그러자 다시 작전을 바꾸어 히브리인 남자아이이면 다 나일강에 던져 죽이라는 무서운 명령이 선포되었습니다. 이 어려운 시기에 모세가 태어났습니다.

그러면 왜 하나님께서 무서울 정도로 이스라엘을 번성시키셨습니까? 그것은 아브라함에게 하신 언약 때문입니다. 하나님께서 아브라함에게 '너로 큰 민족을 이루게 하겠다.' 고 약속하셨습니다. 그리고 야곱이 애굽으로 내려가려 할 때에 하나님께서 애굽으로 내려가는 것을 두려워말라고 하셨습니다. "내가 거기서 큰 민족을 이루게 하리라" 는 것이 하나님의 약속이었습니다(창세기 46장). 하나님의 약속대로 이스라엘은 급속도로 번성했습니다.

모세의 부모는 아이가 태어났을 때에 믿음으로 양육했습니다. 그 믿음을 어떻게 알 수 있습니까? 오늘 본문 말씀에 "아름다운 아이임을 보고"라고 했습니다. 70인역에서 부모가 모세를 석 달 동안 숨긴 것은 '아름다운' 아이였기 때문이라고 번역되었습니다. '아름다운' 에 해당하는 헬라어 'αστειον(아스

테이온)'은 '도시'라는 뜻의 헬라어 'αστυ(아스튀)'에서 파생된 형용사입니다. 이 말은 '도시에 속한', '잘 양육된' 혹은 '우아한'이란 뜻을 가지고 있습니다. NIV 성경은 'no ordinary child(평범하지 아니한 아이)'로 번역되었습니다. 모세의 부모는 이 아이의 이러한 아름다움을 보고, 하나님이 그 아이를 통해 큰 일을 이루실 것을 믿은 것으로 볼 수 있습니다.

1) 모세 부모의 믿음은 하나님의 입장에서 보았습니다

모세의 부모는 이 아이를 볼 때에 자신들의 혈육적인 시각으로 보지 않았습니다. 하나님이 보시기에 아름다운 아이임을 보았습니다. 하나님께서 쓰실 아이라는 영감을 받았습니다. 즉 부모가 믿음의 눈으로 아이를 보았을 때에, 하나님께서 이 아이를 쓰실 것으로 믿었다는 말입니다. 모세의 부모는 하나님의 말씀을 생각했을 것입니다. 하나님께서 자기의 선조 아브라함과 약속하실 때에 하늘의 별과 같이 많은 자손을 주시겠다고 하셨습니다. 또 애굽에서 종노릇을 할 것이나, 4대에 들어서면 가나안으로 돌아올 것이라는 약속도 생각했을 것입니다. 모세의 부모는 하나님의 말씀을 붙들었던 것입니다.

우리는 우리의 자녀들을 어떤 눈으로 보고 있습니까? 자녀들을 볼 때에 육정의 눈과 세상적인 시각으로만 보고 양육하게 되면 그 자녀는 실패하게 됩니다. "자녀의 외모가 얼마나 예쁜

고 건강한가? 얼마나 공부를 잘하며, 어떤 재능을 가졌는가?'
이런 것들보다 "이 자녀가 하나님이 보시기에 어떤 아이일까?
하나님께서 내 자녀를 어떻게 보실까?, 하나님께서 이 자녀를
어떻게 사용하실까?' 하는 관점에서 보아야 합니다.

하나님께서는 자녀들을 우리에게 기업으로 맡기셨다는 것
을 믿어야 합니다. 그러므로 "우리 자녀가 사람들에게 어떻게
보이며, 성장해서 내게 얼마나 효도를 잘 할 것인가?'에 관심
을 두고 기대하면 안됩니다. 그보다 우리는 "하나님께서 우리
자녀를 어떻게 보시며, 어떻게 사용하실 것인가?'에 관심을 가
져야 합니다. 모세의 부모는 하나님이 보시기에 아름다운 아
이임을 보았습니다. 이 아이를 볼 때에 하나님의 시각과 하나
님의 말씀을 기준으로 해서 보았습니다. 이것이 믿음입니다.

2) 모세 부모의 믿음에는 용기가 있었습니다

그들은 왕의 명령을 두려워하지 않았습니다. 당시 절대 권력
으로 자기들을 죽일 수도 있는 바로 왕을 무서워하지 않고, 여
호와 하나님을 더욱더 의지했습니다. 그들에게 하나님을 향한
믿음이 없었다면 아무리 잘못된 왕의 명령이라도 아이를 강물
에 던졌을 것입니다. 그러나 하나님을 신뢰하며 하나님의 약
속을 믿는 모세의 부모는 임금의 명령도 무서워하지 않았습니
다. 믿음은 하나님의 말씀대로 순종하는데 있어서 어떤 고난

과 희생이 오더라도 그대로 순종하는 것입니다.

물론 우리는 권세를 존중해야 합니다. 국가 지도자를 존경해야 합니다. 성경은 위에 있는 권세에게 순복하라고 하십니다. 물론 임금의 권위에서 명령할 때에 우리는 그 권위에 순종해야 합니다. 그것은 그들도 하나님의 뜻을 이루기 위해 하나님께서 세우셨기 때문입니다. 그러나 그 모든 권세 위에 하나님이 계심을 알아야 합니다.

우리 신앙의 선배들은 일본 천황을 하나님처럼 섬기며, 일장기에 절하고, 신사참배를 강조할 때에 고난과 죽음을 각오하고 거절했습니다. 그것은 일본의 천황보다 하나님을 더욱더 사랑하고 두려워했기 때문입니다. 직속상관의 지시를 따라야 합니다. 그러나 사장의 경영방침을 무시한 직속상관의 명령을 따르면 안됩니다. 모세의 부모가 임금의 명령에 두려워하지 않고 하나님의 말씀대로 순종한 것은 올바른 신앙입니다. 믿음은 하나님을 두려워함으로 신뢰하기 때문에, 그 어떤 두려움도 없었습니다. 그러나 믿음이 없으면 두려워하지 않아도 될 일까지 두려워하게 됩니다. 하나님의 백성인 우리는 전능하신 하나님의 명령에 우선적으로 순종해야 합니다.

3) 모세 부모의 믿음은 최선을 다한 믿음입니다

모세의 부모는 거의 불가능한 상황에서도 최선을 다한 믿음을 보여주었습니다. 그들은 모세를 석 달간 숨겼습니다. 이 석 달은 그들이 숨길 수 있는 최대한의 기간이었습니다. 그들은 믿음으로 숨겼습니다. 그리고 석 달 후에 부모가 아이를 갈 상자에 넣어서 나일강에 띄우고 딸에게 아이가 어떻게 되는지 지켜보도록 했습니다. 그런데 그 때에 바로의 딸이 목욕하려고 그곳으로 나왔습니다. 이것이 우연한 일이겠습니까? 하필 바로 그 때에, 바로의 딸이 목욕하기 위해 그 강으로 나왔습니다. 그리고 그 광주리를 보게 되었습니다. 그 공주가 광주리를 열어보자 히브리 아이였습니다. 그런데도 공주의 마음은 그 아이를 불쌍히 여겼습니다. 이때 모세의 누이가 유모를 구해주었는데, 그 유모는 바로 모세의 생모 요게벳입니다. 모세의 어머니 요게벳은 그 어려운 시기에 궁중에 들어갔습니다. 뿐만 아니라 월급을 받아가면서까지 자기의 아들에게 젖을 먹이고 양육하게 됩니다. 모세가 40세가 될 때까지 애굽 바로의 궁중에서 양육을 받았는데, 그 학문과 무술에 능했다고 성경은 말씀합니다. 그러나 놀라운 것은 그가 40세가 되어서 자기 민족을 돌아 볼 마음이 생겼다는 사실입니다. 모세가 자기 어머니 요게벳으로부터 받은 교육은 조기 교육에 불과한 미미한 것이었습니다. 그러나 바로 궁정의 학교 교육은 왕자를 위한 최고의 교육입니다.

그런데 어릴 때 배운 그 어머니의 교육은 굉장한 효과가 나타났습니다. 어머니 요게벳의 신앙은 그의 일생을 지배했습니다. 모세의 어머니가 어떤 교육을 시켰으리라 생각되십니까? 하나님이 누구이시며, 모세가 히브리 민족임을 가르쳤을 것입니다. 히브리 민족은 하나님의 택하신 민족인 것을 알게 했을 것입니다. 아브라함과 이삭과 야곱에게 약속하신 그 약속을 가르쳤을 것입니다. 모세는 그가 어렸을 때에 어머니 요게벳으로부터 받은 하나님에 대한 신앙교육이 마음속에 살아 있었습니다. 그리고 하나님의 때가 되어 역사한 것입니다. 모세는 바로의 궁중에서 40년 간 받은 교육을 버리고, 어릴 때 배운 어머니의 교육을 따라 하나님을 선택했습니다. 이 모든 것이 우연이라고 하기에는 너무나 계획적인 것 같지 않습니까? 우리는 이 모든 것이 다 하나님의 섭리임을 믿어야 합니다.

우리 하나님은 모든 역사세계를 다스리시는 하나님이십니다. 뿐만 아니라 인간의 심리계와 인간의 모든 활동계도까지도 주장하시는 하나님이십니다. 그리고 분명한 것은 하나님을 사랑하는 자, 곧 그 뜻대로 부르심을 입은 자들에게는 모든 것이 합력하여 선을 이루십니다(로마서 8:28). 우리는 최선을 다하고, 그 결과는 하나님께 다 맡겨야 합니다. 신앙교육은 어릴 때부터 철저히 가르쳐야 합니다. 구세군 창설자 윌리암 부스는 "우리는 마귀보다 먼저 손을 써야 한다. 마귀가 우리 자녀들에게 죄를 가르치기 전에 하나님을 가르쳐야 한다."고 했습니다.

오늘날은 무서운 죄악이 관영한 때입니다. 그러면 우리는 우리의 자녀들을 어떻게 양육해야 합니까? 모세의 부모들의 믿음을 가져야 합니다. 세대를 따르며, 자기 육신의 욕심을 따라 자녀들을 보면 안됩니다. 하나님의 시각으로 하나님께 귀중히 쓰임 받을 그 아름다움을 보아야 합니다. 하나님의 말씀으로 양육해야 합니다. 믿음의 결단은 하나님을 신앙하는 것이므로 그 어떤 것도 두려워하지 않게 됩니다. 우리는 모세 부모의 믿음과 신앙교육을 본받아야 합니다.

2. 믿음으로 모세는 거절할 것은 거절하고 취할 것을 취했습니다

1) 높은 신분의 자리를 거절했습니다

"믿음으로
모세는 장성하여 바로의 공주의 아들이라 칭함을 거절하고"
(히브리서 11:24)

본문은 저자가 출애굽기 2장 11~12절의 내용을 해석한 것으로 볼 수 있습니다(Lane). 모세는 자기의 형제인 히브리 노예를 돕겠다며 무력으로 개입하여 애굽 사람을 죽였습니다. 이것은 모세가 자신을 히브리인으로 자처한 행위였으며, 바로의 공주의 아들 됨을 부인하는 행위였습니다. 모세는 바로의 공주의 아들로서 온갖 부귀와 영화를 누릴 수 있는 기회를 가졌지만, 믿음으로 그 모든 것을 거절했습니다. 모세는 세상에서 가장 높은 사람의 자녀라는 지위와 그에 따른 특권을 거절했습니다(히브리서 11:24). 애굽은 당대에 세계에서 최강대국이었습니다. 애굽에서 왕의 가족은 최상의 특권을 누리는 위치였으나 모세는 그 지위를 거절했습니다. 높은 지위는 일반적으로 세상이 줄 수 있는 모든 종류의 혜택이 보장된 자리입니다. 그러나 모세는 애굽의 대권을 버렸습니다.

사도 바울도 높은 신분을 그리스도를 위해 버렸습니다. 그는 세상 자랑을 다 버렸습니다(빌립보서 3:5~9). 그는 아브라함의 자녀 중 이삭의 계열로 '팔 일만에 할례'를 받았으며, 이삭의 자녀 중에서도 야곱의 자녀인 '이스라엘의 족속'이요, 다윗의 왕통을 배반한 일이 없는 '베냐민의 지파'요, 히브리인으로서의 언어와 전통을 유지하고 있는 '히브리인 중의 히브리인'이요, 율법을 엄격히 지키는 일에는 '바리새인'이었으며, '열심 있고, 흠이 없는 자'였습니다. 그러나 그는 이렇게 고백합니다. "무엇이든지 내게 유익하던 것을 내가 그리스도를 위하여 다 해로 여길 뿐더러 또한 모든 것을 해로 여김은 내 주 그리스도 예수를 아는 지식이 가장 고상함을 인함이라 내가 그를 위하여 모든 것을 잃어버리고 배설물로 여김은 그리스도를 얻고 그 안에서 발견되려 함이라"(빌립보서 3:8)

모세는 죄악의 낙을 거절했습니다. 죄악의 낙은 일시적입니다. 죄는 우리의 인격을 파괴합니다. 자책감이 생겨서 매사에 자신감을 가지지 못하게 합니다. 뿐만 아니라 기도의 응답을 막습니다. 죄악의 낙은 중독성이 있어 버릇이 되기 쉽습니다. 버릇이 되면 이미 그것은 그 사람의 인격 자체의 모습이며, 이것이 그 사람의 장래를 결정하게 됩니다. 그래서 죄는 처음부터 단호히 거절해야 합니다. 믿음의 사람 다니엘과 세 친구들은 신앙의 순결을 지키기 위해 왕의 진미와 포도주를 거절하고 채식만 했습니다(다니엘 1:8~16). 믿음의 사람은 버릴 것은 버릴 줄 아는 결단이 있어야 합니다. 모세는 장성하여 바로의 공주의 아들이라 칭함을 거절했습니다. 한마디로 거절해야 할 것을 거절하는 믿음입니다.

모세에게 있어서 바로의 공주는 은인입니다. 모세를 물에서 건져주었고, 모세를 양자로 삼아 왕궁에서 양육해 주었습니다. 모세는 이제 바로의 공주의 아들로서의 부와 권세와 명예와 모든 특권을 누릴 수 있는 위치였습니다. 그러나 모세가 장성하자 이 모든 것을 거절했습니다. 모세가 바로의 공주의 아들로서 애굽의 모든 명예와 권세와 물질을 다 버리는 것이 결코 쉬운 일은 아닐 것입니다. 그러나 이보다 더 어려운 일이 있습니다. 그것은 다름 아닌 자기를 그렇게 사랑으로 보살펴 준 바로와, 그 딸인 어머니의 기대를 저버린다는 것입니다. 그러나 이제는 모세가 이 같은 인간적인 정에 매여 머뭇거릴 수 없는 결단의 시점에 도달했습니다. 그러면 모세가 왜 이런 결단은 내렸습니까? 그것은 하나님의 백성들을 돌아보아야겠다는 생각 때문이었습니다. 그가 어릴 때부터 자기를 양육한 유모인 요게벳을 통해 배웠던 하나님의 백성들에 대한 하나님의 약속 때문입니다.

하나님의 뜻을 따라 가는 믿음의 길에는 이런 결단이 필요합니다. 모세가 그렇게 부귀영화를 버릴 수 있었던 것은, 자기를 향한 하나님의 뜻이 있음을 깨달았기 때문입니다. 주님을 따르는 제자, 믿음을 따라 가는 길에는 이런 결단하는 용기가 필요합니다. 오늘날 우리의 현실에서도 버려야할 것, 포기해야 할 것, 부인해야할 것들이 우리의 발목을 잡고 있습니다. 이것을 포기하지 않고, 거절하지 않고, 부인하지 않고는 주님을 따를 수 없습니다. 주님이 맡기시는 일을 할 수 없습니다. 아브라함도 하나님이 지시하시는 땅으로 가는 데에는 본토 친척 아비 집을 포기해야 한다고 하셨습니다. 바울도 그의 이전에 의지하고 바라보던 것, 자랑하던 것들을 그리스도 예수를 아는 지식의 고상함을 인해 다 배설물로 버렸다고 했습니다. 세상에 있는 것들, 우리가 가지고 있는 그 어떤 것들이 그 자체가 죄악이 되는 것은 아닙니다. 그러나 무엇이든지 하나님과 우리 사이에 거리낌이 되고, 주님을 좇는 길에 방해가 된다면, 그것이 바로 우리의 우상입니다.

우리는 우리가 가지고 있는 것들이 우상이 될 때에 과감하게 버릴 수 있습니까? 그것들이 주님을 좇는 데 방해가 되어 버려야 한다면 차라리 주님을 버리겠다는 생각으로 주님을 따르고 있습니까? 버릴 것은 버리는 결단을 가질 때 하나님은 모세를 사용하셨습니다. 우리도 결단해야 할 것을 결단할 때 하나님께서 우리를 사용하실 것입니다.

2) 모세는 취할 것을 취했습니다

> "도리어 하나님의 백성과 함께 고난 받기를
> 잠시 죄악의 낙을 누리는 것보다 더 좋아하고
> 그리스도를 위하여 받는 능욕을
> 애굽의 모든 보화보다 더 큰 재물로 여겼으니"
> (히브리서 11:25~26)

모세는 하나님의 백성과 함께 받는 고난을 택했습니다. 이것은 바로 그리스도를 위한 능욕을 취한 것입니다(히브리서 11:26). 그는 왕자로서 특권이 되는 모든 좋은 것을 포기하고, 하나님의 백성과 함께 고난받기를 원했습니다. 만일 모세가 하나님의 부르심을 깨닫고도 그대로 왕궁에 머물러 있었다면, 그 자체가 하나님의 명령에 불순종하는 크나큰 죄악이 되었을 것입니다. 모세는 왕궁에서 일시적인 안락함을 누리는 것보다, 하나님의 명령에 순종하여 그의 백성과 함께 고난 받는 일을 더 가치있게 여겼습니다. 세상의 지위, 명예, 재물을 포기하고 하나님의 백성과 함께 고난받기를 택했습니다. 그리스도를 위해 받는 능욕을 애굽의 모든 보화보다 더 큰 재물로 여겼으니, 모세는 믿음으로 유월절을 지킴으로 그리스도의 대속을 멀리서 바라보았던 것입니다.

이스라엘이 어떻게 구원을 얻었습니까? 이스라엘은 애굽에서 400년 이상 종살이를 했습니다. 그러는 가운데 애굽 사람들과 하나 다를 바 없이 우상을 섬겼으며, 애굽의 풍습에 젖어 살아갔습니다. 하나님께서 애굽을 치실 때에는 그들의 우상을 깨뜨리시고 그들의 죄악을 멸하셨습니다. 죄의 값은 사망이기 때문입니다. 그러나 양의 피를 바른 집안에 있는 이스라엘 백성은 한 생명도 상하지 않았습니다.

유월절의 어린양은 그리스도였습니다. 유월절의 어린양은 흠이 없는 것입니다. 그리스도께서도 흠도 없고 점도 없으신 어린양이십니다(베드로전서 1:19). 어린양은 피를 흘려서 죽어야 했습니다. 그리스도께서도 세상에 오셔서 십자가를 지시고 죽임을 당하시며 피를 흘리셨습니다. 그리스도께서 우리를 위한 속죄제물과 속건제물과 번제물과 화목제물이 되셨습니다. 유월절 어린양은 불에 구워지도록 되어 있습니다. 그리스도께서도 우리를 구원하시기 위해 하나님의 극렬한 진노의 불에 형벌을 받으셔야 했습니다. 이렇게 양을 잡으므로 우리를 위한 구속이 이루어진 것입니다.

모세는 이 유월절의 구속 역사를 알았기 때문에 그리스도를 위해 능욕 받을 수 있었고, 버릴 것은 과감히 버릴 수 있었으며, 취할 것은 취하는 결단을 내릴 수 있었습니다. 세상의 가치관으로 보면 어리석은 일입니다. 그러나 하나님을 믿는 믿음과 영원한 천국의 영광을 바라보는 믿음이 있는 사람의 가치관으로 보면 참으로 지혜로운 선택입니다.

왜 모세가 애굽의 모든 것을 과감히 버릴 수 있었습니까? 그 이유는 모든 것을 버리고도 더 좋은 것을 선택할 무엇이 있다고 믿었기 때문입니다. 더 가치있고, 더 소중하고 큰 것이 있음을 확신했기 때문입니다. 우리의 신앙생활에서 버릴 것과 끊을 것들을 과감하게 버리고 끊는 것은 중요합니다. 동시에 적극적으로 취할 것을 취하는 결단은 더욱 중요하다는 것을 알아야 합니다. 그것은 주님이 기뻐하시는 일입니다. 주님과 복음을 위해, 주님의 뜻을 이루기 위해 적극적으로 선택하고 따르는 일이 필요합니다.

우리는 버릴 것은 버리고 취할 것은 취하는 신앙생활을 해야 성장이 있고 더 큰 은혜를 체험할 수 있습니다. 우리 이전의 삶이 죄악 된 것일 때에 즉시 돌이켜 회개함으로 버리고 끊어야 합니다. 방향전환을 해야 합니다. 잘못된 방향에서 올바른 방향으로 돌아서야 합니다. 세상적인 쾌락을 추구하는 자리에서 그리스도를 위한 고난을 받을 수 있는 자세로 바꿀 수 있어야 합니다.

하나님께서 우리를 불러 구원하신 것은 하나님의 은혜로 영생에 들어가게 하실 뿐만 아니라, 이제 그리스도로 인해 고난도 받게 하려하심입니다. 모세는 애굽의 공주의 아들이라는 삶을 거절하고, 하나님의 백성들과 함께 고난 받는 것을 선택했습니다. 하나님의 백성들과 함께 고난받기를 잠시 죄악의 낙을 누리는 것보다 더 좋아했다는 것입니다. 또 그리스도를 위해 받는 능욕을 애굽의 모든 보화보다 더 큰 재물로 여겼습니다.

왜 모세가 부요의 길, 평안의 길을 버리고 고난의 길을 택했습니까? 그것은 그가 어리석었기 때문이 아닙니다. 물론 세상이 모세를 볼 때에는 이처럼 어리석은 사람은 없을 것입니다. 세상의 많은 사람들은 힘을 다해 세상의 권세를 잡으려고 모든 수단과 방법을 동원합니다. 누구든지 부귀 영화를 누리려고 모든 힘을 다 쏟습니다. 그런데 모세는 이 모든 것을 다 가질 수 있는 가장 유리한 환경과 위치에 있었습니다. 그러나 도리어 그 모든 것을 버리고 하나님의 백성들과 함께 고난받고, 그리스도를 위해 고난 받는 것을 더 낫게 여겼습니다. 무엇이 그렇게 만들었습니까? 그것은 그의 가치관 때문입니다. 가치관은 아주 중요합니다. 우리의 가치관이 무엇이냐에 따라서 우리 인생의 삶의 방향과 질이 결정됩니다. 가치관이 바르지 못하면 그의 일평생은 실패할 수밖에 없습니다. 무엇을 우선 순위로 하고, 무엇에 가치를 두느냐 하는 것은 아주 중요한 일입니다.

큰 저택이 불타고 있었습니다. 그 집의 여주인은 겁에 질려

믿음으로 모세는

홀로 뛰쳐나왔다가 갑자기 불 속으로 용감하게 뛰어들었습니다. 그리고 귀중품이 들어 있는 보석상자를 안고 나오며 외쳤습니다. "아, 이제 살았다. 내 귀고리, 내 목걸이, 내 팔찌, 모든 보석을 다 찾았다. 참으로 다행이다." 그런데 얼마 뒤 사람들이 소리쳤습니다. "저기 보세요. 아이들이 불이 난 집의 창가에 있어요." 그 소리를 들은 그녀는, "내 아이들, 내 아이들." 하고 외쳤습니다. 그녀는 자녀들이 불 속에 있는 것을 알고 발을 동동 구르며 몸부림을 쳤습니다. 그러나 이미 불은 자녀들의 생명을 삼켜버렸습니다. 어머니는 물질에 눈이 어두워 자녀들의 귀중한 생명을 건지지 못했습니다. 우리는 세상의 일과 생명을 구하는 일 중에 어떤 것을 우선 순위에 두어야 합니까? 어디에 더 가치를 두어야 합니까? 예수님은 말씀하셨습니다. "사람이 만일 온 천하를 얻고도 자기를 잃든지 빼앗기든지 하면 무엇이 유익하리요"(누가복음 9:25)

　모세는 올바른 가치관을 가졌습니다. 우선 순위를 바로 알았습니다. 모세의 가치관은 어떤 것입니까? 그가 세상에서 바로의 공주의 아들로서의 존귀하고 부요한 삶을 산다 하더라도 그것은 잠시동안만 있을 낙이라는 것을 알았습니다. 또한 그 삶은 죄악의 삶이라는 것도 알았습니다. 하나님 없이 즐기고 누리는 것은 다 죄악입니다. 그는 이 세상에서 잠시동안 죄악의 낙을 누리는 것으로 끝나기에는 나라는 존재가 하나님 안에서 너무 귀하다는 것을 알았습니다.

우리가 얼마나 귀한 존재입니까? 세상의 부귀영화를 위해 자신을 소진하기에는 우리가 너무나 아깝습니다. 세상의 온갖 것을 다 얻는 데에 자신을 투자했다면 그것이 과연 가치있는 삶을 살았다고 말할 수 있겠습니까? 모세는 잠시 누릴 낙에는 죄악이 있다고 말했습니다. 그것을 얻었더라도 자신이 영원한 존재임을 알고 난 모세는 잠시 잠깐 누리는 것을 위해 영원을 투자할 수 없다고 생각했습니다.

돈을 위해 일하면 안됩니다. 명예를 위해서 자신을 던져서도 안됩니다. 인생은 영원합니다. 인생은 심히 가치 있는 존재입니다. 천하를 다 얻지도 못하면서 천하보다 더 귀한 영원한 자신을 소모했다면 너무나 큰 손해를 보는 것입니다. 우리가 이 가치관을 가질 때에 믿음의 사람들의 거절을 이해하게 될 것입니다. 그러나 모세가 선택한 길은 하나님의 백성들과 함께 고난 받는 일입니다. 그리스도를 위해 능욕 받는 일입니다. 모세가 하나님의 구원역사에 쓰임 받은 이것이 바로 그리스도를 위해 능욕 받는 일이라 했습니다. 모세는 믿음으로 하나님을 위해 하나님의 백성들을 구원하는 일에 앞장섰습니다. 믿음은 거절도 잘해야 하지만 선택도 잘해야 합니다. 모세는 이것의 가치를 알았기 때문입니다.

다이아몬드와 인간의 가치를 결정하는 기준으로 '4C'가 있습니다. 첫째는 투명도(Clarity)입니다. 보석과 사람은 맑음의 정도에 따라 가치가 달라집니다. 둘째는 무게(Carat)입니다. 가벼울수록 다이아몬드의 가치가 떨어지는 것처럼, 생각과 행동이 가벼운 사람은 인정받지 못합니다. 셋째는 색깔(Color)입니다. 가치있는 보석일수록 신비한 빛을 발합니다. 인간의 삶에도 나름대로 빛과 향기가 있습니다. 넷째는 모양과 결(Cut)입니다. 보석은 깎이는 각도와 모양에 따라 가치가 달라집니다. 가치가 있는 다이아몬드는 주위를 향해 찬란한 빛을 발합니다. 그러나 인간은 다이아몬드의 평가기준 '4C'에 한 가지를 더 추가해야 참다운 가치를 매길 수 있습니다. 그것은 바로 예수 그리스도(Christ)입니다. 인간은 그분의 피로 씻음을 받고, 그분의 손길로 빚어질 때에 비로소 '걸작품'으로 다시 태어납니다.

모세는 예수님을 위해 받는 능욕이라면 그 능욕을 기꺼이 받았습니다. 이런 수모는 누구나 받을 수 있는 것이 아닙니다. 주의 사도들도 그리스도를 위해 능욕을 받았습니다. 그들이 공회에서 채찍에 맞고 풀려날 때 '사도들은 그 이름을 위하여 능욕 받는 일에 합당한 자로 여기심을 기뻐했다.' 고 했습니다(사도행전 5:41). 예수님을 따르는 자들의 기본적인 자격은 자기를 부인하고 십자가를 지는 것입니다(누가복음 9:23). 자기의 명예와 지위에 집착하지 않고 손해보기를 당연히 여겨야 합니다. 우리도 모세처럼 버릴 것은 버리고 취할 것은 취하는 믿음의 성도가 됩시다.

3. 믿음으로 모세는 상 주심을 바라보았습니다

*"그리스도를 위하여 받는 능욕을 애굽의 모든 보화보다 더 큰 재물로 여겼으니
이는 상 주심을 바라봄이라"*
(히브리서 11:26)

모세의 믿음은 영원한 세계, 즉 천국을 바라보는 신앙입니다. 그는 하나님 앞에서 상 받을 것을 내다보며 버릴 것은 버리고 취할 것을 취하는 결단을 할 수 있었습니다.

우리가 인생살이를 다 마친 후에는 반드시 그리스도 앞에 서게 될 것입니다. 그때 우리 모든 인생은 하나님 앞에서 우리의 신앙과 삶에 대한 평가를 받게 됩니다. 그때의 평가가 진정한 평가입니다. 세상의 평가나 여론 조사는 완전치 못할 때가 있습니다. 그러나 우리가 하나님 앞에 설 그 때에 받을 평가는 가장 완벽한 것이 될 것입니다. 앞으로 우리가 하나님 앞에 어떤 모습으로 나타나고, 어떤 평가를 받을 것인지가 중요합니다. 왜냐하면 우리의 인생살이의 총 결산이기 대문입니다. 진정한 성공자와 실패자가 누구인가를 알 수 있기 때문입니다.

모세는 무엇이 하나님 앞에서 상 받는 일인가를 바로 알았습니다. 그래서 그는 하나님의 백성과 함께 고난 받는 일을 선택하고, 애굽 공주의 아들로서의 평안한 삶을 포기하는 결단을 했습니다. 잠깐의 세상 즐거움보다 영원한 천국에서의 상을 바라보았습니다. 모세는 상 주심을 바라보았습니다. 물론 세

상에서도 하나님께서 주시는 보상이 있습니다. 그러나 이것과 영원한 보상과는 비교할 수 없습니다. 오늘 우리가 이미 받은 구원은 다 같은 구원입니다. 그러나 세상에서 주님과 주님의 백성들을 위해 고난과 능욕을 받은 자가 인정받되 영원히 인정받고, 그 모든 수고에 대해 영원히 갚아 주시는 하늘나라입니다.

그런데 오늘날 많은 그리스도인들이 이 세상의 즐거움을 버리지 못합니다. 잠깐 누리는 죄악의 낙에서 완전히 자유롭지 못해 유혹을 받아 끌려 다닙니다. 왜 세상의 죄악 된 삶을 거절하지 못합니까? 왜 하나님과 우리 사이를 가로막는 세상의 것들과 우상을 버리지 못합니까? 왜 그리스도와 복음을 위해 충성하는 것을 주저합니까? 그것은 영원한 것을 깨닫지 못하기 때문입니다. 다시 말하면 잘못된 가치관을 가졌기 때문입니다. 이 세상이 영원한 것보다 더 낫고 좋고 크다는 잘못된 가치관 때문입니다. 또한 우리가 이 세상에 있지만, 하나님의 신실하심과 하나님이 우리를 불러서 쓰신다는 사실을 잊었기 때문입니다.

우리는 잠깐 있다가 없어지는 세상에서 죄악의 낙을 누리는 것보다, 영원히 사는 것에 관심을 두고 투자해야 합니다. 주기철 목사님은 평생 고민하며 생각한 물음이 있다고 합니다. 그것은 자신이 "주님 앞에 서게 될 때에 '나는 너를 위해 모든 것을 다 주었는데, 너는 나를 위해 무엇을 주었느냐?'고 물으신다면 나는 '어떻게 대답할까?'"였다고 합니다. 그분은 진정한 가치와 영원한 세계를 바로 알았고, 상 주심을 믿었습니다. 그렇기 때문에 평생을 하나님께 드리는 삶을 살았으며, 순교의 제물이 될 수 있었습니다. 믿음으로 모세는 주님과 주님의 복음을 위해 모든 것을 포기하고 거절했습니다. 믿음으로 모세는 주님과 주님의 복음을 위해 고난과 능욕을 받을 수 있었습니다.

우리는 어떻습니까? 세상에서 잠시 누릴 부귀영화와 죄악의 낙을 위해 모든 것을 다 투자하고 있지는 않습니까? 우리는 믿음으로 결단한 모세를 본받아야 합니다. 주님께서 오늘이라도 우리를 오라 하시면 다 가야만 합니다. 그때 우리는 하나님 앞에서 어떤 상을 받을 수 있겠습니까? 혹시 책망을 듣지는 않겠습니까? 믿음으로 모세는 바른 가치관을 가졌기 때문에 세상의 즐거움을 버리고 영원을 취했습니다. 모세는 믿음으로 인생을 성공적으로 살았습니다. 우리도 영원한 상을 바라보며 살아가는 가치관을 가져야 합니다.

스터드(C.T. Stucd)는 케임브리지대학의 가장 뛰어난 크리켓 주장 선수였습니다. 중국으로 갔던 케임브리지 쎄븐이라고 불리는 일곱 명의 선교 헌신자 중의 한 사람입니다. 그는 그의 부친으로부터 당시 29,000파운드라는 거액의 유산을 물려받았습니다. 그는 그중 5,000파운드를 중국의 선교사역을 위해 허드슨 테일러(Hudson Tayler; OMF선교회의 전신인 CIM 창설자)에게 보내고, 5,000파운드는 윌리엄 부드(William Booth; 구세군 창설자)에게 보내고, 5,000파운드는 당시 인도 선교를 위해 복음전파를 시작하려 하던 무디 성경재단의 설립을 위한 비용으로 전도자 무디(D.L. Moody)에게 보냈습니다. 그리고 3,400파운드만 결혼할 때에 그의 아내에게 주었습니다. 그 외에는 다른 하나님의 일꾼들에게 주었습니다. 그리고 그는 중국(10년), 인도(6년), 아프리카의 벨기에 영토인 콩고(18년)에서 하나님의 부르심을 받을 때까지 선교사역을 했습니다. 그가 세운 선교단체가 「WEC」(Worldwide Evangelization Crusade)입니다. 그는 세상의 즐거움과 낙을 누리는 것보다 영원한 하나님의 나라를 생각했고, 그 나라에서 상 받을 것을 준비했습니다. 그는 참된 가치관을 가지고 살았습니다. 영원히 받을 상급을 바라보았습니다.

성경은 우리의 삶을 가리켜 건축에 비유했습니다. 거기에는 나무나 짚이나 풀로 집을 짓는 자와 금은보석으로 짓는 자가 있다고 했습니다. 그리고 마지막 날에 그것을 불로써 태운다고 하셨습니다. 주를 위해 투자한 시간과 건강과 재물과 모든 것들은 금은보석으로, 단지 육신을 위해 이 세상에서의 재미와 만족을 위해 투자한 것들은 지푸라기와 같은 것으로 잿더미만 남을 것입니다. 불에 타지 않고 남는 것이 상급의 조건이 될 것입니다.

우스운 이야기가 있습니다. 우리가 나중에 천국에 가게 되면 알몸에 팬티만 하나 두르고 있는 사람을 단나볼 수 있을 것인데, 그 사람은 바로 예수님의 한편에서 십자가형을 받고 죽은 강도라고 합니다. 그가 십자가형을 당할 때 마지막에 팬티만 둘렀을 것이므로, 임종 전에 입은 그대로 천국에 있을 것이라는 이야기입니다. 이 말은 그는 생전에 예수님을 위해 일한 것이 전혀 없기 때문이라고 합니다. 그가 한 일이라면 죽기 직전에 예수님께 말씀드린 단 한마디뿐입니다. "당신이 낙원에 이를 때에 나를 기억해 주십시오." 이 말 때문에 그가 낙원에 초대를 받았기 때문이라고 합니다. 이 이야기는 우리 모두가 이 땅에서 주를 위해 무엇을 했느냐에 따라서 천국에서 상급이 정해진다는 것을 풍자한 이야기입니다.

   우리는 주 예수님을 믿음으로 구원을 받았습니다. 그리고 구원받은 백성은 모두 천국에 갈 것이므로, 이제는 상급을 위한 수고의 삶을 살아야 합니다. 이것이 우선 순위요 최고의 가치입니다. 그렇다면 우리가 일찍 부름을 받았다는 사실은 엄청난 축복입니다. 왜냐하면 그만큼 일할 기회와 시간이 부여되어 있기 때문입니다.

   우리는 주를 위한 수고와 고생과 고난에 동참하지 못하고, 그리스도를 위해 능욕 받는 것을 기뻐하고 있습니까? 그렇지 않다면 부끄러운 모습으로 하나님의 영광의 자리에 서야 할 것입니다. 우리는 너무나 부끄럽고 아무 얻은 것도 없는 모습으로 천국에 갈 수는 없습니다.

우리도 믿음으로, 모세처럼 버릴 것은 버리고 취할 것은 취해야 합니다. 그리고 믿음으로 상 주심을 바라보아야 합니다. 그리고 그리스도를 위해 우리의 삶의 목표는, "오직 하나님의 영광을 위하여, 오직 그의 나라와 그의 의를 위하여."가 되어야 합니다. 아멘.

11

믿음으로 홍해를 육지같이
(히브리서 11:29, 출애굽기 14:13~18)

²⁹믿음으로 저희가 홍해를 육지 같이 건넜으나 애굽 사람들은 이것을 시험하다가 빠져 죽었으며 ¹³모세가 백성에게 이르되 너희는 두려워 말고 가만히 서서 여호와께서 오늘날 너희를 위하여 행하시는 구원을 보라 너희가 오늘 본 애굽 사람을 또 다시는 영원히 보지 못하리라 ¹⁴여호와께서 너희를 위하여 싸우시리니 너희는 가만히 있을지니라 ¹⁵여호와께서 모세에게 이르시되 너는 어찌하여 내게 부르짖느뇨 이스라엘 자손을 명하여 앞으로 나가게 하고 ¹⁶지팡이를 들고 손을 바다 위로 내밀어 그것으로 갈라지게 하라 이스라엘 자손이 바다 가운데 육지로 행하리라 ¹⁷내가 애굽 사람들의 마음을 강퍅케 할 것인즉 그들이 그 뒤를 따라 들어갈 것이라 내가 바로와 그 모든 군대와 그 병거와 마병을 인하여 영광을 얻으리니 ¹⁸내가 바로와 그 병거와 마병으로 인하여 영광을 얻을 때에야 애굽 사람들이 나를 여호와인 줄 알리라 하시더니

11

믿음으로 홍해를 육지같이

히브리서 11:29, 출애굽기 14:13~18

　믿음으로 사는 성도들에게도 어려움이 옵니다. 구원받은 성도들이 천국을 향해 가는 길에도 난관이 옵니다. 때로는 절망적이고 앞이 보이지 않는 일들이 나타날 때도 있습니다. 그러나 하나님의 백성들은 믿음으로 승리합니다.
　오늘 성경본문에서는 이스라엘 민족이 출애굽 할 때에 홍해가 가로막는 위기를 믿음으로 건넌 사건을 기록하고 있습니다. 이 출애굽 사건은 이스라엘이 애굽에서 종살이할 때, 하나님의 은혜와 능력으로 애굽에 열 가지 재앙을 내려 바로 왕을 완전히 굴복시키고 해방을 얻는 사건입니다. 애굽에서 탈출한 이스라엘 백성들이 가나안으로 행할 때에 맞이하게 되는 첫 번째 시련이 바로 그들 앞에 나타난 홍해였습니다. 이스라엘을 보낸 바로 왕은 마음이 변하여 군대를 이끌고 추격해 왔습니다. 이스라엘 앞에는 홍해라는 바다가 가로막고, 뒤에는 애굽 군대가 추격하여 오고 있습니다. 이런 위기에 이스라엘은 믿음으로 모세의 명령에 순종하여 무사히 홍해를 건넜습니다. 믿음으로 이스라엘 백성이 홍해를 건넌 사건은 하나님의 주권과 변치 않는 그의 사랑의 언약을 나타냅니다. 그러나 불신앙으로 하나님을 대적하고자 이스라엘 백성들을 추격하여 온 애굽 군대는 갈라진 홍해 바닷물이 본래대로 되돌아왔을 때 물속에 잠겨 전멸했습니다(출애굽기 14:23~28). 믿음으로 모세와 이스라엘은 홍해를 건넜습니다.

우리의 인생 길에도 우리의 힘으로는 도무지 어떻게 할 수 없는 진퇴양난의 상황들이 닥쳐오기도 합니다. 그러나 이스라엘이 믿음으로 홍해를 육지같이 건넌 것처럼 우리도 믿음으로 행할 때에 홍해와 같은 역경도 능히 통과할 수 있습니다.

오늘 본문의 홍해를 건넌 사건은 출애굽기 14장에 나옵니다. 이스라엘이 홍해를 건넌 사건은, 오늘날 우리 앞에 두려움과 놀라움의 현실을 만났을 때에 어떻게 믿음으로 행해야 할 것인지를 가르쳐 줍니다. 그리고 믿음으로 홍해를 건넌 것처럼 우리도 믿음으로 우리 앞에 나타나는 홍해를 건널 수 있음을 보여 줍니다. 우리는 믿음으로 홍해를 육지같이 건너는 삶을 살아야 합니다.

1. 믿음으로 하나님의 전능하신 능력을 의지해야 합니다

"모세가 백성에게 이르되
너희는 두려워 말고 가만히 서서 여호와께서 오늘날 너희를 위하여 행하시는 구원을 보라
오늘 본 애굽 사람을 또 다시는 영원히 보지 못하리라
여호와께서 너희를 위하여 싸우시리니 너희는 가만히 있을지니라"
(출애굽기 14:13~14)

'너희는 두려워하지 말고 가만히 서 있으라' 고 했습니다. '두려워 말고' 는 하나님에 대한 온전한 사랑과 신앙을 회복하라는 의미로 해석할 수 있습니다(요한일서 4:18). 사람들은 갑자기 어려운 일을 당하면 두려워하기 마련입니다. 뒤에는 적군이요, 앞에는 홍해가 나타난 상황에서 얼마나 무서웠겠습니까? 사람들이 하나님을 신뢰하지 못하면, 어려움이 올 때에 나타나는 첫 번째 반응이 두려움입니다. 그러나 신앙인의 첫 걸음은 두려워하지 않는 것입니다. 하나님을 믿는 신앙을 가진 사람은 두려워하지 않습니다. '가만히 서서' 는 문자적으로 '너희 자리를 지키라' , '그 자리에 꿋꿋이 서 있으라' 는 뜻입니다. 비록 지금의 상황이 절박하더라도 다급해 하거나 결코 좌절하지 말고 조용히 그 상황을 맞이하라는 명령입니다. 지금 이스라엘 자신의 힘으로는 아무것도 할 수 없으므로 가만히 서 있어야 합니다. 결국 이 말은 하나님을 온전히 신앙하라는 준엄한 지시입니다. '구원을 보라' 는 말은 파도치는 홍해의

바닷물이나 중무장한 강한 애굽 군대를 바라보지 말고, 위로부터 오는 하나님의 크신 능력을 소망하라는 뜻입니다. 한편 이스라엘 백성들이 애굽에서 구원받은 것은 장차 신자들이 죄에서 구원받을 것을 예표합니다. 이 어려운 현실을 누가 해결할 수 있습니까? 오직 여호와 하나님뿐이십니다. 구원을 이루시는 분은 오직 하나님밖에 없음을 보여주는 말씀입니다.

인간으로는 어찌할 수 없는 절망의 현실일수록 하나님께서 역사하십니다. '가만히 있으라'는 말은 '너희 인간이 할 수 없는 일이다. 오직 하나님 나만이 하실 수 있는 일이다. 그러니 너희는 가만히 있으라.'는 말씀입니다. 그렇습니다. 우리 인간이 할 수 없을 때에는 가만히 있어야 합니다. 오직 하나님을 온전히 신뢰하면서 기다려야 합니다. 우리가 먼저 움직이거나 서둘러 일을 그르치게 되면 안됩니다. 하나님께서 하시도록 믿음으로 가만히 기다려야 합니다. 가만히 서서 기다리는 것은, 우리가 당하는 어떤 현실도 하나님께서 주신 것임을 인정하고 기다려야 한다는 말입니다. 이스라엘 앞에는 홍해라는 바다가 가로막고, 뒤에는 애굽 군대가 추격하고 있습니다. 우리 앞에도 이처럼 진퇴양난의 경우가 있습니다. 우리는 우리 힘으로 홍해를 건널 수 없습니다. 이 어떤 어려운 현실도 하나님께서 주셨으므로 하나님께서 해결해 주신다는 말씀입니다.

그러므로 믿음의 성도들은 어떤 일을 만나도 두려워하지 말아야 합니다. 가만히 있어야 합니다. 왜 두려워 말고 가만히 서 있어야 합니까? 그것은 여호와께서 행하신 구원의 역사가 있기 때문입니다. "너희는 두려워 말고 가만히 서서 여호와께서 오늘날 너희를 위하여 행하시는 구원을 보라"(출애굽기 14:13~14) 이 말씀은 '애굽에서 열 가지 재앙을 내려 애굽을 심판하시고 이스라엘을 구원하신 일을 너희가 보지 않았느냐? 이제 열한 번째 재앙이 홍해 앞에서 나타날 것이므로 가만히 서서 보라. 마음을 침착하게 하고, 이 절박한 상황을 너희가 주도적으로 해결하려 말고, 모든 것을 하나님께 맡기고, 너희는 수동적인 자세를 취하라' 는 말씀입니다.

그러면 왜 하나님이 이스라엘을 홍해 앞으로 인도하셨습니까? 몇 가지 이유가 있습니다. ①이스라엘을 블레셋의 함정에 빠지지 않게 하기 위해서입니다. "바로가 백성을 보낸 후에 블레셋 사람의 땅의 길은 가까울지라도 하나님이 그들을 그 길로 인도하지 아니하셨으니 이는 하나님이 말씀하시기를 이 백성이 전쟁을 보면 뉘우쳐 애굽으로 돌아갈까 하셨음이라 그러므로 하나님이 홍해의 광야 길로 돌려 백성을 인도하시매"(출애굽기 13:17~18) ②바로의 군대를 장사(葬事)하기 위해서입니다. 애굽의 모든 신들은 모세가 내리는 재앙 앞에 다 진멸되었으며, 생축의 초태생과 사람의 장자는 유월절 재앙에 다 멸망을 받았습니다. 이제 마지막 남은 군대들을 홍해에서 장사하기 위해서입니다. ③이스라엘 백성에게 세례를 베풀기 위해서입니다. "형제들아 너희가 알지 못하기를 내가 원치 아니하노니 우리 조상들이 다 구름 아래 있고 바다 가운데로 지나며 모세에게 속하여 다 구름과 바다에서 세례를 받고"(고린도전서10:1~2) '바다에서 세례 받았다'는 말은 지금까지 이스라엘 백성들이 애굽의 종살이를 하다가 하나님의 도우심으로 홍해를 지나면서 하나님의 구원하심을 확실히 체험했다는 말입니다. 이스라엘 백성들은 구름기둥으로 인도함을 받았으며, 홍해를 건너는 체험도 했습니다. 이스라엘은 이로써 그들에게 베푸시는 하나님의 사랑과 초자연적인 능력을 극적으로 경험하게 되었습니다. 이것은 이스라엘은 자신들이 하나님께서 택하신 거룩한 백성이라는 정체성(正體性, identity)을 갖게 해주는 결정적 역할을 했습니다. 다시 말하면 이스라엘은 '구름기둥과 홍해'의 경험을 통해 '하나님의 백성', 곧 '구원받은 백성'이라는 확신을 얻을 수 있었습니다. 그런 의미에서 '구름과 바다'는 구원의 도구가 되었으며, 그리스도인의 '물세례'를 상징합니다(로마서 6:3). 물속에 들어가는 것은 그리스도와 함께 죽은 자라는 것을 나타내며, 다시 물에서 올라오는 것은 그리스도께서 죽은 자 가운데서 다시 부활하셨을 때에 함께 부활했음을 믿는 것입니다. 그러면서 이제 나의 옛사람은 죽고 새사람으로 살라는 표시입니다.

이제 이스라엘은 더 이상 애굽으로 돌아갈 필요가 없습니다. 이제 이스라엘 백성들은 다시는 그 바다를 건너 갈 필요가 없었습니다. 이것은 한번 세례 받은 사람은 더 이상 세례를 받을 필요가 없으며, 한번 구원받은 사람은 더 이상 구원받을 필요가 없다는 말입니다. 구원받은 백성들이 이제 가야할 길은 단 한 길 밖에 없습니다. 그것은 하나님과 함께 걸어가는 길입니다. 하나님이 마련해 놓으신 그 계획대로 살아가는 것입니다. 그러면 하나님께서 책임져 주십니다. 구름기둥으로 갈 길을 인도하시고, 길이 보이지 않으면 불기둥이 인도해 주십니다. 하나님께서 모든 것을 책임져 주십니다.

이스라엘이 위기에 봉착했을 때 홍해를 갈라 육지같이 건너게 하신 것은 전적으로 하나님의 능력이었습니다. 이스라엘은 그 어려움을 해결할 능력이 전혀 없었습니다. 이스라엘은 오직 믿음으로 가만히 서서 하나님만을 바라보고 의지하는 것이 전부였습니다. 하나님만을 믿고 바라보기만 하면 됩니다.

믿음이란 내가 아닌 하나님이 주인이 되는 삶입니다. 전능하신 하나님께서 저희를 위해 일하시는 그 놀라운 구원 역사를 보는 것입니다. 이때 조심할 것은 인간의 소리를 내지 말아야 합니다. 어렵고 힘든 일을 만나면 우리는 쉽게 인간의 소리를 내게 됩니다. 원망과 불평, 그리고 자포자기하면서 절망하고 맙니다. 인간의 감정들이 끓고 있을 때에는 하나님의 음성이 들리지 않습니다. 그때는 양심도 이성도 없고 물론 신앙도 없습니다.

이스라엘의 상황을 생각해 봅시다. 200만이 아우성을 치고, 거기에다 짐승들까지 덩달아 울부짖고, 뒤에서는 애굽 군대의 말굽소리와 함성이 들려오고 있습니다. 우리가 이런 상황이라면 어떻게 해야 옳겠습니까? 이때 인간의 소리를 내면 안됩니다. 이때 필요한 것은 가만히 있는 것입니다. 격한 감정을 가라앉히고, 고요하고 차분한 마음으로 주님을 바라보아야 합니다. 하나님께서 일하시도록 모든 것을 하나님께 맡겨야 합니다.

우리 앞에도 홍해가 나타나게 되면 가만히 서서 전적으로 하나님을 의지하고 바라보아야 합니다. 이것이 믿음으로 홍해를 건너는 비결이요, 승리의 비결입니다.

2. 믿음으로 기도해야 합니다

> "바로가 가까워 올 때에 이스라엘 자손이 눈을 들어 본즉 애굽 사람들이 자기 뒤에 미친지라 이스라엘 자손이 심히 두려워하여 여호와께 부르짖고 그들이 또 모세에게 이르되 애굽에 매장지가 없으므로 당신이 우리를 이끌어 내어 이 광야에서 죽게 하느뇨 어찌하여 당신이 우리를 애굽에서 이끌어 내어 이같이 우리에게 하느뇨"
> (출애굽기 14:10~11)

이스라엘 백성들이 처음에는 모세와 함께 기도했으나 곧 이어서 모세를 원망했습니다. 여기에서 신앙의 위인과 범인의 차이가 나타납니다. 모세는 끝까지 포기하지 않고 하나님께 부르짖었다고 성경은 말씀합니다. "여호와께서 모세에게 이르시되 너는 어찌하여 내게 부르짖느뇨"(출애굽기 14:15) 신앙은 위기에서 나타납니다. 모세는 위기관리 능력이 있는 믿음의 지도자입니다.

'부르짖다'는 말은 '큰 소리로 기원하다'를 뜻합니다. 따라서 이 구절은 "너는 어찌하여 소리질러 내게 기도만 하느냐?"고 꾸짖는 말투입니다. 즉 하나님께서는 모세에게 더 이상 심령 안에서 부르짖는 애원으로 기도만 하지말고, 믿음의 행동을 담대히 취하라고 명령하시는 것입니다. 그러나 우리는 홍해를 만났을 때 먼저 기도해야 합니다. 어려운 일을 만났을 때 모세는 하나님께 기도했습니다. 앞에는 홍해요 뒤에는 애굽의 군사들이 쳐들어옵니다. 이런 어려운 일을 만났을 때 이스라엘 백성들에게는 하나님과 하나님의 역사가 보이지 않았습니다. 다만 눈으로 보이는 것은 두려움뿐이었습니다. 그러나 믿음의 사람 모세는 지금 눈앞에서 전개되는 위험한 현실만 보지 않았습니다. 모세는 이 현실도 하나님께서 주장하신다는 사실을 믿었습니다. 하나님께서 약속하신 것을 모세는 믿었습니다. 조상들에게 약속하신 그대로 광야를 지나서 젖과 꿀이 흐르는 가나안 땅으로 들어갈 것을 믿었습니다. 모세는 지금 자기의 눈앞에서 벌어진 이 현실과 하나님의 약속은 모순된다는 것을 알면서도 그는 신실하신 하나님의 약속이 이루어질 것을 확신했습니다. 또한 하나님의 전능하심을 믿었습니다.

그래서 그는 하나님께 기도했습니다. 모세와 이스라엘 백성들의 차이가 바로 여기에 있습니다. 이스라엘 백성들은 애굽의 병거 소리를 듣는 순간 탄식하기 시작했습니다. 그리고 그 탄식은 순식간에 지도자 모세를 향한 원망으로 이어졌으며, 결국 그들은 하나님을 대적하게 되었습니다. 그러나 지도자 모세는 그렇지를 않았습니다. 모세는 하나님께 기도했고 그 기도의 응답을 얻었습니다. "모세가 백성에게 이르되 너희는 두려워 말고 가만히 서서 여호와께서 오늘날 너희를 위하여 행하시는 구원을 보라 너희가 오늘 본 애굽 사람을 또 다시는 영원히 보지 못하리라 여호와께서 너희를 위하여 싸우시리니 너희는 가만히 있을지어다"(출애굽기 14:13~14) 모세는 믿음으로 기도했고, 지금까지 나와 함께 하신 그 하나님은 이 홍해도 능히 가르실 줄을 믿었습니다. 우리는 어려움을 당할 때 먼저 하나님께 기도해야 합니다. 포기하지 말고 응답받을 때까지 기도해야 합니다. 우리는 기도해야 할 때에는 기도해야 합니다. 기도는 쉬지 말고 해야 합니다. 그러나 특별히 어려움을 당할 때에는 더욱 기도해야 합니다. 하나님을 찾아야 합니다. 기도가 생활화되어야 합니다. 우리의 인격 속에 주님을 모시고 그분의 도우심을 구해야 합니다.

우스운 이야기가 있습니다. 교회에 다니는 한 청년이 성경공부를 체계적으로 하지 못한 관계로 매일 아침에 성경책을 펴서 맨 처음 눈에 들어오는 말씀으로 그날의 교훈을 삼기로 했다고 합니다. 어느 날 기도하고 조심스럽게 성경을 펼쳤습니다. 성경을 펴자마자 그의 시야에 들어온 첫 번째 구절은 "유다는…물러가서 스스로 목매어 죽은지라"(마태복음 27:5)였습니다. 기분이 썩 좋지 않았습니다. 이 말씀이 그날 자신을 위해 주시는 말씀으로 여길 수가 없었습니다. 그래서 다시 한번 펼쳤습니다. 그의 눈에 들어온 말씀은 "가서 너도 이와 같이 하라"(누가복음 10:37)였습니다. 그는 점점 더 불안해지기 시작했습니다. 그래서 마지막으로 한번만 더 해보기로 하고 성경을 다시 펼쳤습니다. 그때 들어온 그 말씀은 "예수께서 유다에게 이르시되 네 하는 일을 속히 하라 하시니"(요한복음 13:27)라는 말씀이었습니다. 물론 우스개로 만든 이야기이지만 신앙생활을 이런 자세로 하면 안됩니다. 우리는 우리의 삶 속에 찾아오시어 역사하시는 하나님께 기도해야 합니다. 우리는 모든 경우에 기도해야 합니다. 하루의 첫 시간을 기도로 시작해야 합니다. 새벽을 기도로 시작하는 사람은 복 있는 사람입니다. 수시로 하나님의 교회에 나와서 기도한다는 것이 얼마나 큰 은혜입니까? 우리의 기도제목과 교회의 기도제목을 가지고 기도하는 것은 참으로 중요한 일입니다. 특히 어려운 일이 있을 때 우리는 기도해야 합니다. 하나님의 도우심을 바라보고 간절히 기도할 때 홍해가 갈라지는 역사가 일어납니다. 우리는 이런 기적들을 항상 체험하면서 하나님의 능력을 찬양하고 증거하는 삶을 살아야겠습니다.

놀란드 헤이즈라고 하는 흑인 가수가 독일 베를린에서 독창회를 가졌습니다. 독창회에 모여든 사람들은 모두 백인들이었습니다. 그런데 헤이즈가 노래를 부르려 할 때 누군가가 소리쳤습니다. "흑인의 노래는 들을 수 없다. 검둥이 노래를 집어치워라." 욕설과 함께 물건이 날아왔습니다. 얼마나 치욕스러운 일입니까? 가수 자신도 이에 맞서 욕설을 내뱉었습니다. 그렇게 맞받아 욕을 하고 돌아설 때에 그의 앞을 가로막는 환상이 있었습니다. 그것은 바로 빌라도의 법정에 서 계신 예수님이었습니다. 예수님은 온갖 모욕을 다 당하실 때에도 아무런 말씀이 없으셨습니다. 헤이즈는 청중을 향해 돌아서서 고개를 숙인 채 묵상에 잠겼습니다. 그리고 하나님 앞에 기도했습니다. 눈에서는 눈물이 흐르고 있었습니다. 소란스럽던 청중도 그 모습을 보더니 태도가 변했습니다. 모두들 조용히 입을 다물었습니다. 그렇게 약 10분이 흐른 뒤, 헤이즈는 목소리를 가다듬어 노래를 부르기 시작했습니다. 사람들에게 깊은 감동을 주면서 청중을 뜨겁게 사로잡는 훌륭한 독창회가 되었습니다. 노래가 끝나자 우레와 같은 박수가 터져 나왔습니다.

우리도 홍해가 나타나는 위기를 당했을 때 하나님을 바라보고 기도해야 합니다. 하나님은 우리의 기도에 응답하십니다. 믿음의 사람 다윗은 위기를 당했을 때 하나님께 부르짖었습니다. "여호와여 내가 주께 부르짖으오니 나의 반석이여 내게 귀를 막지 마소서 주께서 내게 잠잠하시면 내가 무덤에 내려가는 자와 같을까 하나이다 내가 주의 성소를 향하여 나의 손을 들고 주께 부르짖을 때에 나의 간구하는 소리를 들으소서"(시편 28:1~2), "여호와는 나의 힘과 나의 방패시니 내 마음이 저를 의지하여 도움을 얻었도다 그러므로 내 마음이 크게 기뻐하며 내 노래로 저를 찬송하리로다"(시편 28:7) 위기를 당한 다윗의 부르짖음은 믿음으로 부르짖는 기도였으며, 그 부르짖음의 중심에는 여호와를 찬송하는 영적인 기쁨으로 가득했습니다.

우리 앞에 홍해가 가로막는 위기가 닥칠 때, 믿음으로 기도하여 하나님의 역사를 응답받는 성도가 됩시다.

3. 믿음으로 순종해야 합니다

> "지팡이를 들고 손을 바다 위로 내밀어 그것으로 갈라지게 하라 이스라엘 자손이 바다 가운데 육지로 행하리라"
> (출애굽기 14:16)

모세는 하나님의 소명에 의해 지팡이를 잡은 후, 그 지팡이로써 무수한 이적을 행했습니다. 모세는 홍해를 갈라지게 하는데 그 지팡이를 사용하고 있습니다. 그러므로 모세의 이 지팡이는 하나님의 권위와 능력을 대변하고 있습니다. 바다 가운데 육지로 행한다는 것은 물에 젖은 바다를 마른 땅으로 만드신다는 말입니다. 바다와 육지 등 천지를 창조하신 하나님은 그것들의 운행과 질서를 주관하시며, 또한 필요에 따라 변화도 주십니다(로마서 11:36). 이것이 '이적' 입니다.

 모세가 믿음으로 순종할 때 이스라엘이 홍해를 건넜습니다. '지팡이를 내밀라' 는 말씀은 우리의 이성이나 생각, 지식, 경험으로는 도저히 이해할 수 없는 일입니다. 그러나 믿음으로 순종하여 내밀 때 바다가 갈라졌습니다. 그렇다면 믿음은 무엇입니까? 자기를 부인하는 것입니다. 자기의 주관과 생각과 고집을 버리는 것입니다. 그리고 믿음은 하나님을 신뢰하고, 하나님을 바라보고, 하나님의 약속을 믿는 것입니다. 그리고 믿음은 이제 하나님의 명령대로 순종하는 것입니다. 참으로 하나님을 믿고, 자기 주관을 부인하고, 하나님께 다 맡긴 사람인지를 알 수 있는 기준은 오직 순종입니다. 하나님의 명령이 어떠하든지 무조건 순종을 하느냐, 하지 않느냐에 따라 참된 믿음이 있는지 없는지를 알 수 있습니다.

 많은 사람들이 어려움을 당할 때 기도합니다. 그러나 "가지고 있는 지팡이를 내밀라" 는 그 말씀을 믿고 순종함으로 손을 내미는 데는 많은 사람들이 실패합니다. 믿음은 위기를 당했을 때에 기도하고 하나님의 말씀에 따라 지팡이를 내미는 순종이 따를 때 온전한 믿음이 됩니다. 하나님께서 이스라엘은 앞으로 나아가게 하고, 모세는 지팡이를 들고 손을 바다 위로 내밀라고 모세에게 말씀하셨습니다. 모세는 하나님께서 어떠한 것을 명해서도 그대로 순종했습니다. 이 때에 홍해가 갈라지고 그 가운데로 지나 구원을 체험했습니다. 믿음은 순종입니다. 이스라엘 백성들도 처음에는 원망했지만 뒤에는 순종했습니다. 하나님께서 모세의 기도를 들으시고 홍해가 갈라지는 놀라운 기적을 보이시자, 모세가 권면할 때 이스라엘은 두려워하지 않고 홍해로 들어갔습니다. 이것이 순종입니다. 갈라진 홍해라 할지라도 그 길로 들어가는 것 역시 쉬운 일이 아닙니다. 이것이 믿음입니다. 믿음은 하나님의 명령에 순종하는 것입니다. 우리 자신의 생각이나 주관을 믿는 것이 아닙니다. 믿음은 하나님의 말씀에 순종하는 것입니다.

우리도 지팡이를 홍해 위로 내밀어야 합니다. 하나님께서 모세에게뿐 아니라 우리 모두에게도 지팡이를 주셨습니다. 모세의 지팡이에만 역사가 일어나는 것이 아닙니다. 우리 모두에게 주신 지팡이에도 하나님의 능력이 나타납니다. 문제는 이 지팡이를 믿음으로 활용을 해야 한다는 것입니다. 능력의 지팡이는 있는데 그것을 활용할 믿음이 없다면 아무런 역사가 일어나지 않습니다.

고등학교를 졸업하는 아들이 아버지에게 졸업기념으로 자동차를 사달라고 했습니다. 그러나 그 아들이 졸업을 하고 대학에 입학하여 개학을 했지만, 아버지는 그 아들의 말을 들어주지 않았습니다. 아버지는 기숙사로 들어가는 아들에게 성경책을 한 권 주며 틈나는 대로 읽으라고 했습니다. "특히 빌립보서 4장 19절은 네 인생에 큰 도움이 될 것이니 꼭 펴서 읽어보아라."고 했습니다. 그러나 자동차 때문에 속이 뒤틀린 아들은 성경책을 구석에 밀쳐둔 채 읽지 않았습니다. 그리고 아들은 아버지를 만날 때마다 자동차를 사달라고 졸랐고, 그 때마다 아버지는 "성경을 읽었느냐? 빌립보서 4장 19절을 읽었느냐?"고 응수할 뿐이었습니다. 4년 후 아들이 졸업하는 날에 부모가 축하하러 왔지만 반갑지 않았습니다. 졸업식이 끝난 후 짐을 꾸릴 때 아버지는 성경책을 찾았습니다. 그 성경책은 먼지 속에 파묻혀 있었습니다. 아버지는 아들에게 성경책을 주면서 빌립보서 4장 19절을 읽어보라고 했습니다. 아들은 마지못해 그곳을 폈습니다. "나의 하나님이 그리스도 예수 안에서 영광 가운데 그 풍성한 대로 너희 모든 쓸 것을 채우시리라"는 말씀과 함께 그 갈피에는 자동차 한대 값에 해당하는 수표가 들어 있었습니다.

하나님께서 모세에게 지팡이를 내밀라고 하실 때 그대로 순종했더니 홍해가 갈라졌습니다. 순종할 때 홍해가 갈라집니다. 하나님의 말씀대로 순종할 때에 물이 변하여 포도주가 되었습니다. 순종할 때 요단강이 갈라졌습니다. 순종할 때 기적이 일어납니다. 하나님의 역사는 순종하는 사람을 통해서 크게 일어납니다.

종교개혁자 존 칼빈이 스물 일곱 살에 유명한 「기독교 강요」를 저술한 후, 그의 이름이 온 유럽에 퍼졌습니다. 그 후에 이

탈리아를 잠깐 방문하게 되었는데, 그곳에 전쟁이 발발하여 돌아올 수가 없었습니다. 그래서 부득이 스위스 지방을 돌아올 계획으로 제네바에 하룻밤 머물게 되었습니다. 그때 제네바에서 종교개혁을 하던 윌리암 화렐이라는 유명한 종교개혁 지도자가 젊은 청년 칼빈을 찾아왔습니다. 그리고 하는 말이 "이 지방에서도 종교개혁을 시작했는데, 일꾼이 없으니 당신 같은 젊은이가 좀 도와 주어야겠다."고 했습니다. 칼빈은 그 말을 듣고 머리를 흔들었습니다. 그는 아주 고정(孤貞)한 사람이었습니다. 계획적이며 조직적인 사람이었습니다. 칼빈은 모든 일에 계획을 세워 계획대로 추진하는 사람이었으므로, 다른 할 일을 제쳐두고 여기에 머물 것을 허락할 리가 없었습니다. "나는 있을 수 없습니다. 가야만 합니다." 그랬으나 윌리암 화렐은 계속 권면했고, 칼빈은 거절했습니다. 뒤에는 화렐이 화가 났습니다. "나 보기에는 당신이 여기에 잠깐 들린 것이 하나님의 뜻이요. 장차 이것은 당신이 여기에서 일을 하라는 것이 분명한데, 당신이 만약 그냥 간다고 하면 하나님이 당신을 저주할 것입니다." 그 말을 들을 때 칼빈의 눈이 둥그래졌습니다. 사실 여기에 하나님의 뜻이 있는 것이 아닌가 해서 더 이상 거절할 수 없었습니다. "그렇게까지 생각하시면 제가 여기에 좀 머무르면서 선생님을 돕겠습니다." 칼빈은 그날 저녁에 있었던 일로 해서 그가 일생토록 제네바에 머물게 되었고, 종교개혁의 위대한 역사를 이루게 된 것입니다.

우리는 하나님의 뜻에 순종해야 합니다. 우리는 장래에 얼마나 많은 열매를 맺을는지 모릅니다. 그러나 하나님은 아십니다. 때로는 하나님께서 내 뜻에 맞지 않는 방향으로 우리를 인도하실 때가 있습니다. 그런 때에도 겸손히 하나님의 뜻에 순종할 줄 알아야 합니다. 그때 열매가 있고 홍해가 갈라지는 역사가 일어납니다.

우리는 우리가 살아가면서 나타나는 홍허라는 이 거대한 문제를 반드시 해결해야 합니다. 그런데 우리 힘으로는 도저히 해결할 수 없습니다. 그러므로 우리는 믿음으로 이 문제를 해결해야 합니다. 성경은 말씀합니다. "대저 하나님께로서 난 자마다 세상을 이기느니라 세상을 이긴 이김은 이것이니 우리의 믿음이니라"(요한일서 5:4) 믿음으로 하나님을 전적으로 의지해야 합니다. 믿음으로 기도해야 하고, 믿음으로 순종해야 합니다. 우리 모두 믿음으로 순종하여 지팡이를 내밉시다. 그리하여 하나님의 도우심을 입어 믿음으로 홍해를 육지같이 건너는 삶을 삽시다. 아멘.

# 12

믿음으로 여리고성이 무너졌으며
(히브리서 11:30)

³⁰믿음으로 칠일 동안 여리고를 두루 다니매 성이 무너졌으며

12

믿음으로 여리고성이 무너졌으며

■ 히브리서 11:30

우리가 살아갈 때에 우리 앞을 가로막는 장애물이 나타날 때가 있습니다. 그런데 그 장애물은 반드시 제거하고 넘어야 합니다. 전혀 해결의 실마리가 보이지 않는 어려운 문제라도 한 순간에 해결 될 수도 있습니다. 이 모든 일은 결코 우연이 아닙니다. 모든 것이 하나님의 섭리 가운데 이루어집니다. 그 비결은 오직 믿음입니다.

오늘의 본문은 믿음으로 여리고성이 무너졌다고 말씀합니다. 여리고는 가나안으로 가는 길목에 위치한 도시로 가나안 입성의 열쇠와 같았습니다. 이스라엘 백성이 약속의 땅을 취하기 위해 나아가려면 반드시 여리고를 함락시켜야만 했습니다. 그런데 여리고는 철벽 요새(要塞)와 같이 굳게 닫혀 있었습니다. 성경은 말씀합니다. "이스라엘 자손들로 인하여 여리

고는 굳게 닫혔고 출입하는 자 없더라"(여호수아 6:1)

고고학의 유적 탐사에 의하면, 그 당시 여리고 성벽은 안팎 두 겹으로 매우 튼튼하게 지어졌다고 합니다. 바깥은 두께가 1.8m, 높이가 9.2m, 안쪽 벽과의 공간이 약 4.6m나 되는 매우 견고(堅固)한 성이었다고 합니다. 이는 당시 군사 시설이나 장비로는 전혀 꿰뚫을 수 없는 성벽임이 분명합니다.

이스라엘 백성들의 소식을 들은 저들은 견고한 성을 기초로 성문(城門)을 굳게 닫고 모든 사람의 출입을 금했습니다. 왕은 여리고 지역의 모든 용사들을 성 안으로 불러 들여 완벽한 방어진을 구축하고 있었습니다. 그런 철통같은 방어 뒤에는 요단강 저편에서 이스라엘이 거둔 승리와, 그 승리 뒤에 하느님이 계심을 들었으며, 그럴수록 더욱 그 진지를 강화했습니다. 이렇게 여리고 성채(城砦)는 가나안으로 행진하는 저들 앞에서 우뚝 선 장애물(障碍物)로 버티고 있었습니다. 이것은 약속의 땅으로 행진하는 이스라엘이 직면한 현실(現實)이었습니다. 피하거나 지나칠 수 없는 반드시 넘어야 할 현실이었습니다.

우리도 개개인의 여리고를 만납니다. 그것이 가정의 남편이나 아내, 자녀, 동료, 직장의 상사…등과 같은 사람일 수도 있고, 취업이나 승진, 대학 입학과 같은 사회 활동에서 일어나는 갈등일 수도 있고, 돈이나 명예, 그리고 육신의 정욕과 같은 정신적 문제일 수도 있습니다. 어떤 경우는 친구나 교회 안의 교우가 될 수도 있습니다. 자신의 힘으로는 전혀 해결할 수 없고, 그렇다고 외면하거나 회피할 수도 없는 골칫거리입니다. 그러나 반드시 극복해야 합니다. 우리의 여리고성을 무너뜨려야 합니다. 어떻게 무너뜨릴 수 있습니까? 그것은 오직 믿음으로만 됩니다. 하나님을 믿는 믿음으로 여리고성을 무너뜨릴 수 있습니다.

1. 하나님의 능력을 믿는 믿음으로 여리고성이 무너졌습니다

"믿음으로 칠 일 동안 여리고를 두루 다니매 성이 무너졌으며"
(히브리서 11:30)

이스라엘의 힘으로는 도저히 성을 무너뜨릴 수 없었습니다. 여리고성은 오직 하나님의 능력으로 무너졌습니다. 어떻게 무너졌습니까? 하나님의 전략을 살펴봅시다. 여호수아 6장을 보면, 하나님께서 여리고성을 무너뜨리는 내용이 자세히 기록되어 있습니다. 모든 문제의 열쇠는 여호와 하나님께 있습니다. "여호와께서 여호수아에게 이르시되 보라 내가 여리고와 그 왕과 용사들을 네 손에 붙였으니…"(여호수아 6:2) 우리는 이 말씀을 들으며 모든 시험과 문제의 열쇠는 전능하신 여호와 하나님께 있음을 알 수 있습니다. 하나님은 굳게 닫힌 여리고

성문 앞에서 어찌할 바를 모르는 이스라엘 백성들에게 여리고성을 여호수아와 그 백성들에게 붙였다고 말씀하셨습니다. '네 손에 붙였으니' 라는 말씀은 대단히 중요합니다. 하나님은 우리가 해결할 수 없는 어떤 문제라도, 그 문제를 우리의 손에 붙이시면 능히 해결될 수 있음을 의미하는 말씀입니다. 하나님이 우리의 손에 붙여야만 승리할 수 있고, 문제를 해결할 수도 있습니다. 따라서 문제의 열쇠를 가지신 분은 전능하신 하나님이십니다. 하나님은 사람이 해결할 수 없는 문제들을 해결하시는 분이십니다.

오늘 여리고성의 문제는 인간의 힘으로는 도저히 해결할 수 없는 난제였습니다. 슬픔과 절망을 주는 문제입니다. 그러나 이스라엘은 믿음으로 여리고성을 무너뜨렸습니다. 하나님께서 여호수아와 그 백성들에게 여리고를 붙여주셨습니다. 우리는 여기서 한가지 중요한 사실을 알아야 합니다. 어떤 어려운 여리고와 같은 문제가 우리 앞을 가로막더라도 하나님께서 그 문제를 우리에게 붙이시면, 우리의 모든 문제가 깨끗이 해결된다는 사실입니다. 그러므로 여리고성이 무너진 첫 번째 이유는 하나님의 능력입니다. 여리고성을 무너뜨린 주인공은 하나님이십니다.

여리고성은 필연적으로 무너지고, 가나안 땅도 필연적으로 멸망당해야만 됩니다. 왜냐하면 가나안에 살고 있던 여섯 족속들은 그 당시 지구상에서 가장 타락한 족속들이었기 때문입니다. 종교적으로 타락한 자들입니다. 자기 아들을 불에 태워 제물로 바치던 족속들입니다. 신전(神殿)에서 매춘(賣春)을 일삼던 족속들이요, 제사의식에 집단 매춘을 겸하던 족속들입니다(민수기 25:1~3). 구약 성경에 보면 신전(神殿)에 '미동의 집'과 '창기의 집'이 있었다고 했습니다(신명기 23:17, 열왕기하 23:7). 그들은 성적으로 극도로 문란했습니다. 레위기에서 금한 남색(男色, 열왕기상 14:24)이나 수음(獸姦, 레위기 18:23) 역시 가나안 땅에서는 흔한 일이었습니다. 이런 민족들은 당연히 멸망해야 합니다. 일찍이 하나님은 이러한 가나안 땅을 아브라함과 그 자손들에게 주시기로 작정하셨습니다(창세기 15장). 당연히 여리고성은 무너질 수밖에 없습니다. 여호수아와 이스라엘 백성들은 그러한 하나님의 뜻을 믿었습니다.

오늘날도 마찬가지입니다. 공산주의가 그렇게 빨리 무너지리라고는 아무도 상상하지 못했습니다. 그러나 종주국인 소련이 붕괴되었습니다. 철의 장막이 무너지고 동유럽 국가들이 나토의 회원국이 되고 있습니다. 죽의 장막이 무너지고, 중국은 미국에 버금가는 대한민국의 무역 파트너가 되었습니다. 만일 10년 전에, 누군가가 하나님께서 소련을 무너뜨리시기로 작정하셨다고 했다면 아무도 믿지 않았을 것입니다. 그러나 하나님이 하시는 일은 아무도 막을 수 없습니다. 하나님을 인정하지 않는 유물론 사상이 하나님을 이길 수 없는 것은 당연합니다. 하나님을 대적하는 세력이 망하는 것은 당연한 일입니다. 그 사실을 믿는 것이 우리의 믿음입니다.

여기서 우리는 하나님의 전략이 얼마나 단순한지를 알 수 있습니다. '너희 모든 군사는 성을 둘러 성 주위를 매일 한번씩 돌되 엿새 동안을 그리하라 제사장 일곱은 일곱 양각나팔을 잡고 언약궤 앞에서 행할 것이요 제 칠일에는 성을 일곱 번 돌며 제사장들은 나팔을 불 것이며 제사장들이 양각나팔을 길게 울려 불어서 그 나팔 소리가 너희에게 들릴 때에는 백성은 다 큰 소리로 외쳐 부를 것이라 그리하면 그 성벽이 무너져 내리리니 백성은 각기 앞으로 올라갈지니라 하시매"(여호수아 6:3~5)

하나님은 여리고 성벽을 돌라고 하셨습니다. 모든 군사들이 성 주위를 매일 한 바퀴씩 돌되 엿새 동안을 그리하라고 하셨습니다. 우리의 생각으로는 아주 우습고 유치할 수 있습니다. 오늘날도 마찬가지입니다. 우리에게는 엄청난 어려운 일이지만 하나님께서 해결하시는 방법은 너무도 단순하고 쉽습니다. 이것이 하나님의 방법입니다. 홍해를 어떻게 건널 수 있습니까? 이스라엘 백성들은 죽는다고 소리를 지르며 하나님과 모세를 원망했지만 하나님의 방법은 아주 단순했습니다. "네 지팡이를 내밀라"고 말씀하셨습니다. 모세가 지팡이를 내밀었을 때 홍해가 갈라졌고, 거기에 길이 생겼습니다. 이것이 하나님의 방법입니다.

고 한상동 목사님께서 신사참배 운동을 하시다가 일본 경찰에 체포되었습니다. 평양 감옥에서 많은 고생을 겪다가 해방을 맞아 출옥했습니다. 그리고 고 주기철 목사님이 시무하신 산정현교회에서 목회 중 부산으로 내려오게 되었습니다. 그때는 이미 38선 이북에 소련군이 들어왔고 북한 인민군들이 38선을 철통같이 지킬 때였습니다. 목사님이 부산으로 내려오는 길에도 인민군들이 보초를 서고 있었습니다. 이제 뒤로 물러설 수도 없고 앞으로 나가면 잡힐 수밖에 없었습니다. 참으로 진퇴양난의 아주 어려운 상황이었습니다. 그때 한 목사님은 모든 것을 하나님께 맡기고 기도했습니다. "하나님, 저 보초의 눈이 우리를 볼 수 없게 해주소서." 그리고 담대히 내려오는데 인민군이 눈을 뜨고도 목사님이 내려가는 것을 보지 못했습니다. 이것이 하나님의 방법입니다. 하나님은 일을 해결하실 때에 너무도 단순하고 쉽게 하십니다. 여리고성은 하나님의 능력으로 무너졌습니다. 우리의 모든 문제 해결은 오직 하나님의 능력으로만 가능합니다.

하나님의 능력을 믿으십시오. 하나님의 능력으로 우리 앞을 가로막고 있는 어떤 견고한 여리고성이라도 무너뜨리고 승리할 수 있습니다. 하나님의 능력을 의지할 때 모든 문제가 해결됩니다. 따라서 우리가 장차 들어갈 천국 문도 믿음으로만 열립니다. 하나님만이 여실 수 있고, 하나님의 방법으로만 열립니다. 여리고성은 가나안으로 들어가는 문입니다. 여리고성은 천국을 상징하는 가나안으로 들어가는 관문입니다. 천국의 입구에 해당합니다. 그 문은 하나님의 능력을 믿을 때 그 믿음으로 열렸습니다. 천국 문은 하나님만이 직접 여실 수 있습니다. 하나님의 방법만이 천국 문을 여는 수단입니다. 그 문은 다른 어떤 수단으로도 열리지 않습니다. 군대의 힘으로도 열리지 않습니다. 인간의 지혜나 지식, 또는 경험이나 경륜으로도 안됩니다. 종교적 수행(修行)이나 자선 행위로도 안됩니다. 오직 하나님만이 열어 주실 수 있습니다. 오직 하나님의 방법만이 천국을 여는 열쇠입니다. 그것을 믿는 것이 바로 우리의 믿음입니다. 이스라엘 백성들은 광야 시절에 하나님을 원망하다가 불뱀에 물려 죽어갔습니다. 그 때에 하나님께서 모세에게 명하셨습니다. "불뱀을 만들어 장대 위에 달라 물린 자마다 그것을 보면 살리라"(민수기 21:8~9). 하나님의 말씀을 불신하고 쳐다보지 않은 사람들은 다 죽었습니다. 그러나 믿고 바라본 사람들은 다 살아났습니다. 장대 위에 달린 놋뱀은 십자가에서 죽으신 예수님을, 불뱀은 저주를 상징합니다. 예수님은 우리 죄를 대신하여 저주를 받아 돌아가셨습니다. 이 사실을 믿는 사람은 누구든지 구원받습니다. 하나님의 자녀로 받아 주시고 영생을 얻습니다. 천국의 문이 열립니다.

 예수 그리스도를 믿는 믿음이 천국 문을 열게 합니다. 가나안 땅에 들어가는 관문은 여리고성입니다. 그 여리고성에 접근할 때에 여호수아 앞에 여호와의 군대장관이 나타났습니다(여호수아 5:13~15). 여호와의 군대장관은 가나안 정복의 주인공입니다. 여리고성을 무너뜨린 장본인이요, 가나안 여러 부족을 멸망시키고 이스라엘로 들어가게 하신 분입니다. 그분은 바로 예수 그리스도이십니다. 예수님은 바로 우리를 천국으로 인도하신 분이요, 천국의 문을 열어주신 분입니다. 주님은 말씀하십니다. "내가 곧 길이요 진리요 생명이니 나로 말미암지 않고는 아버지께로 올 자가 없느니라"(요한복음 14:6), "나는 양의 문이라…내가 문이니 누구든지 나로 말미암아 들어가면 구원을 얻고 또는 들어가며 나오며 꼴을 얻으리라"(요한복음 10:7,9) 또 성경은 증명합니다. "영접하는 자 곧 그 이름을 믿는 자들에게는 하나님의 자녀가 되는 권세를 주셨으니"(요한복음 1:12), "하나님이 세상을 이처럼 사랑하사 독생자를 주셨으니 이는 저를 믿는 자마다 멸망치 않고 영생을 얻게 하려하심이니라"(요한복음 3:16), "믿음이 없이는 기쁘시게 못하나니 하나님께 나아가는 자는 반드시 그가 계신 것과 또한 그가 자기를 찾는 자들에게 상주시는 이심을 믿어야 할지니라"(히브리서 11:6)

여리고성은 하나님의 능력을 믿는 믿음으로 무너졌습니다. 하나님의 행동을 믿고, 하나님의 정당하심을 믿는 믿음이 여리고성을 무너지게 만들었습니다.

우리 앞에 여리고성이 나타날 때 두려워하거나 고민하지도 말고, 전적으로 하나님의 능력을 의지하고 믿으십시오. 그리하면 전능하신 하나님께서 해결의 길을 열어 주실 것입니다. 모든 문제의 해결은 하나님께 있음을 알고, 담대하게 하나님의 능력을 믿는 믿음으로 여리고를 정복하는 성도가 됩시다.

2. 믿음으로 하나님의 말씀에 순종하여 여리고성이 무너졌습니다

이스라엘은 하나님의 말씀에 순종했습니다. 인간의 생각으로는 이해할 수 없는 작전입니다. 마치 아이들의 장난 같은 일입니다. 그러나 그들은 순종했을 때 하나님의 능력이 나타났습니다. 성경은 들씀합니다. "여호와의 궤로 성을 한번 돌게 하니라 두리가 진에 돌아와서 진에서 자니라"(여호수아 6:11), "그 제 이일에도 성을 한번 돌고 진에 돌아 오니라 엿새 동안을 이같이 행하니라 제 칠일 새벽에 그들이 일찍이 일어나서 여전한 방식으로 성을 일곱 번 도니 성을 일곱 번 돌기는 그날 뿐이었더라 일곱 번째에 제사장들이 나팔을 불 때에 여호수아가 백성에게 이르되 외치라 여호와께서 너희에게 이 성을 주셨느니라"(여호수아 14~16), "이에 백성은 외치고 제사장들은 나팔을 불매 백성이 나팔 소리를 듣는 동시에 크게 소리질러 외치니 성벽이 무너져 내린지라 백성이 각기 앞으로 나아가 성에 들어가서 그 성을 취하고"(여호수아 6:20)

여리고성이 무너진 것은 전적으로 하나님을 믿고 순종함으로 이루어졌습니다. 우리의 모든 문제 해결의 비결은 하나님의 말씀에 있음을 알아야 합니다. 하나님께서는 하나님의 백성들에게 여리고성을 무너뜨릴 수 있는 비결을 말씀을 통해 가르쳐 주셨습니다. 그 다음에 해야 할 일은 하나님의 말씀대로 순종하며 지켜 나아가야 됩니다. 이스라엘 백성들은 하나님이 그들에게 주신 말씀대로 순종함으로 그 다음날부터 주의 종 여호수아를 따라 그 성을 돌기 시작했습니다. 그들은 한마디의 불평불만도 없었습니다. 오직 하나님의 말씀에 순종할 뿐이었습니다. 그들은 하나님께서 어떻게 하실 지는 정확히 몰랐습니다. 그러나 그들은 하나님의 말씀만 믿고 묵묵히 순종했습니다. 이것이 그들이 문제를 해결할 수 있는 유일한 방법이었습니다. 사실 이스라엘 백성들은 힘도 없고 전투력도 없습니다. 무기도 역부족입니다. 가나안에서 가장 견고한 도성과 막강한 군대를 눈앞에 두고 싸운다는 것은 그들에게는 패배할 것이 뻔한 일이었습니다. 그러나 그들은 하나님의 말씀을 의지하고 순종하며 나아갔습니다. 그런데 성 안에 있는 여리고 사람들은 어떠했습니까? 그들은 이스라엘의 하나님에 대한 소식을 들었습니다. 홍해 바다를 건너고, 가는 곳마다 전쟁에서 승리한 무서운 백성이 쳐들어온다는 소식에 간담이 녹고 불안했을 것입니다. 그런데 하루에 한바퀴씩 돌기만 하고 있으니 심리적으로 얼마나 불안했겠습니까? 어떤 면에서 하나님은 고도의 심리전으로 사기를 꺾는 전략을 사용하신 것입니다. 적의 사기를 꺾는 작전입니다. 싸움에서 승리하기 위해서는 먼저 상대방의 사기를 꺾어야 합니다. 여리고 사람들은 매일 아침마다 아무런 소리도 없이 성벽을 도는 이스라엘 사람들을 보면서 사기가 꺾였습니다. 자연히 불안하고 초조할 수밖에 없었을 것입니다. 불안과 초조함을 느끼는 사람이 무엇을 할 수 있겠습니까? 아무것도 할 수 없습니다. 쥐가 고양이 앞에, 토끼가 호랑이 앞에 떠는 것처럼 아무것도 할 수 없습니다. 이스라엘은 언약궤를 중심으로 돌았습니다. 이것은 말씀 중심으로 도는 작전입니다. 이것은 우리가 말씀을 따라 살아야 함을 보여줍니다. 마지막 날에는 여리고성을 일곱 바퀴를 돈 후에 제사장들이 나팔을 불면, 백성들은 따라서 큰 소리로 외치는 일이었습니다. 이는 승리의 함성이요, 기쁨의 함성이요, 축복의 함성이요, 영광의 함성이었습니다. 말씀은 하나님의 작전명령입니다. 하나님의 말씀을 믿고 순종하는 자에게 여리고성은 무너질 수밖에 없음을 믿으시기 바랍니다.

우리에게는 지금 아무 힘도 능력도 없습니다. 그러나 막강한 힘의 원천인 하나님의 말씀이 있습니다. 성경은 말씀합니다. "아무것도 염려하지 말고 오직 모든 일에 기도와 간구로 너희 구할 것을 감사함으로 하나님께 아뢰라 그리하면 모든 지각에 뛰어난 하나님의 평강이 그리스도 예수 안에서 너희 마음과 생각을 지키시리라"(빌립보서 4:6~7). 그렇습니다. 우리는 문제의 해결점을 이 말씀을 의지하는 데서부터 시작해야 합니다. 하나님은 아무것도 염려하지 말고 '전능하신 하나님께 기도하라'고 하셨습니다. 그리하면 모든 지각에 뛰어나신 하나님께서 예수 안에서 우리의 마음과 생각을 지켜 주시겠다고 하셨습니다.

지금 우리는 무엇을 생각하고 있습니까? 한마디로 모든 문제를 어려움 없이 해결하고자 하는 마음이 아니겠습니까? 바로 그 마음을 하나님께서 지켜 주시겠다고 하셨습니다. 이스라엘 백성들이 하나님의 말씀에 순종하여 여리고성을 칠일 동안 묵묵히 돌았듯이, 우리도 하나님의 말씀에 순종하여 기도해야 합니다. 여리고성을 돌라 하시면 돌아야 합니다. 즉 하나님의 말씀에 순종해야 합니다. 우리에게는 순종이 필요합니다. 즉시 하나님의 말씀에 순종하는 것입니다.

여리고성은 칼과 창으로 무너지지 않았습니다. 속임수로 무너진 것도 아닙니다. 하나님의 방법으로 무너졌습니다. 하나님의 방법을 신뢰하는 것이 바로 참 믿음입니다. 하나님을 믿는다면 하나님이 사용하시는 방법도 믿어야 합니다.

기드온은 미디안 군대를 쳐부수기 위해 32,000명의 군대를 모집했습니다. 그런데 하나님은 그 숫자를 계속 줄여 300명만 남기자고 하셨습니다. 수만 명의 군대를 단 300명으로 싸우라고 하십니다. 그러나 기드온은 하나님의 방법에 기꺼이 순종했습니다. 그 결과 대대적인 승리를 거두었습니다. 다윗이 거인 골리앗과 싸우기 위해 사울 왕이 주는 갑옷과 창을 들었습니다. 그러나 하나님은 물맷돌 몇 개만 가지고 나가라고 하셨습니다. 다윗은 기꺼이 순종했습니다. 다윗의 물맷돌 앞에 거인 골리앗은 단번에 쓰러졌습니다.

믿음이란 무엇입니까? 믿음은 아무리 뛰어난 인간적인 수단이라도 그것을 포기하고, 우리 눈에 형편없어 보이는 하나님의 방법을 선택하는 결단입니다. 그런 믿음을 가질 때에 우리는 여리고성을 두너뜨릴 수 있습니다. 우리 주님은 말씀하셨습니다. "구하라 그러면 너희에게 주실 것이요 찾으라 그러면 찾을 것이요 문을 두드리라 그러면 열릴 것이니"(마태복음 7:7) 우리는 하나님의 말씀을 믿어 순종하고, 하나님께 기도하면 됩니다. 열심히 믿음으로 기도하면 하나님께서 우리의 모든 문제, 우리의 여리고성을 무너뜨려 주실 것입니다.

캐나다의 가난한 집안에서 태어나 당대에 거부가 된 깁슨이라는 사람이 있었습니다. 깁슨은 초기에는 물방앗간 심부름꾼으로 일하면서 갖은 고생을 했지만, 그는 언제나 자신에게 주어진 일에 최선을 다했습니다. 그는 마침내 삼림 20만 에이커와 철도 280마일을 소유하는 부자가 되었습니다. 어느 날 인터뷰를 위해 찾아온 기자가 성공의 비결을 묻자, 그는 이렇게 대답했습니다. "첫째는 절대로 술을 마시지 말 것, 둘째는 수고하는 것을 싫어하지 말고 부지런히 일할 것, 셋째는 하나님을 믿고 매사에 염려하지 않는 것입니다. 이 세 가지가 오늘의 저를 만들었습니다." 그러자 기자는 이상하다는 듯이 되물었습니다. "그런 것이야 누구나 다 아는 평범한 이야기 아닙니까?" 그때 깁슨은 웃으며 말했습니다. "그렇습니다. 그러나 알고 있다는 것은 중요하지 않습니다. 누구나 다 아는 평범한 진리이지만 실천하지 않는다면 무슨 소용이 있겠습니까? 정말로 중요한 것은 작은 것 하나라도 실천에 옮기는 것입니다." 그렇습니다. 사람들은 많은 것을 들어 알고 있습니다. 그러나 실천하는 데는 얼마나 인색합니까?

우리는 이스라엘 백성들처럼 말씀을 의심하지 말고, 그 말씀을 그대로 믿고 순종해야 합니다. 이때 믿음으로 놀라운 역사를 만들어 낼 수 있습니다. 여리고성이 무너지게 됩니다. 우리 모두 말씀에 순종함으로 우리 앞에 나타나는 모든 문제들, 여리고성을 무너뜨리는 믿음의 역사를 창조하는 성도가 됩시다.

3. 믿음으로 인내할 때 여리고성이 무너졌습니다

"너희 모든 군사는 성을 둘러 성 주위를 매일 한번씩 돌되 엿새 동안을 그리하라 제사장 일곱은 일곱 양각나팔을 잡고 언약궤 앞에서 행할 것이요 제 칠일에는 성을 일곱 번 돌며 제사장들은 나팔을 불 것이며"
(여호수아 6:3~4)

여리고성은 인내하는 믿음으로 무너졌습니다. 순종하는 믿음은 100% 순도의 순종, 곧 처음부터 끝까지 순종하는 인내의 믿음이어야 합니다. 멀쩡하고 견고한 성, 아무 변화나 무너질 징조가 보이지 않는 여리고성 주위를 돈다는 것은 무모하게 보입니다. 첫째 날에 한바퀴를 돌았지만 아무 변화가 없었고, 둘째 날에도, 셋째 날에도 큰 변화가 없었습니다. 한바퀴 돌고 나면 여리고성의 한 부분에 금이 가고, 두 바퀴를 돌면 더 많은 부분에 금이 가고. 돌면 돌수록 금이 가고 흔들리거나 허물어지는 징조라도 보이면 얼마나 좋겠습니까? 열두 바퀴를 다 돌아도 그때까지 아무런 변화가 없었습니다. 사람들은 "이 정도면 충분하지 않은가? 이 방법이 과연 옳은가? 방법을 바꿔야 하지 않을까? 포기하는 편이 낫겠다."고 불평을 할 것입니다. 그러나 이스라엘은 엿새 동안 묵묵히 돌았습니다. 그리고 일곱째 날에는 엿새 동안 반복한 그 돌기를 일곱 번이나 마저 돌았습니다. 기적은 칠일의 순종과 마지막 일곱 번 째의 순종에서 나타났습니다. 열세 바퀴를 다 돌았을 때 비로소 기적이 일어났습니다. 그것은 바로 주님이 정한 시간입니다. 승리의 비결은 바로 그 때가 차기까지 인내하는 믿음입니다. 그런데 열세 바퀴를 돌았을 때까지도 여리고성이 허물어질 징조가 전혀 보이지 않았습니다. 그러나 이스라엘 민족은 절망하거나 포기하지도 않고 아무런 의심도 없이 명령의 마지막 순서인 양각 나팔을 길게 불며 큰 소리로 외쳤습니다. 그 순간 그 크고 견고한 여리고 성벽이 무너져 내렸습니다. 무너져 내렸다는 말은 성벽이 벽 채로 무너진 것이 아니라, 조각 조각으로 깨어지면서 기초까지 무너져 내렸다는 말입니다.

어떤 성경학자가 계산했습니다. 여리고성을 60만이 한바퀴를 돌기 위해서는 최소한 1시간 30분이 걸린다고 합니다. 그러면 마지막 이레 되는 날은 일곱 바퀴를 돌았는데, 쉬는 시간까지 계산하면 최소한 12시간이 소요되었을 것이라고 합니다. 그러면 해뜨는 것을 보고 돌기 시작했다면, 일곱 바퀴를 다 돌게 되면 저녁 무렵이 됩니다. 하루 종일 돌았다는 말입니다. 더구나 그날은 이레 되는 안식일이었습니다. 하나님은 안식일에는 일하지 말고 쉬라고 하셨는데, 안식일에 일곱 바퀴를 돌라 하십니다. "하나님, 오늘은 안식일이지 않습니까? 왜 우리에게 돌라고 하십니까? 평소에는 한 시간을 돌았는데, 왜 안식일에는 일곱 바퀴를 돌아야 합니까? 왜 아침부터 저녁까지 계속 돌게 하십니까?" 아마 우리 같으면 이렇게 불평했을 것입니다. 그러나 이스라엘 백성들은 순종했습니다. 왜 그리했습니까? 그들은 일곱 바퀴를 돌 때에 돌고 있다거나 일을 한다는 생각을 하지 않고, 하나님께 예배드린다고 생각했기 때문입니다. 하나님의 말씀대로 순종하여 여리고성을 도는 그 자체가 하나님이 원하시는 거룩한 산 예배였습니다.

전적으로 하나님께 순종하는 것이 참된 예배입니다. 기쁨으로 순종할 수 있는 것이 믿음이요 예배입니다. 하나님의 뜻이라면 순종하십시오. 우리가 어떤 기도 제목을 가지고 기도할 때에, 어떤 징조가 보이지 않거나 기도 응답이 더디다고 포기하면 안됩니다.

　미국 그랜드캐넌은 거대한 협곡으로 낭떠러지가 많습니다. 지반이 강한, 즉 바위가 있는 곳은 그대로 남아 있기 때문에 장관을 이루고 있습니다. 전 세계에서 많은 관광객이 모이는 곳입니다. 그런데 한 관광객이 관광 중에 실족하여 몇 백m 벼랑으로 떨어졌습니다. 떨어지다가 정신을 차리고 보니 무엇인가를 꽉 붙잡았는데 나뭇가지였습니다. 쳐다보니 올라갈 수도 없고, 아래를 내려다보니 떨어지면 뼈가 가루가 될 것 같았습니다. 그 관광객은 위를 쳐다보며 "거기에 누구 없소? 사람 살려 주시오." 하고 외쳤습니다. 그 때에 하나님께서 말씀하셨습니다. "너가 여기 있다." "하나님, 내가 믿습니다. 주일에는 교회에 갔고, 새벽 기도회에도 이따금 나갔습니다. 찬양대도 하고 싶을 때에는 했고, 헌금도 조금은 했습니다." "네가 진정으로 나를 믿느냐?" "믿습니다. 저를 살려 주십시오." "그래. 그러면 나뭇가지를 붙잡고 있는 손을 놓아라." 여러분이라면 놓겠습니까? 참 믿음이라면 하나님께서 놓으라고 하시면 놓아야 합니다. 그러자 이 사람은 이렇게 소리쳤다고 합니다. "그 위에 하나님말고 또 다른 사람 없소?" 이 이야기는 우스개로 누군가가 지어낸 것일 수 있습니다. 그러나 우리에게 주는 교훈이 있습니다. 믿는 것은 우리가 할 일입니다. 하나님이 손을 놓으라 하시면 놓아야 합니다. 모든 것을 하나님께 맡기고 순종해야 합니다. 그러면 하나님께서 모든 것을 책임지십니다. 우리가 할 일은 믿고 순종하는 것입니다. 여리고성이 무너질 때까지 끝까지 순종해야 합니다.

아람 나라의 나아만 장군이 문둥병에 걸려 죽게되었을 때 엘리사 선지자를 찾아와서 고쳐달라고 했습니다. 엘리사는 나아만 장군을 만나주지도 않고, 다만 하인 게하시를 통해 요단강에 가서 일곱 번 목욕하라고 했습니다. 나아만 장군이 처음에는 화를 내면서 귀국하려고 했습니다. 그러나 참모들의 권고에 못 이겨 요단강에 가서 목욕을 하게 되었습니다. 그런데 목욕을 한번씩 할 때마다 환부가 조금씩 깨끗해진 것이 아닙니다. 여섯 번 씻고 나왔을 때에도 전혀 변화가 없었습니다. 그러나 인내하며 일곱 번째 목욕을 하고 나왔을 때 깨끗함을 받았습니다. 마지막 응답을 받는 순간까지 인내하며 하나님께 순종하는 것은 굉장히 중요합니다.

엘리야가 3년 6개월 이상 가물었던 땅에 비를 내려달라고 기도할 때에 단 한번 기도해서 응답받은 것이 아닙니다. 비를 몰고 오는 구름이 떠오르는지 살펴보던 종이 보고했습니다. "아무 것도 없나이다"(열왕기상 18:43) 그러나 엘리야는 일곱 번까지라도 살펴보라고 하면서 기도 자리를 떠나지 않고 계속 엎드려서 간구했습니다. '일곱 번까지' 입니다. 일곱 번째에야 비로소 비가 내릴 징조가 나타났고, 드디어 가물었던 땅에 축복의 장대비가 쏟아졌습니다.

우리는 쉽게 의심하고 불평하며, 쉽게 기도를 중단하는 습관을 가지고 있습니다. 단 며칠 간 새벽기도나 금식기도를 작정하는 것으로 모든 문제를 해결하려고 하면 안됩니다. 기도 응답이 지체되는 것도 하나님의 섭리가 있음을 믿고 인내해야 합니다. 성경은 말씀합니다. "쉬지 말고 기도하라"(데살로니가전서 5:17) 즉 항상 기도하는 생활이 되라고 하십니다. 한 두 번 순종하는 것은 누구라도 할 수 있습니다 그러나 끝까지 순종한다는 것은 결코 누구든지 할 수 있는 일이 아닙니다. 성경은 말씀합니다. "대저 의인은 일곱 번 넘어질지라도 다시 일어나려니와 악인은 재앙으로 인하여 엎드러지느니라"(잠언 24:16) 믿는 자라도 여섯 번만이 아니라 일곱 번도 실패할 수 있다는 말씀입니다. 그런데도 불구하고 하나님을 신뢰해야 합니다. 성경은 말씀합니다. "이 율법 책을 네 입에서 떠나지 말게 하며 주야로 그것을 묵상하여 그 가운데 기록한 대로 다 지켜 행하라 그리하면 네 길이 평탄하게 될 것이라 네가 형통하리라"(여호수아 1:8)

우리의 여리고성을 무너뜨려야 합니다. 어떻게 무너뜨릴 수 있습니까? 그것은 오직 믿음으로만 가능합니다. 하나님을 믿는 믿음으로 여리고성을 무너뜨릴 수 있습니다. 믿음으로 하나님의 말씀에 순종할 때, 여리고성이 무너졌습니다. 믿음으로 인내할 때 여리고성이 무너졌습니다. 성도들은 끝까지 전적으로 하나님을 믿고 의지하는 믿음으로 순종해야 합니다.

그때 우리 앞을 가로막는 어떤 여리고성도 무너질 것입니다.
아멘.

13

믿음으로 기생 라합은
(히브리서 11:31)

³¹믿음으로 기생 라합은 정탐꾼을 평안히 영접하였으로 순종치 아니한 자와 함께 멸망치 아-니하였도다

13

믿음으로 기생 라합은

■히브리서 11:31

　믿음장으로 불리는 히브리서 11장에 나타나는 믿음의 사람들에게는 공통점이 있습니다. 아브라함 이후의 모든 사람들은 아브라함의 혈통적 후손들이었습니다. 그리고 아브라함의 아내 외에는 모두 남자들로 경건한 사람들이었습니다. 그런데 오늘 본문에 나오는 기생 라합은 아브라함의 후손도 남자도 아니었으며, 경건한 성도 또한 아니었습니다. 그녀는 아모리 사람 이방인으로, 그것도 기생의 신분을 가진 천한 여성이었습니다. 성경은 '기생 라합'이라고 소개했습니다. 유대인 역사가인 요세프스와 탈굼 성경 번역본과 유대 랍비들은 라합을 미화하기 위해 '기생'($\zeta\omega\nu\alpha$, 조나)을 여관 주인으로 해석하기도 합니다.
　그러나 오늘의 본문과 히브리서 11장 31절, 야고보서 2장 25

절은 라합을 분명히 '기생'(πορνη, 포르너)이라고 표기하고 있기 때문에 '여관주인'으로 볼 수 없습니다. 그런가 하면 공동번역 성경은 '창녀'로 번역되었습니다. 왜냐하면 히브리어 אזנה(조나)는 '간음하다',' 매춘하다'를 뜻하는 אזנה(자나)에서 파생했기 때문입니다. 이스라엘의 정탐꾼들이 기생 라합의 집에 숨어든 것은, '기생의 집(harlot's house, KJV)'은 각양각색의 사람들이 모여 사담(私談)을 분방하게 나누는 곳이었습니다. 그러므로 가나안 거민의 민심(民心)이나 정치적·군사적 동태 따위를 간파하기에는 적절한 곳이었습니다. 뿐만 아니라 기생 라합의 집은 성벽 위에 위치하고 있었으므로(히브리서 11:15), 여리고성을 조망하기에도 매우 적절한 장소였습니다.

그런데 오늘 본문 말씀은, 기생 라합이 믿음의 위인의 한 사람으로 당당하게 소개되고 있습니다. 뿐만 아니라 예수님의 조상이 되었다는 것은 대단한 사건이 아닐 수 없습니다. 그러면 그녀의 어떤 점이 우리에게 그토록 감동을 주고 있습니까? 그것은 한마디로 그녀의 믿음 때문입니다. 오늘 본문은 이렇게 기록합니다. "믿음으로 기생 라합은 정탐꾼을 평안히 영접하였으므로 순종치 아니한 자와 함께 멸망치 아니하였도다"(히브리서 11:31) 그러면 구원 얻은 기생 라합의 믿음은 어떤 믿음입니까?

1. 라합의 믿음은 듣고 그대로 믿는 믿음이었습니다

믿음은 들음에서 나옵니다. 라합의 신앙은 하나님에 대해 듣고 믿었다는데 있습니다. 기생 라합의 믿음에 관한 이야기는 여호수아 2장에 상세히 기록되어 있습니다. "이는 너희가 애굽에서 나올 때에 여호와께서 너희 앞에서 홍해 물을 마르게 하신 일과 너희가 요단 저편에 있는 아모리 사람의 두 왕 시혼과 옥에게 행한 일 곧 그들을 전멸시킨 일을 우리가 들었음이라"(여호수아 2:10) 여기서 중요한 단어는 '들었다'는 말입니다. 우리가 들었고, 듣자마자 곧 마음이 녹았고 정신을 잃었다고 했습니다. 라합은 하나님의 위대한 구원의 소식을 들었습니다. 하나님의 놀라운 구원역사를 들었습니다.

본 절에는 요단 서편에 살고 있는 가나안 거민들의 간담을 녹게 한 두 가지의 큰 이유가 설명되어 있습니다. 즉 홍해 물을 마르게 한 사건(출애굽기 14:15~22)과 요단 동편의 아모리 두 왕이 전멸 당한 사건(민수기 21:21~35)입니다. '전멸시키다'는 말은 '저주하다', '완전히 파괴시키다'를 뜻하는 동사 חָרַם(하람)'에서 파생되었습니다. 이 동사는 하나님의 거룩한 공의(公義)의 속성과 관련하여, 어떤 사람이나 사물을 철저히 파괴하여 회복 불가능한 상태로 만들 때 사용되는 개념입니다. 여호수아의 군대가 진멸한 거의 모든 도시들에 대해 사용되었습니다(여리고 6:21; 아이 8:26; 막게다 10:28; 하솔 11:11

등).

　이뿐 아니라 그들은 애굽에서의 열 가지 재앙과 유월절 사건을 들었습니다. 홍해를 육지와 같이 건넌 사건을 들었고, 만나와 메추라기를 내려주신 일을, 구름기둥과 불기둥으로 인도하신 사건을 들었습니다. 아말렉 전투에서 모세가 손을 들고 있으면, 아론과 훌은 그 손을 받쳐서 기도할 때 승리를 거둔 사건도 들었을 것입니다. 그리고 이스라엘을 대적하던 모든 적군들을 물리치신 사건도 들었을 것입니다. 이 소식을 들은 온 여리고성이 두려움과 공포에 싸였습니다. 그들은 이미 이스라엘의 하나님이 어떤 분인지를 듣고 알았습니다. 그리고 이스라엘이 그 당시 가장 막강한 나라 애굽에서 탈출했다는 것은 역사에 없는 위대한 사건이며, 그 일을 하신 분은 여호와 하나님이시라는 것도 알았습니다.

　이들은 이 놀라운 소식을 듣고 마음이 녹았습니다. "우리가 듣자 곧 마음이 녹았고 너희의 연고로 사람이 정신을 잃었나니 너희 하나님 여호와는 상천 하지에 하나님이시니라"(여호수아 2:11) 여기서 '녹았고'의 히브리어 בםם(마사스)는 주로 어떤 큰 공포나 두려움과 관련하여 완전히 절망하는 것을 뜻합니다(여호수아 5:1; 7:5). 이스라엘에게 하신 하나님의 역사를 알고, 그들이 지금 자기 나라를 향해 공격해 온다는 소식을 듣고 두려워서 마음이 녹았다는 뜻입니다. '정신을 잃었나니'를 직역하면 '영혼이 남아 있지 않으니'로, 곧 대항하거나 싸울 용기를 상실하는 것을 뜻합니다. 이미 싸울 의욕을 잃고 더 이상 싸울 기력도 없다는 말입니다. 그들은 대세가 이미 기울었다는 것을 알고 있었습니다. "상천하지에 하나님이시니라"는 문자적으로 '위로는 하늘에 계시고, 아래로는 땅에 계신 하나님' (KJV, RSV, NTV)이란 뜻입니다. 라합의 고백은 아주 올바른 고백이었습니다. 라합은 하나님의 소식을 듣고 하나님을 믿었습니다.

믿음이 무엇입니까? 믿음은 하나님의 말씀을 듣고 그 말씀에 순종하는 것입니다. 그런데 그 순종은 하나님의 말씀, 하나님에 대한 말씀을 들음에서 시작합니다. 성경은 말씀합니다. "믿음은 들음에서 나며 들음은 그리스도의 말씀으로 말미암느니라"(로마서 10:17). 그러나 듣는다고 다 믿는 것은 아닙니다. 듣고 두려움만 가지는 것은 믿음이 아닙니다. 여리고성을 치시는 하나님의 말씀을 들었으면 믿어야 했습니다. 그런데 라합은 하나님의 사건을 듣고 그 사실을 믿었습니다. 하나님의 말씀과 하나님이 하신 일을 그대로 믿는 것이 믿음입니다. 기생 라합은 하나님이 역사하신 일을 듣고 그대로 믿었습니다. 믿음은 단순합니다. 말씀을 듣고 그대로 믿는 것입니다.

마태복음 8장에는 로마 백부장의 믿음이 나옵니다. 로마의 백부장이 가버나움에 계시는 예수님을 찾아왔습니다. 로마의 백부장이라고 하면, 당시 세계에서 가장 용맹한 군인으로 세계를 지배하는 최고의 권력을 소유한 사람이라 할 수 있습니다. 백부장이라고 하면 그 앞에서 벌벌 떨 수밖에 없는 사람입니다. 백부장은 로마 군대의 근간을 이루는 중추적인 존재였습니다. 로마의 1개 군단은 6,000명이었으며, 이 인원은 다시 100명씩 60개대로 나뉘어졌습니다. 그리고 백부장 한 사람이 각각 100명의 군인을 관할했습니다. 그래서 1개 군단에는 모두 60명의 백부장이 있는 셈입니다. 그 로마의 백부장 중에 한 사람이 예수님을 찾아와 말했습니다. "주여, 내 하인이 중풍병으로 집에 누워 몹시 괴로워하나이다." 자기 집에서 일하는 하인의 중풍병을 고쳐달라고 간청했습니다. 여기의 '하인'은 '종', 또는 '노예', '아주 어린 종'이라는 뜻입니다. 이때 주님은 "내가 가서 고쳐 주리라"고 하셨습니다. 그때 백부장이 말했습니다. "주여 내 집에 들어오심을 나는 감당치 못하겠사오니 다만 말씀으로만 하옵소서 그러면 내 하인이 낫겠사옵나이다 나도 남의 수하에 있는 사람이요 내 아래도 군사가 있으니 이더러 가라 하면 가고 저더러 오라 하면 오고 내 종더러 이것을 하라 하면 하나이다"(마태복음 8:8~9) 예수께서 들으시고 좇는 자들에게 말씀하셨습니다. "내가 진실로 너희에게 이르노니 이스라엘 중 아무에게서도 이만한 믿음을 만나 보지 못하였노라"(마태복음 8:10) 그 말을 듣자, 백부장은 예수님의 말씀을 그대로 믿고 돌아갔습니다. 돌아가는 도중에 집에서 사람이 와서 종이 다 나았다고 보고했습니다. 그 하인이 나은 시간은 바로 예수님이 말씀하시던 그 시간이었습니다. 이 백부장의 믿음은 예수님의 말씀을 듣고 그대로 믿었다는 것입니다. 그래서 예수님은 "이스라엘 중 아무에게서도 이만한 믿음을 보지 못하였노라"(마태복음 8:10)고 칭찬하시고 말씀하셨습니다. "가라 네 믿은 대로 될지어다"(마태복음 8:13) 그 때에 예수님의 말씀이 떨어지는 즉시로 그의 하인이 나음을 입었습니다. '이만한 믿음'이란 최상급의 믿음이라는 말이요, 정상급의 믿음, 자랑스러운 믿음, 이보다 더 좋을 수 없다는 뜻으로 설명할 수 있습니다. 기생 라합도 하나님에 대한 말씀을 듣고 그대로 믿었습니다. 이것이 귀한 믿음입니다.

우리의 믿음은 어떻습니까? 하나님의 말씀을 듣고 그대로 믿습니까? 믿음은 듣고 멈추는 것이 아닙니다. 말씀을 들은 대로 그대로 믿는 것이 순종입니다. 우리의 믿음의 연약성은 듣기는 많이 하나 그대로 믿지 않는다는 데 있습니다. 기생 라합은 성경을 암송했다거나 성경에 대한 상식이 많은 지식적인 믿음도 아니었습니다. 기생 라합은 말씀을 듣고 그대로 믿었습니다. 우리의 구원은 말씀을 듣고, 그 들은 말씀을 믿음으로 이루어집니다. 듣고 믿지 않는 자에게는 구원이 없습니다. 그러나 말씀을 듣고 그대로 믿는 자에게는 구원이 있습니다. 기생 라합은 말씀을 듣고 그대로 믿었으므로 구원을 받았습니다.

성경은 믿음에 대해 말씀합니다. "주 예수를 믿으라 그리하면 너와 네 집이 구원을 얻으리라"(사도행전 16:31), "오직 의인은 믿음으로 말미암아 살리라 함과 같으니라"(로마서 1:17),

"세상을 이긴 이김은 이것이니 곧 우리의 믿음이니라"(요한일서 5:4), '믿음이 없이는 기쁘시게 못하나니 하나님께 나아가는 자는 반드시 그가 계신 것과 또한 그가 자기를 찾는 자들에게 상주시는 이심을 믿어야 할지니라"(히브리서 11:6) 우리가 믿는다고 말하지만 과연 얼마만큼의 믿음을 가지고 있습니까?

톨스토이는 원래 재정 러시아의 명문 귀족의 아들로 태어나 그도 백작의 작위를 받은 사람입니다. 그의 청소년 시절에 가족들로부터 자기의 신앙은 모태 신앙이라는 말을 들었습니다. 그러나 그의 신앙으로 볼 때에 자기는 구원받지 못한 것 같아 매일같이 깊은 절망으로 빠져들어 가는 것을 느꼈습니다. 그의 주위에서 잘 믿는 사람이 있는지 살펴보았지만, 거의 자기와 비슷한 수준이었습니다. 그런데 어느 날, 귀족들이 멸시하는 농노 중의 한 사람이 믿음을 가지고 있는 것을 보았습니다. 그는 자신의 생활에 대해 언제나 만족했으며, 귀족들에게서는 찾아볼 수 없는 순수한 심성과, 하나님의 말씀대로 살아가려는 노력과 함께 활력이 넘쳤습니다. 이 불쌍한 농노는 귀족들이 가지지 못한 믿음을 가지고 있습니다. 그래서 그를 보는 순간 톨스토이 자신도 하나님의 말씀 앞에 단순하면서도 진지하게 살기를 시작했습니다. 예수님의 말씀을 자기의 것으로 만들었고, 주님을 의해 목숨을 잃을 각오로 자기를 양보하기 시작했습니다. 자기가 속한 귀족의 신분을 포기할 준비도 했습니다. 그의 모든 생활은 예수 그리스도로 채워진 승리, 바로 그것이었습니다.

믿음은 말씀을 듣고 그대로 믿는 것입니다. 기생 라합은 하나님에 대한 역사를 듣고 그대로 믿었습니다. 우리도 하나님의 음성을 듣고 그대로 믿어야 합니다. 믿음은 들음에서 시작됩니다. 우리는 하나님의 말씀을 들었지만 다 아는 것이 아닙니다. 우리의 현실에서 하나님의 세미한 음성을 듣기 위해 우리는 늘 말씀을 묵상하고, 기도하고, 순종하는 삶을 살아야 합니다. 우리의 구원도 역시 하나님의 약속의 말씀, 곧 복음을 듣고 믿음으로 얻습니다. 믿음은 들음에서 시작됩니다.

2. 라합은 의지적인 믿음을 가졌습니다

"믿음으로 기생 라합은 정탐꾼을 평안히 영접하였으므로 순종치 아니한 자와 함께 멸망치 아니하였도다"
(히브리서 11:31)

기생 라합의 신앙이 훌륭한 것은 하나님을 바로 믿었을 뿐만 아니라, 믿음에 행동이 있었다는 점입니다. 본문에서 라합은 정탐꾼들을 "평안히 영접하였으므로"라고 했습니다. 이는 라합의 믿음의 결단과 행동을 의미합니다. 라합의 믿음은 행하는 믿음이었습니다. 그는 믿음으로 정탐꾼을 숨겼습니다. 적군인 이스라엘 병사를 숨겨주는 행위는 자기의 목숨을 담보한 행동입니다. 그만큼 라합의 믿음은 확신에 차 있었습니다. 이미 정탐꾼이 들어왔다는 정보가 왕에게 보고되었습니다. 정탐꾼이 들어가자마자 여리고 왕이 이 소식을 보고 받은 것을 볼 때, 여리고의 병사들이 그 성을 매우 철저하게 경비하고 있었음을 짐작할 수 있습니다. 그것은 당시 요단강 가까이에 위치한 성읍으로서의 여리고 군대가 즈만간 이스라엘이 요단강을 건너 진격해 오리라는 사실을 알고 비상경계를 했기 때문입니다. 적군을 숨겨준 죄는 바로 대역죄가 될 수 있습니다. 그러나 라합은 하나님을 믿음으로 모든 위험을 무릅쓰고 그대로 행동에 옮겼습니다. 하나님의 능력을 듣고 믿었을 뿐 아니라 그대로 행동에 옮겼습니다. 성경은 이것을 의롭다고 인정합니다. 야고보서에서는 "또 이와 같이 기생 라합이 사자를 접대하여 다른 길로 나가게 할 때에 행함으로 의롭다 하심을 받은 것이 아니냐"(야고보서 2:25)라고 라합이 행위로 의롭다 하심을 입었다고 말씀합니다. 구원은 믿음으로 얻습니다. 그런데 야고보는 단지 하나님의 백성들이 어려울 때 하나님께서 도와주셨다는 정도의 믿음을 가지고 있는 것이 아니라, 앞으로 되어질 일들을 생각하면서 두 정탐꾼을 적극적으로 숨겨주었고, 또한 그들에게 그들을 도피할 수 있는 길을 마련해 주었기 때문이라고 말씀합니다.

　이것이 라합의 의지적인 믿음입니다. 하나님에 대한 확고한 신앙이 그녀에게 있었습니다. 당시 이스라엘 백성이 승리할 확률은 1%였다고 합니다. 그만큼 이스라엘이 불리한 상황이었으나, 라합은 현 상황보다는 하나님의 도우심으로 승리할 것을 믿었습니다. 그러므로 이스라엘의 정탐꾼을 숨겨주었습니다. 다시 말하면 당시 라합은 이방인이요, 기생이며, 이스라엘의 적국이었습니다. 그럼에도 불구하고 이스라엘의 하나님에 대한 바른 믿음, 즉 지적·정적·의지적 신앙이 하나님의 인정을 받을 수 있었다는 것입니다.

영국의 신학자 바클레이라는 사람은 이렇게 기록하고 있습니다. "인간적으로 봤을 때 이스라엘 사람들이 여리고 사람들을 이길 수 있는 확률은 1%밖에 되지 않는다." 99%는 그들과 싸워 패배한다고 했습니다. 그런데 라합은 99%의 불가능성을 본 것이 아니라 하나님을 통해 이루어질 1%의 가능성에 자신의 전부를 걸었습니다. 이 세상을 사는 대부분의 사람들은 99%의 불가능에 자신을 걸고 있습니다. 그러나 하나님의 사람은 긍정적이며 진취적인 믿음의 소유자들입니다. 우리가 하나님의 말씀을 듣고 그에 따른 행함이 없다면 하나님의 역사는 일어나지 않습니다. 우리도 지금까지 살아오면서 수많은 결심과 결단을 했지만, 그 결심과 결단을 구체적으로 실행에 옮긴 경우는 너무도 적습니다. 듣기는 들어도 행동에 옮기는 믿음이 적다는 말입니다. 올바른 판단과 올바른 결심은 중요합니다. 그러나 올바른 행동으로 전환시키는 행함이 있는 삶은 더욱 중요합니다. 행함이란 믿음의 전진을 의미합니다. 이스라엘 백성들이 요단강을 건널 때 믿음으로 발을 강에 디뎠을 때 강물이 갈라졌습니다. 믿음은 모든 것을 가능케 합니다.

　베드로와 요한이 성전 미문에 앉아있는 나면서부터 앉은뱅이인 사람을 일으킬 때, 이 앉은뱅이는 말씀을 듣고 행동에 옮기는 믿음을 가지고 있었습니다. 구걸하는 그에게 베드로와 요한이 "은과 금은 내게 없거니와 내게 있는 것으로 네게 주노니 나사렛 예수 그리스도의 이름으로 걸으라"(사도행전 3:6)고 했습니다. 이 말을 듣고 그냥 앉아있으면 안됩니다. 앉은뱅이 자신이 그냥 앉아만 있었다면 하나님의 기적은 나타나지 않았을 것입니다. 그는 일어나 걸으라는 말씀을 믿고 일어났습니다. 기생 라합은 이스라엘의 여호와 하나님만이 참 구원의 하나님이심을 믿고, 하나님의 백성인 정탐꾼들을 보호해주고 안전하게 보냈습니다.

　지난 주간 국민일보에서 읽은 이야기입니다. 파나이섬에서 선교하는 선교사와 함께 50여 명의 선교사들이 대형 버스에 타고, 그 뒤에는 선교사의 형님인 목사님이 승용차로 뒤따르고 있었습니다. 그런데 앞서 가는 버스에서 나오는 매연이 너무 심하여 선교사의 형님인 목사님이 선교사의 운전기사인 현지인에게 버스를 추월하여 앞장서도록 했습니다. 그러나 그는 주인인 선교사가 뒤따라오라고 했다면서 결코 앞장서지 않았습니다. 목사님이 주인의 형이라고 말해도 듣지 않았습니다. 자기는 주인이 말한 대로 뒤에서 따라가야 한다는 것입니다.

믿음으로 기생 라합은　279

두 자동차가 멈추었을 때 동생에게 이 이야기를 했습니다. 그러자 동생이 웃으면서 이 기사는 자기 말 외에는 누구의 말도 듣지 않는다고 말했습니다. 아침이면 화단에 물을 주라고 했더니, 비가 오는 날에도 물을 주더라는 것입니다. 이것이 순종입니다.

믿음의 조상 아브라함도 고지식하게 하나님의 말씀만 듣고 순종했습니다. 고향을 떠나라 하시면 떠났습니다. 하나님께서 아들을 죽이라 하시자 죽이려고 했습니다. 하나님은 말씀을 듣고 행동에 옮기는 믿음의 사람 아브라함을 축복하셨습니다.

행동이 결여된 믿음은 죽은 믿음입니다. 많은 이들이 행동이 없는 추상적 믿음만으로 믿는다고 합니다. 그러므로 기도는 하지만 행동이 없고, 믿기는 믿으나 실천이 없습니다. 기생 라합은 듣고 믿었으며 그대로 순종했습니다. 말씀을 듣고 그대로 순종하는 믿음이야말로 구원 얻는 믿음이요, 그 믿음이 하나님의 역사를 일으키는 참된 믿음이요, 생명을 구하는 믿음이요, 축복 받는 믿음입니다.

3. 믿음으로 온 가족이 구원을 얻었습니다

기생 라합의 믿음의 결과는 온 가족이 구원을 얻었습니다. 믿음으로 라합은 그 가족을 구원했습니다. "믿음으로 기생 라합은 정탐꾼을 평안히 영접하였으므로 순종치 아니한 자와 함께 멸망치 아니하였도다"(히브리서 11:31) 라합은 정탐꾼들에게 가족들의 구원을 부탁했고, 그리고 그의 믿음으로 온 가족이 구원을 받았습니다. 라합이 "내가 너희를 선대하였은즉 너희도 내 아버지 집을 선대하여 나의 부모와 남녀형제와 무릇 그들에게 있는 모든 자를 살려주어 우리 생명을 죽는데서 건져내기로 이제 여호와로 맹세하고 내게 진실한 표를 내라"(여호수아 2:12~13)고 구원의 증표를 요구하자, 정탐꾼들은 창에 붉은 줄을 매달라고 했습니다. 그 붉은 줄을 매달아서 라합의 집은 구원을 받을 수 있었습니다. 정탐꾼들은 돌아가서 여호수아에게 보고했고, 여호수아는 기생 라합의 집과 그 집안에 있는 모든 식구들이 구원을 얻도록 해주었습니다.

"여호수아가 그 땅을 정탐한 두 사람에게 이르되 그 기생의 집에 들어가서 너희가 그 여인에게 맹세한 대로 그와 그에게 속한 모든 것을 이끌어내라 하매 정탐한 소년들이 들어가서 라합과 그 부모와 그 형제와 그에게 속한 모든 것을 이끌어 내고 또 그 친족도 다 이끌어 내어 그들을 이스라엘 진 밖에 두고"(여호수아 6:22~23) 라합의 믿음으로 온 가족이 구원을 받았습니다. 한 사람의 믿음으로 온 가족에게 구원의 역사가 일어났습니다. 라합은 가족들에게 하나님을 전했습니다. 구원받을 수 있는 길은 오직 하나님을 믿는 길밖에 없다고 판단하여 강권했습니다. 죄악 된 여리고는 곧 심판을 받을 것인데, 여기서 우리가 살 길은 오직 하나님을 믿는 믿음뿐임을 강조했습니다. 그리고 모두 결단을 내릴 것을 촉구하고 그 집안 식구들을 하나님께로 인도하여 구원을 얻었습니다.

믿음의 여인 루디아도 복음을 듣고 온 집안 식구들을 주님 앞으로 인도하여 구원을 받았습니다. 빌립보 감옥의 간수도 사도 바울을 만나 '선생들아 내가 어떻게 해야 구원을 얻을 수 있겠느냐?'고 물었을 때, "가로되 주 예수를 믿으라 그리하면 너와 네 집이 구원을 얻으리라"(사도행전 16:31)는 말씀을 듣고 온 식구들을 불러 말씀을 듣게 하여 구원을 얻었습니다.

아직도 우리 가족 중에 예수님을 믿지 않는 사람이 있습니다. 반드시 그들을 주님 앞으로 인도하여 구원을 얻게 해야 합니다. 우리가 자기 가족을 돌보지 않는다면 불신자보다 더 악하다고 했습니다.

여리고성은 불신자들을 심판하는 하나님의 심판의 현장이었습니다. 그러나 믿음의 사람 라합에게는 구원의 현장이 되었습니다. 라합은 자기 혼자만 구원받은 것이 아니라 모든 가족이 구원받기를 강력하게 소원했고, 그녀의 믿음으로 그 소원이 이루어졌습니다. 라합은 창에 붉은 줄만 매달면 구원받을 수 있었습니다. 이 붉은 줄은 예수 그리스도를 상징합니다.

오늘날에도 멸망 받을 죄악 세상 속에서 구원받을 수 있는 유일한 길은 오직 우리를 위해 십자가에서 피를 흘리신 예수 그리스도밖에 없습니다. 누구든지 예수 그리스도의 보혈을 마음속에 믿으면 구원받을 수 있습니다. 라합은 믿음으로 그녀와 그녀의 온 집안을 구원했습니다. 성경은 말씀합니다. "주 예수를 믿으라 그리하면 너와 네 집이 구원을 얻으리라"(사도행전 16:31) 라합은 믿음으로 구원을 얻었고, 그녀 자신은 예수 그리스도의 조상이 되었습니다. 성경은 말씀합니다. "살몬은 라합에게서 보아스를 낳고 보아스는 룻에게서 오벳을 낳고 오벳은 이새를 낳고 이새는 다윗 왕을 낳으니라"(마태복음 1:5~6) 이스라엘 사람들이 여리고성을 점령했을 때, 창가에 붉은 줄을 드리워놓았기 때문에 그 표식으로 기생 라합과 그의 가족들을 살려주었습니다. 이스라엘 사람들이 여리고성을 함락시킨 후에 기생 라합은 살몬이라는 사람과 결혼을 했습니다.-어떤 학자들은 살몬이라는 남자는 여리고성에 침투했던 스파이 중에 한사람일 것이라고 추측하는 신학자들도 있습니다.-라합은 살몬이라는 사람을 통해 보아스라는 아들을 낳게 됩니다. 이 보아스라는 신실한 믿음의 아들은 룻이라는 이방 여인을 아내로 삼아, 거기에서 오벳을 낳았고, 오벳은 이새를 낳고, 이새는 다윗 왕을 낳았습니다. 다윗 왕의 가계가 이렇게 형성되었습니다.

  그런데 문제는 예수님의 조상이었던 라합이 이방 여인이었을 뿐만 아니라, 이스라엘 사람으로서 용납할 수 없는 기생의 신분이었다는 점입니다. 기생 라합이 예수님의 조상이 되었다는 이 사건을 성경에 기록함으로써 우리에게 아주 귀중한 교훈이 됩니다.

그것은 그 사람의 과거가 아무리 어둡고 천하더라도, 어떤 종류의 삶을 살았더라도, 하나님의 사랑과 예수님의 십자가 앞에서 용서받지 못할 사람은 아무도 없다는 것을 보여줍니다. 이스라엘 사람들은 라합을 용납할 수 없습니다. 이스라엘 사람들은 이방인이나 기생을 용납할 수 없지만, 하나님의 사랑은 기생도 이방인도 십자가 앞에서는 다 용납하시고 용서해 주십니다. 누구든지 주 예수만 믿으면 모든 죄를 용서받고, 구원을 받을 수 있다는 사실입니다. 성경은 말씀합니다. "하나님이 세상을 이처럼 사랑하사 독생자를 주셨으니 이는 저를 믿는 자마다 멸망치 않고 영생을 얻게 하려 하심이니라"(요한복음 3:16), "영접하는 자 곧 그 이름을 믿는 자들에게는 하나님의 자녀가 되는 권세를 주셨으니"(요한복음 1:12) 기생 라합은 신분이 천하고 비록 멸망 직전의 죄악의 성 여리고에 살았었지만, 하나님을 찾고 믿을 때 구원받을 수 있었다는 사실이 복음이요 은혜입니다. 예수님의 족보에 나오는 이 죄 많은 여인 라합을 통해 이방인과 유대인과의 장벽이 허물어졌습니다. 남자와 여자의 차별이 철폐되었습니다.

사람은 누구나 죄를 가지고 있습니다. 죄가 누가 조금 더 많고 적으냐의 차이일 뿐입니다. 우리 모두는 그리스도 앞에서 죄인입니다. 그러나 십자가의 보혈로 우리의 죄가 다 씻겨졌습니다. 우리의 모든 죄가 어떠하든지, 어떤 신분이었든지, 우리의 과거는 십자가 앞에서 깨끗이 청산되었습니다. 이제는 그리스도 앞에서 자유함을 얻어 힘차게 새로운 피조물로서 살아갈 수 있는 믿음의 사람들이 되시길 바랍니다.

믿음으로 라합은 온 집안을 구원시켰고, 자신은 위대한 다윗 왕의 조상이 되었습니다. 그리고 다윗 왕의 가계에서 예수님이 탄생하게 되었습니다. 라합은 이방여인이었으며 기생이었습니다. 그녀는 도저히 구원받을 수 없는 처지였음에도 불구하고 구원을 받았습니다. 이방 여인이 구원을 받았다는 것은 구원의 반열에 놓여 있지 못했던 사람들, 즉 이방인 죄인 누구라도 구원받을 수 있다는 참된 소망의 소식이기도 합니다.

믿음은 들음에서 시작됩니다. 우리는 하나님의 말씀을 들었습니다. 들은 말씀을 그대로 믿어야 합니다. 그러므로 하나님의 세미한 음성을 듣기 위해 우리는 말씀을 묵상하고, 기도하고, 순종하는 삶을 살아야 합니다. 믿음은 듣고 배운 말씀을 그대로 순종하는 것입니다. 행동에 옮겨야 합니다. 그때 구원의 역사가 일어납니다. 라합은 온 가족을 하나님 앞으로 인도했습니다. 그리고 무엇보다 라합 자신은 예수 그리스도의 족보에 기록되는 여인이 되었습니다. 믿음으로 라합은 자신과 온 가족이 구원을 받았으며, 예수님의 조상의 한 사람으로 족보에 기록되는 영광을 얻었습니다.

우리 모두 이 라합의 믿음을 본받읍시다. 구원은 믿음으로 얻습니다. 믿음은 최대의 축복이요 영광입니다. 아멘.

14

믿음으로 세상을 이긴 사람들
(히브리서 11:32~40)

³²내가 무슨 말을 더 하리요 기드온, 바락, 삼손, 입다와 다윗과 사무엘과 및 선지자들의 일을 말하려면 내게 시간이 부족하리로다 ³³저희가 믿음으로 나라들을 이기기도 하며 의를 행하기도 하며 약속을 받기도 하며 사자들의 입을 막기도 하며 ³⁴불의 세력을 멸하기도 하며 칼날을 피하기도 하며 연약한 가운데서 강하게 되기도 하며 전쟁에 용맹 되어 이방 사람들의 진을 물리치기도 하며 ³⁵여자들은 자기의 죽은 자를 부활로 받기도 하며 또 어떤 이들은 더 좋은 부활을 얻고자 하여 악형을 받되 구차히 면하지 아니하였으며 ³⁶또 어떤 이들은 희롱과 채찍질뿐 아니라 결박과 옥에 갇히는 시험도 받았으며 ³⁷돌로 치는 것과 톱으로 켜는 것과 시험과 칼에 죽는 것을 당하고 양과 염소의 가죽을 입고 유리하여 궁핍과 환난과 학대를 받았으니 ³⁸(이런 사람은 세상이 감당치 못하도다) 저희가 광야와 산중과 암혈과 토굴에 유리하였느니라 ³⁹이 사람들이 다 믿음으로 말미암아 증거를 받았으나 약속을 받지 못하였으니 ⁴⁰이는 하나님이 우리를 위하여 더 좋은 것을 예비하셨은즉 우리가 아니면 저희로 온전함을 이루지 못하게 하려 하심이니라

14

민음으로 세상을 이긴 사람들

■ 히브리서 11:32~40

우리 인생에 있어서 중요한 것은 지나간 세월에 대한 평가를 하고 새로운 시간을 준비하는 자세입니다. 우리가 공통적으로 느끼는 것은 세월이 빠르다는 것과 우리 인생이 너무 짧다는 사실입니다. 하나님의 백성인 우리 인생은 믿음으로 이 세상을 살아갑니다. 많은 도전과 시련 속에서도 우리는 믿음으로 이 세상을 승리해야 할 사명이 있습니다. 지나간 세월을 돌아보면서, 우리는 과연 "믿음으로 이 세상을 승리하는 삶을 살았는가? 아니면 실패한 삶을 살았는가?" 하는 이 문제를 반드시 한번 짚고 넘어가야 합니다.

믿음장으로 불리는 본문 히브리서 11장 마지막 부분에는 사사시대 이후의 믿음의 선진들을 종합적으로 열거하고 있습니다. 여기에 등장하는 신앙의 인물들은 기드온, 바락, 삼손, 입다, 다윗, 사무엘 및 선지자들입니다(히브리서 11:32). 이들의 공통적인 특징은 모두 믿음으로 이 세상을 이겼다는 점입니다. 그러던 이 믿음의 인물들을 통해 우리에게 교훈하시는 것이 무엇입니까? 한 마디로 이들이 세상을 이기고 승리한 놀라운 능력은 인간의 의지나 열심에서 나온 것이 아니라 오직 '믿음' 이라는 것입니다. 이들은 고난이나 죽음을 두려워하지 않았습니다. 이들의 신앙 생명의 위대함은 바로 죽음도 불사하는 삶, 죽음을 두려워하지 않는 이 순교적인 신앙이 그들의 삶에서 나타난 것입니다. 이제 우리는 지나간 시간들을 돌아보며 앞으로 세상을 이기는 믿음의 성도가 되어야 합니다.

저들은 믿음으로 세상을 이긴 사람들입니다.

1. 믿음으로 승리한 사람들입니다

"내가 무슨 말을 더 하리요 기드온, 바락, 삼손, 입다와 다윗과 사무엘과 및 선지자들의 일을 말하려면 내게 시간이 부족하리로다 저희가 믿음으로 나라들을 이기기도 하며 의를 행하기도 하며 약속을 받기도 하며 사자들의 입을 막기도 하며"
(히브리서 11:33)

저들은 믿음으로 모든 어려움을 이기고 승리한 사람들입니다. 구약 성경에는 바락(사사기 4~5장), 기드온(사사기 6~8장),

입다(사사기 11~12장), 삼손(사사기 13~16장), 사무엘(사무엘상 1~15장), 다윗(사무엘상 16장~사무엘하 24장)이 연대순으로 기록되어 있습니다.

기드온은 이스라엘의 다섯 번째 사사로서 미디안의 군대를 무찌른 사람이었습니다(사사기 7장). 바락은 네 번째 사사로 가나안 족속의 압제로부터 이스라엘을 구원한 인물이었습니다(사사기 4장). 삼손은 무서운 힘의 소유자로서 그 힘을 사용하여 블레셋을 괴롭힌 사사였습니다(사사기 13~16장). 입다는 길르앗의 서자(庶子)로서 방랑생활을 하다가 암몬 족속의 위협을 받던 이스라엘의 부름을 받고 큰 전과를 거두었던 사사였습니다(사사기 11~12장). 다윗은 선지자 사무엘로부터 기름 부음을 받아 이스라엘의 둘째 왕이 된 인물로 훌륭한 믿음의 소유자였습니다(사무엘상 16:1~13). 사무엘은 어머니 한나의 기도로 얻은 아들로, 일찍이 엘리 제사장에게 맡겨져 하나님의 율례를 배웠습니다. 성장 후에는 이스라엘의 사사요, 제사장적 기능을 담당하는 자로서 쉽게 믿음을 저버리는 이스라엘 백성을 늘 신앙으로 인도한 선지자였습니다(사무엘상 1~15장). 저자는 이들 여섯 명의 믿음의 인물들을 열거하면서, 이들에 관한 일을 말하려면 자신에게 시간이 부족할 것이라고 말합니다..

1) 믿음으로 적군을 이긴 자들입니다

"믿음으로 나라들을 이기기도 하며" (히브리서 11:33)
여기의 '나라들'은 이스라엘을 둘러싼 여러 이방 국가들을 말합니다. 이스라엘은 수많은 전쟁에서 믿음으로 적군을 이겼습니다. 여호수아가 가나안을 정복한 이래 바락은 하솔왕 야빈의 군대장관인 시스라를 이겼습니다(사사기 4:15). 기드온은 미디안을 물리쳤습니다(사사기 7:22). 입다는 암몬을 이겼습니다(사사기 11:33). 다윗은 블레셋은 물론 여부스와 아말렉, 에돔 족속을 정복하였습니다(사무엘상 5, 8장). 34절 하반 절에는 "전쟁에 용맹 되어 이방 사람들의 진을 굴리치기도 하며"라고 했습니다. 저들이 무수한 전쟁을 이겼다는 말은 바로 죽음을 이겼다는 말이 됩니다. 우리도 믿음으로 우리의 최대의 적군인 마귀와 싸워 이겨야 합니다.

2) 믿음으로 의를 행하기도 했습니다

"저희가 믿음으로… 의를 행하기도 하며' (히브리서 11:33)
이 말씀은 하나님께 대한 믿음을 소유한 사사들이나 열왕들의 의롭고 바른 통치를 가리킵니다. 이것은 특히 사무엘이 완전한 의로움으로 이스라엘을 다스렸으며(사무엘상 12:3~5, 23), 다윗 또한 이스라엘을 다스릴 때 '공과 의'로 모든 백성에게 행하였음을 가리킵니다(사무엘하 8:15; 열왕기상 18:14). 이상 언급된 사사들이나 열왕들은 하나님을 섬기며 믿음으로 살 때, 하나님이 함께 하시리라는 약속을 받았으며 그 약속의 성취를 경험했습니다. 이것은 개인적인 공명의 의가 아닌 하나님의 나라를 세우며 하나님의 뜻을 이룬 의를 말합니다. 믿음으로 사사들도 하나님의 나라를 세우는 의를 행했습니다. 그들은 자기의 나라를 세우고 자기의 뜻을 이루는 자들이 아닙니다. 믿음으로만 하나님의 뜻인 의를 이룰 수 있음을 알아야 합니다. 이스라엘은 신정정치를 하는 선지자 사무엘에게 말했습니다. "당신이 우리를 속이지 아니하였고 압제하지 아니하였고 뉘 손에서 아무것도 취한 것이 없나이다"(사무엘상 12:4) 하나님의 백성인 우리도 믿음으로 의롭게 행해야 합니다. 하나님의 말씀에 따라 정직하게 살아야 하고 의롭게 판단하고 행동해야 합니다.

3) 믿음으로 약속을 받기도 했습니다

"저희가 믿음으로 약속을 받기도 하며"(히브리서 11:33)

믿음의 사람은 하나님의 약속을 받은 사람입니다. 하나님은 아담, 아벨, 노아, 아브라함, 이삭, 야곱, 모세, 다윗, 이들에게 약속하셨습니다. 이 약속이 세상을 이기게 해주었습니다. 이들은 아직 보지 못했고, 도무지 바랄 수 없는 약속이었지만 믿음으로 약속을 받았습니다. 저들은 하나님께로부터 빛나는 미래의 약속을 받았기 때문에, 그 약속의 성취를 향해 죽음을 불사하고 저들의 삶을 용감하게 투자할 수 있었습니다. 믿음으로 기드온은 전쟁 승리의 확약을 300명의 정예 부대로 강적 미디안을 이길 징조로 받았습니다(사사기 6:36~40). 그는 전장에 나가던 그날 밤에 그의 부하 부라와 함께 미디안 적진 속에서 보리떡의 계시로, 그 계시의 그 확신 가운데 그날 밤 전투를 감행한 결과 승리하게 되었습니다(사사기 7:13). 믿음으로 마노아 부부는 삼손의 생산을 약속 받고 아들을 잉태할 때, 포도주나 독주를 마시지 말 것을 주의 받았습니다. 아기가 태어났을 때 그 머리에 삭도를 대지 못하게 함으로 그 아들이 나실인(성별자)임을 가르쳐 주었습니다(사사기 13:5). 다윗은 하나님께로부터 이스라엘의 주권자가 될 약속의 보장을 받았습니다. 그리고 임마누엘의 약속을 받았습니다. 모든 대적자 앞에서 승리를 약속 받았습니다(사무엘하 7:9~16). 또한 성전 건축도 약속 받았습니다. 하나님은 그 약속에 신실하십니다. 그 약속에 책임을 이행하십니다. 믿음으로 솔로몬은 하나님께로부터 지혜의 축복을 약속 받았습니다(열왕기상 3:12, 4:29). 성전 건축에 대한 보장도 받았습니다(열왕기상 6:11~13). 그가 완성한 새 성전에서 기도할 때, 하나님께서 영광 중에 나타나시어 온갖 장래를 약속하셨습니다(열왕기상 8:11). 이렇게 믿음의 영웅들은 믿음으로 하나님의 약속을 받은 자들입니다. 이것이 저들의 승리의 비결이요, 밑천이요, 신호요, 보장이었습니다.

일제시대에 신사참배 반대 운동을 하던 고 한상동 목사님이 평양 감옥에서의 모진 고문을 끝까지 인내함으로 극복하고 승리할 수 있었던 것은, '내가 세상 끝 날까지 너와 항상 함께 하리라' 는 주님의 약속을 믿는 믿음이었습니다.

우리 주님은 약속에 변함이 없으신 분이십니다. 어제나 오늘이나 영원토록 동일하신 신실하신 하나님이십니다. 주님이 주신 약속의 말씀을 믿고, 믿음으로 세상을 이기는 성도들이 되시길 바랍니다.

4) 믿음으로 사자들의 입을 막기도 했습니다

"사자들의 입을 막기도 하며"(히브리서 11:33)

다윗은 아버지의 목장에서 곰이나 사자들의 침입을 받았을 때, 그 맹수들을 따라가서 쳐죽이고 양떼들을 사자의 이빨에서 구했습니다(사무엘상 17:34~35). 믿음으로 사자를 이긴 다니엘이 있습니다. 하나님의 사자가 사자의 입을 봉해 주심은 사자로부터 죽음을 이긴 순간이었습니다. 다니엘은 예루살렘을 향해 기도의 창을 계속 열었던 일 때문에, 다리오 왕의 금령에 위반되어 사자 굴에 들어간 일이 있습니다. 그러나 그날 밤, 하나님께서 천사를 보내어 사자들의 입을 봉해 주심으로 사자들이 그를 해하지 못하도록 하셨습니다(다니엘 6:22). 하나님의 백성은 그 어떤 어려움과 시련이 오더라도 하나님을 믿는 믿음으로 능히 사자와 같은 악한 세력과 마귀의 권세를 이길 수 있습니다.

5) 믿음으로 불의 세력을 멸하기도 했습니다

"불의 세력을 멸하기도 하며"(히브리서 11:34)
믿음으로 불을 이긴 사람은 사드락과 메삭과 아벳느고입니다. 느브갓네살 왕이 만든 금신상 앞에 절하지 않은 것이 죄가 되어 평소보다 칠 배나 뜨거운 풀무에 들어간 사드락과 메삭과 아벳느고를 두고 한 말입니다. 그들이 불에 들어간 것은 담대함입니다. 그러나 그들의 의지와 담대함이 아닙니다. 그들은 그 죽음의 불꽃 속에서도 머리털 하나 상하지 아니하고 산 채로 불꽃 속에서 다시 나왔습니다. 죽음을 이긴 믿음의 능력입니다.

우리도 믿음으로 불같은 시련을 이길 수 있습니다. 찬송가 376장 3절입니다. "불같은 시험 많으나 겁내지 맙시다 구주의 권능 크시니 이기고 남겠네"

6) 믿음으로 칼날을 피하기도 했습니다

"칼날을 피하기도 하며…연약한 가운데서 강하게 되기도 하

며 전쟁에 용맹되어 이방 사람들의 진을 물리치기도 하며"(히브리서 11:34)

다윗은 사울의 칼날 앞에서 살아 남았습니다(사무엘상 18:11). 엘리야는 아합과 이세벨의 칼날 앞에서 살아 남았습니다(열왕기상 19:1,10). 엘리사는 아람 왕의 칼날 앞에서 건재할 수 있었습니다(열왕기하 6:12~19). 이들은 죽음을 이긴 자들입니다. 우리 하나님은 그의 백성을 보호하십니다. 하나님에 대한 믿음을 가진 자에게는 하나님께서 방패가 되심을 강조합니다(시편 18:2). 능히 감당할 시험을 주시고 피할 길도 주십니다. 성경은 말씀합니다. "사람이 감당할 시험밖에는 너희에게 당한 것이 없나니 오직 하나님은 미쁘사 너희가 감당치 못할 시험 당함을 허락지 아니하시고 시험 당할 즈음에 또한 피할 길을 내사 너희로 능히 감당하게 하시느니라"(고린도전서 10:13).

7) 믿음으로 연약한 가운데서 강하게 되기도 했습니다

"연약한 가운데서 강하게 되기도 하며 전쟁에 용맹되어 이방 사람들의 진을 물리치기도 하며"(히브리서 11:34)

연약한 가운데서 강하게 된 실례는 구약성경에서 많이 찾아 볼 수 있습니다. 기드온은 므낫세 지파 중에서 제일 보잘것없는 가문의 출신으로서(사사기 6:31 ff.), 300명의 군사만으로 이스라엘을 구원하는 위업을 이룩했습니다. 뿐만 아니라 삼손(사사기 16:28~31)이나 히스기야 왕(열왕기하 20장; 사사기 38장)은 연약한 중에 있다가 하나님의 권능으로 다시 강하게 회복되었습니다. 에스더 역시 연약한 여자였으나, 믿음으로 강하게 되어 자기 동족을 죽음으로부터 구할 수 있었습니다(Clement 1서 55:3). 연약한 여성 드보라는 가나안 왕 야빈의 침략을 받았지만 용맹을 떨쳐 나라를 구원했습니다. 기드온(사사기 8:24~27), 바락(사사기 4:12~16), 삼손(사사기 16:4~22), 입다(사사기 11:34~40), 다윗은 용맹한 사람들이었습니다. 그러나 사실은 그들도 우리와 성정이 같은 연약한 인생이었습니다. 그렇지만 하나님이 주시는 믿음 안에서 용맹을 떨침으로 죽음을 이기는 신앙 영웅의 삶을 살았습니다. 믿음으로 승리한 일들은 무수히 많습니다.

오늘날에도 비록 연약하지만 하나님을 믿는 믿음으로 악한 마귀의 세력을 이기고 승리하는 성도들이 많습니다. 승리의 원동력은 오직 믿음입니다. 믿음으로 적군들을 이길 수 있습니다. 쉴 사이 없이 달려드는 사탄의 모든 유혹과 시험을 믿음으로 승리하는 성도가 됩시다.

2. 믿음으로 인내하여 승리한 신앙입니다

믿음으로 세상을 이긴 사람들의 특징은 믿음으로 끝까지 인내하며 승리했다는 사실입니다. "여자들은 자기의 죽은 자를 부활로 받기도 하며 또 어떤 이들은 더 좋은 부활을 얻고자 하여 악형을 받되 구차히 면하지 아니하였으며 또 어떤 이들은 희롱과 채찍질뿐 아니라 결박과 옥에 갇히는 시험도 받았으며 돌로 치는 것과 톱으로 켜는 것과 시험과 칼에 죽는 것을 당하고 양과 염소의 가죽을 입고 유리하여 궁핍과 환난과 학대를 받았으니(이런 사람은 세상이 감당치 못 하도다) 저희가 광야와 산중과 암혈과 토굴에 유리하였느니라"(히브리서 11:35~38)

1) 믿음으로 죽음을 이겼습니다

"여자들은 자기의 죽은 자를 부활로 받기도 하며"(히브리서 11:35)

믿음으로 여자들은 자기의 죽은 자를 부활로 받기도 했습니다(히브리서 11:35). 사렙다의 과부는 엘리야를 통해 죽은 아들을 되살림 받았습니다(열왕기상 17:23). 수넴의 여인은 엘리사를 통해 죽은 아들을 부활로 받았습니다(열왕기하 4:35~37). 신약의 나인성 과부는 죽은 아들을 예수로 말미암아 부활로 다시 받았습니다(=가복음 7:11~14). 베다니의 마르다와 마리아 형제는 예수로 말미암아 죽은 오라비를 부활로 받았습니다(요한복음 11:17~44). 모두 믿음으로 죽음과 싸워서 승리한 자들이었습니다.

2) 믿음으로 고난을 이겼습니다

"또 어떤 이들은 더 좋은 부활을 얻고자 하여 악형을 받되 구차히 면하지 아니하였으며"(히브리서 11:35)

'더 좋은 부활'이 무엇입니까? 둘째 부활, 곧 마지막 부활입니다. 예수님의 재림 때에 받을 영화로운 부활을 말합니다. 저들은 '악형을 받았다'는 말은 '북을 치듯이 죽도록 때린다'는 뜻입니다. 이 형벌은 죄수를 형틀 위에 누인 후에 사지가 팽팽해지도록 말뚝에 잡아맵니다. 그리고 사지의 연결 부분을 창으로 찔러 피를 낸 후에는 배와 가슴을 치듯이 쳐서 죽이는 비인간적인 극형을 가리킵니다. 2,000년 기독교 박해사(迫害史)는 사람으로는 상상조차 할 수 없는 여러 유형의 악형이 예수 신앙이 죄목이 되어 가해졌습니다. 그럼에도 저들은 더 좋은 부활을 얻고자, 이런 죽음의 고난 때문에 예수를 배반하지 않았다고 했습니다.

우리가 알아야 할 것은 부활은 다 하지만 그 부활의 영광은 다르다는 것입니다. 더 좋은 부활을 받고자 하는 자는 고난이나 죽음을 두려워하지 않는 자들입니다. 구차하게 생명을 연장하기 위해서 배교하는 자들이 아닙니다. 부활이 있기 때문입니다. 장차 있을 영광의 부활을 소망한다면, 우리는 어떤 고난이 오더라도 믿음으로 이길 수 있습니다.

3) 믿음으로 희롱과 채찍을 받았습니다

"또 어떤 이들은 희롱과 채찍질뿐 아니라"(히브리서 11:36)
예레미야는 하나님의 말씀만 충성스럽게 증거한다는 이유로 제사장 임멜의 아들인 바스훌에게 매를 맞았습니다(예레미야 20:2). 많은 사람들의 조롱을 받았습니다(예레미야 29:7, 9). 예수의 사도들은 새 술에 취한 자로 오해를 받았습니다(사도행전 2:12). 바울은 염병 같은 놈으로, 미친놈으로 취급을 받았습니다(사도행전 26:24). 많은 굶주림과, 목마름, 매맞음, 헐벗음이 계속되었습니다(고린도후서 11:16~33). 신앙의 정조를 지키기 위해 수많은 성도들이 감옥에 갇히기도 하고, 고문을 당하기도 하고, 무서운 고통을 받기도 했습니다. 그러나 그들은 믿음으로 세상을 이겼습니다. 우리도 믿음으로 세상을 이겨야 합니다.

4) 결박과 옥에 갇히는 시험도 받았다고 했습니다

"결박과 옥에 갇히는 시험도 받았으며"(히브리서 11:36)

예레미야(예레미야 20:2, 37:15, 39:26), 베드로(사도행전 12:3~5), 사도 바울은 결박당하고 옥에 갇혔습니다(고린도후서 11:23). 미가야 선지자가 그곳에서 고생의 떡과 물을 마셨습니다(열왕기상 22:27). 결코 이 세상의 감옥이라고 하는 장소는 악인들만 가는 곳이 아닙니다. 의의 사람, 경건의 사람, 하나님의 백성들이 예수 신앙이란 죄목 때문에 들어갔던 고난의 가시밭도 되었습니다. 그러나 누가 진정한 승리자입니까? 감옥도 믿음을 가진 성도들에게는 아무런 위협이 못됩니다. 그들은 믿음으로 모든 시련을 이겼습니다.

5) 돌로 침을 받았습니다

"돌로 치는 것과"(히브리서 11:37)

선지자 스가랴는 하나님의 진실을 말하다가 백성들이 던지는 돌에 맞아 죽었습니다(역대기하 24:20~22). 나봇은 조상 전래의 유업인 포도원을 지키려 하다가 아합왕과 백성이 함께 던지는 돌에 맞아 죽었습니다(열왕기상 21:13). 스데반 집사는 예수를 증거하다가 동족이 던지는 돌에 맞아 죽었습니다(사도행전 7:59). 그러나 그들은 믿음으로 신앙을 지켰고 승리자가 되었습니다.

6) 톱으로 켜서 죽임을 당했습니다

"톱으로 켜는 것과"(히브리서 11:37)
유대인의 전통에 의하면, 이사야 선지자는 므낫세 왕으로부터 나무로 만든 톱에 의해 그 몸이 두 동강이로 쪼개어져 죽었다고 합니다. 이사야는 므낫세 왕의 우상숭배 강요에 불복하고, 오히려 그 죄를 책망했기 때문이라고 합니다. 믿음을 가진 성도는 그 위협과 고통이 오더라도 이길 수 있습니다.

7) 시험과 칼에 죽임을 당했습니다

"시험과 칼에 죽는 것을 당하고"(히브리서 11:37)
이세벨은 그의 칼로 수많은 선지자들을 죽였습니다(열왕기상 18:13). 예레미야 시대의 우리야도 그렇게 죽임을 당한 바 되었습니다(예레미야 26:23). 그러나 이세벨은 비참하게 죽고 말았습니다. 누가 승리자입니까? 믿음으로 순교당한 자들이 위대한 승리자들입니다.

8) 양과 염소의 가죽옷을 입고, 유리하여 궁핍과 환난과 학대를 받았습니다

"양과 염소의 가죽을 입고 유리하여 궁핍과 환난과 학대를

받았으니"(히브리서 11:37)

엘리야가 그러했고(열왕기하 1:8, 열왕기상 19:9), 엘리사도 그러했고(열왕기하 2:8), 세례 요한도 그러했습니다(마가복음 1:6). 그리고 역대 환난 시대를 살았던 모든 앞서간 성도들이 그러했습니다. 저들은 세상에서 발붙일 곳이 없었습니다. 그래서 떠돌이 인생 길을 걸었습니다. 광야와 암혈과 산중과 토굴이 저들의 거처가 되고 말았습니다(히브리서 11:38). 다윗은 사울을 피해 도피생활을 했습니다. 엘리야는 이세벨의 박해를 피하여 호렙산으로 피신했습니다.

"이 사람들은 세상이 감당치 못하였도다"(히브리서 11:33)고 했습니다. 이것은 '세상이 그들에게 아무런 가치가 없었다'는 의미입니다(the world was not worthy of them, NIV). 믿음의 사람들에게는 핍박과 환난이 문제가 될 수 없었으며, 세상적인 부귀와 영화가 그들의 마음을 돌려놓을 수 없었습니다. 그들에게는 오직 하나님만이 유일한 소망이었습니다. 이 세상과 마귀가 이들을 유혹하고, 생명을 협박해도, 절대 믿음을 가진 이들에게는 아무런 손해를 끼치지 못했습니다. 어떤 고난이나 유혹이나 죽음이나 세상이 가할 수 있는 것을 다 해 보았지만, 이들의 믿음을 꺾을 수 없었습니다. 이들은 세상이 감당하지 못하는 자들입니다. 누가 이들을 꺾을 수 있겠습니까? 사도 바울은 고백합니다. "우리가 이 보배를 질그릇에 가졌으니 이는 능력의 심히 큰 것이 하나님께 있고 우리에게 있지 아니함을 알게 하려 함이라 우리가 사방으로 우겨쌈을 당하여도 싸이지 아니하며 답답한 일을 당하여도 낙심하지 아니하며 핍박을 받아도 버린 바 되지 아니하며 거꾸러뜨림을 당하여도 망하지 아니하고 우리가 항상 예수 죽인 것을 몸에 짊어짐은 예수의 생명도 우리 몸에 나타나게 하려 함이라 우리 산 자가 항상 예수를 위하여 죽음에 넘기움은 예수의 생명이 또한 우리 죽을 육체에 나타나게 하려 함이니라"(고린도후서 4:7~11)

믿음의 사람들의 신앙의 원동력은 주 예수 그리스도를 닮아 가는 것입니다. 예수님의 길을 따라가려는 삶의 분명한 목표가 있었습니다. 예수님의 이 땅에서의 삶을 한마디로 말한다면 고난받기로 작정한 삶입니다. 우리 예수님은 한마디로 인내의 삶이었습니다. 철저히 십자가를 지시기까지 인내하셨습니다. 믿음의 사람들은 철저하게 예수님의 뒤를 따라간 사람들입니다. 이들은 영광의 자리에 들어가기 전에 주님의 고난에 친히 동참했습니다. 하나님의 인정을 받기 전에 기꺼이 주님이 가신 낮은 길, 수난과 고난의 길을 걸어갔습니다. 세상의 어떤 것도 눈물 없는 승리는 없는 법입니다.

시편은 농부가 씨앗을 뿌릴 때는 눈물로 뿌리지만 거둘 때는 기쁨으로 거둔다고 말씀합니다. 사람은 누구나 눈물을 뿌릴 때가 있습니다. 이마에 땀을 흘릴 때가 있습니다. 세상에서는 땀을 많이 흘리고 눈물을 많이 쏟는다고 다 성공이 보장된 것이 아닙니다. 많이 수고하고 노력했지만 헛수고로 끝나는 인생들이 얼마나 많습니까? 그러나 믿음의 끝에는 헛수고가 없습니다. 주님은 행한 대로 갚아주시겠다고 약속하셨습니다. 믿음 때문에 채찍에 맞고, 희롱을 당하고, 옥에 갇히기도 하고, 돌에 맞아 죽기도 하고, 톱으로 켜서 죽기도 했습니다. 믿음 때문에 유리 방황했습니다.

우리가 예수님을 믿는 것은 가장 큰 축복입니다. 예수님을 믿으면 영과 육의 축복을 받습니다. 그러나 이 축복이 오기 전에 반드시 고난도 함께 받아야 합니다. 인내해야 합니다. 인내해야 승리할 수 있습니다.

우리에게 필요한 것은 믿음으로 승리하기 위한 인내입니다. 우리는 예수님 때문에 욕을 먹고 조롱을 당해 보았습니까? 복음 전파를 위해 매를 맞아 보았으며, 성수주일을 위해 어떤 손해를 본 적이 있습니까? 공적 예배를 위해 어떤 희생을 치러보았습니까? 하나님의 교회를 위한 봉사를 위해 어떤 희생을 해 보았습니까?

믿음은 인내하는 힘입니다. 믿음은 상황을 유리한 것으로 받아들이는 것을 거부합니다. 믿음의 선배들은 죽음의 자리에서 구차하게 생명을 해결하지 않았다는 말입니다. 믿음의 죽음은 절대로 죽은 것이 아닙니다. 인생에 절망적인 일들이 우리에게 들이닥치거나 실패가 엄습할 때도 있습니다. 어이가 없어 말문이 막힐 상황을 만나기도 합니다. 이런 상황에서도 믿음의 사람들은 인내하며 신실하신 주님을 바라봅니다. 저들은 앞서 가신 예수님을 바라보면서 인내했습니다.

우리의 인생은 이 땅의 삶으로 결정됩니다. 주님은 마지막 심판 때에 양과 염소를 가르실 것입니다. 누가 우편으로 갈 것이며 누가 좌편으로 갈 것인지를 나눌 것입니다. 이때 우리의 이 땅에서의 삶이 성공인지 실패인지가 구분될 것입니다. 누가 승리자입니까? 믿음으로 인내하며 세상을 이긴 사람들입니다.

오늘 본문에 나오는 기드온은 겁쟁이였습니다. 바락은 우유부단한 사람이며, 삼손은 경솔하게 행동했으며, 입다는 성급하게 살았으며, 다윗은 감각적인 사람이었으며, 사무엘은 부주의한 사람이었습니다. 그러나 이런 연약한 존재들이었지만, 하나님은 그들을 들어서 기쁘게 사용하셨습니다. 그리고 이들은 살아 계신 하나님을 바라보면서 험한 세상을 인내했습니다. 그리고 승리했습니다. 역사의 교훈에서도 승리자들은 모두 인내한 사람들이었습니다. 믿음으로 인내한 사람은 승리의 면류관을 얻습니다. 우리가 얻는 면류관은 없어질 것이 아닙니다. 영원한 것입니다.

이 승리의 면류관을 얻기 위해 믿음으로 인내합시다. 찬송가 434장 1절입니다. "믿음으로 사는 자는 하늘위로 받겠네 무슨 일을 만나든지 만사형통 하리라 무슨 일을 만나든지 만사형통 하리라" 믿음으로 인내하며 사는 자는 마침내 세상을 이기고 하늘의 위로가 넘칠 줄 믿습니다.

3. 믿음으로 소망을 가지고 승리했습니다

"이 사람들이 다 믿음으로 말미암아 증거를 받았으나 약속을 받지 못하였으니 이는 하나님이 우리를 위하여 더 좋은 것을 예비하셨은즉 우리가 아니면 저희로 온전함을 이루지 못하게 하려 하심이니라" (히브리서 11:39~40)

믿음으로 승리한 사람들의 특징은 저 영원한 하나님의 약속에 대한 소망을 가지고 살았습니다. 그럼에도 불구하고 그들은 이 세상에서는 그 약속된 상급을 향유하지 못했습니다. 그것은 하나님이 우리를 위해 '더 좋은 것을 예비' 해 두셨기 때문입니다. 우리가 이 '더 좋은 것' 은 받았다고 합니다. 그것은 하나님이 '더 좋은 것을 예비' 해 두셨기 때문입니다. '더 좋은 것' 은 '더 좋은 부활' 을 의미합니다. 곧 천국, 영생을 말합니다. 그러므로 저들은 계속해서 앞만 보고 달려갔던 사람들이었습니다. '더 나은 본향' (히브리서 11:16), 곧 하늘에 있는 본향, '더 좋은 부활' (히브리서 11:35), '더 좋은 것이 예비 된 곳' (히브리서 11:40)을 향해 앞으로 나아갔던 소망의 사람들이었습니다.

더 좋은 것은 예수 그리스도 안에 있는 성도들에게 주시는 완전한 구원입니다. 천국에서 우리에게 주실 영광스럽고 축복된 상급입니다. 이 놀라운 구원을 이루기 위해 주 예수님이 이 세상에 오시어 십자가에서 그 구원을 이루셨습니다. 그래서 구약에 나오는 믿음의 선진들은 장차 오실 메시야를 소망하면서 세상이 감당하지 못할 믿음을 가졌습니다. 그러나 이들의 소망하던 것들은 이 세상에 오신 예수 그리스도께서 십자가에서 이루심으로 완성된 것입니다. 믿음이 있는 아벨, 아브라함, 이삭, 야곱, 모세, 다윗, 다니엘…. 그들도 예수 그리스도가 아니면 구원이 온전히 이루어지지 못합니다. 천국에 있는 이 믿음의 사람들은 지금도 우리가 천국으로 오기를 기다리고 있습니다. 그것은 구원받은 하나님의 백성인 우리가 아니면 저희가 온전함을 이루지 못하기 때문입니다. 구원받은 백성들이 다함께 모일 때 완전한 구원의 역사가 이루어집니다. 지금 그들은 우리를 천국에서 기다리고 있습니다. 그들의 신앙은 소망의 신앙입니다. 예수 그리스도께서 구속을 성취하셨고 성령을 보내주셨습니다. 교회를 세우시고, 성경 말씀을 주셔서 복음을 받게 하시고, 또 그들이 바라보던 그 모든 예언들이 다 이루어진 것을 증거로 보고 있습니다. 또 우리가 이방인들이라도 우리가 아니면 천국은 온전하지 못합니다. 그래서 이방인의 수가 다 들어오기까지 세상은 잠깐 보존되고 있습니다. 믿음의 사람들은 믿음의 능력으로 소망의 삶을 살았습니다. 저들은 믿음을 따라 확실히 하나님의 인정을 받고 있었습니다. 그럼에도 이 세상에서는 그 약속된 상급을 100% 향유하지 못한 자들이었습니다. 저들은 철두철미하게 이 세상에서는 외국인이요, 나그네라고 생각했습니다(히브리서 11:13). 그래서 저들이 받은 이 세상에서 사는 날 동안의 시간과, 살고 있는 활동의 공간에 다만 우거하는 자로 여겼습니다(히브리서 11:9). 잠깐동안 외국에 거류하는 자로 여겼습니다. 그래서 저들은 이 세상에서 외국인이며, 거류자이며, 나그네이며 길가는 순례자였습니다. 그렇다고 이러한 믿음의 영웅들은 이 세상과 관계가 없다거나, 이 세상에서의 시민의 의무가 소용없다는 뜻은 결코 아닙니다. 이 세상은 믿음의 영웅들의 쉬지 않고 여행하는 선교의 무대요, 복음 전파의 장소라는 뜻입니다.

한 대부호가 프랑스를 여행하고 있었습니다. 그는 호텔 로비에서 한 신문을 보고 큰 충격을 받았습니다. 그 신문에는 자신이 사망했다는 기사가 큼직하게 실려 있었기 때문입니다. 기자가 자기의 형이 사망한 것을 잘못 보도한 것이었습니다. 그는 호텔에서 깊은 생각에 잠겼습니다. "만일 내가 죽는다면 어떻게 될까?" 그는 자신의 발명품인 다이나마이트가 살생의 무기로 둔갑한 것에 대해 깊은 죄의식을 가지고 있었습니다. 그의 영혼은 아무래도 하늘나라에 들어갈 수 없을 것 같았습니다. 그래서 마침내 그 대부호는 중대한 결단을 내렸습니다. "인류의 평화를 위해 나의 모든 재산을 헌납하자. 평화를 만드는 사람들에게 용기를 주자." 이 사람이 바로 노벨상을 만든 알프레드 노벨입니다.

이 사람은 하늘나라에 대한 소망이 있었습니다. 결국 하늘의 소망이 있는 사람은 이 세상의 것들 때문에 영원한 것을 잃어

버리지 않습니다. 믿음의 사람은 이 땅의 좀 더 나은 풍성한 생활, 이 세상에서의 조금 더 나은 삶을 위해 천국의 것, 영원한 하나님 나라의 더 좋은 것을 잃어버리지 않습니다. 믿음의 사람은 이 땅의 것만 보지 않습니다. 천국의 더 좋은 것을 소망하고 믿음으로 세상을 이기는 사람들입니다. 사도 바울은 빌립보서에서 죽음과 천국 두 사이에 끼었다고 말합니다. 그러면서 죽어서 하나님과 함께 있을 소망이 더 많다고 말합니다.

'이런 사람들은 세상이 감당치 못한다.'고 합니다(히브리서 11:38). 이 세상이 이들에게는 아무런 가치가 없다는 의미입니다. 그것은 이 땅의 모든 부귀영화가 일장춘몽과 같기 때문입니다. 이 땅의 것들은 곧 사라짐을 알았습니다. 그런데 이 땅의 물질을 주님보다 더 사랑하는 믿음의 사람들이 있습니다. 영예를 더 사랑하고 권력을 더 사모합니다. 사라질 것들에 대해 정력을 쏟으며 어떻게든지 얻어보려고 노예생활까지 자처합니다. 그것은 그들에게는 이 세상이 전부이며 더 좋은 것에 대한 소망이 불분명하기 때문입니다.

우리는 믿음으로 세상을 이겨야 합니다. 믿음으로 세상을 이긴 사람들은 순교자적인 자세를 가지고 살았습니다. 예수님은 자신들의 목숨을 위해 사는 사람은 목숨을 잃을 것이요, 예수님과 복음을 위해 자신의 목숨을 버리면 얻는다고 말씀하셨습니다. 이것이 순교자적인 삶입니다. 믿음의 사람 사도 바울은 날마다 죽는다고 말합니다.

지금도 하나님의 약속들은 여전히 능력을 나타냅니다. 이 약속에 대한 소망을 더욱 굳세게 붙잡으십시오. 우리의 앞서간 믿음의 선배들처럼 믿음으로 적군을 이겨야 합니다. 믿음으로 인내하고 믿음으로 소망을 가져야 합니다. 믿음의 사람은 세상이 감당치 못합니다. 그것은 하나님을 향한 믿음을 가진 자들에게 하나님이 친히 우리의 방패가 되시기 때문입니다.

사도 바울은 외칩니다. "누가 우리를 그리스도의 사랑에서 끊으리요 환난이나 곤고나 핍박이나 기근이나 적신이나 위험이나 칼이랴…내가 확신하노니 사망이나 생명이나 천사들이나 권세자들이나 현재 일이나 장래 일이나 능력이나 높음이나 깊음이나 다른 아무 피조물이라도 우리를 우리 주 그리스도 예수 안에 있는 하나님의 사랑에서 끊을 수 없으리라"(로마서 8:35) 아멘.

믿음의 사람들

■
초판 1쇄 인쇄 / 2005년 4월 25일
초판 1쇄 발행 / 2005년 4월 30일

■
지은이 / 배 굉 호
펴낸이 / 김 수 관
펴낸곳 / 도서출판 영문
122-070 서울시 은평구 역촌동 10-82
☎ (02)357-8585
FAX • (02)382-4411
E-mail • kskym49@yahoo.co.kr

■
출판등록번호 / 제 03-01016호
출판등록일 / 1997. 7. 24

파본은 교환해 드립니다.
본 출판물은 저작권법으로 보호 받는
저작물이므로 출판사나 저자의 허락없이
무단 전재나 무단 복제를 할 수 없습니다.

정가 9,500원
ISBN 89-8487-172-9 03230
Printed in Korea